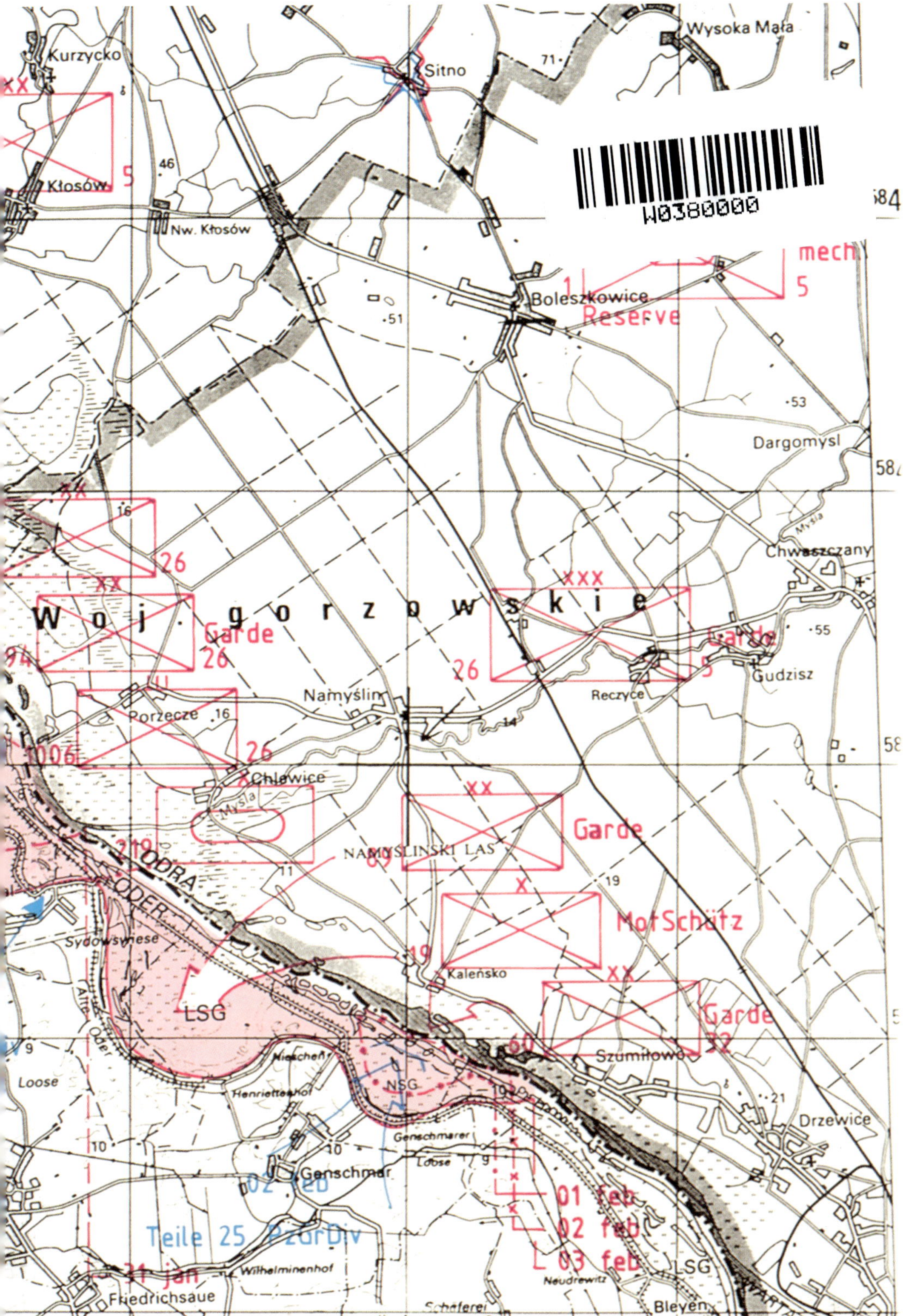

Kurzycko
Sitno
Wysoka Mała
71
Kłosów
46
Nw. Kłosów
5
mech
1
5
Boleszkowice
Reserve
51
53
Dargomysl
Mysla
Chwaszczany
16
26
XX
XXX
Woj. gorzowskie
Garde
26
94
Garde
5
55
Gudzisz
Reczyce
Namyślin
Porzecze
16
14
1006
26
Chlewice
Mysla
XX
Garde
NAMYSLINSKI LAS
ODRA
11
19
X
MotSchütz
ODER
Sydowswiese
19
Kaleńsko
XX
Alte Oder
LSG
Garde
60
32
Szumiłowo
9
Loose
Nieschen
Henriettenhof
NSG
21
Drzewice
10
10
Genschmarer
Loose
9
02 feb
Genschmar
01 feb
02 feb
Teile 25 PzGrDiv
03 feb
31 jan
LSG
Wilhelminenhof
Neudrewitz
Friedrichsaue
Schäferei
Bleyen
WARTA

Seelow 1945

Die Entscheidungsschlacht an der Oder

Militärhistorischer Exkursionsführer

Herausgegeben vom
Militärgeschichtlichen Forschungsamt

Richard Lakowski

Seelow 1945

Die Entscheidungsschlacht an der Oder

Seit 1789

Verlag E. S. Mittler & Sohn

Hamburg · Berlin · Bonn

Bildnachweis:
Brandenburgisches Verlagshaus (7), Bundesarchiv-Militärarchiv, Freiburg/Bundesarchiv – Militärisches Zwischenarchiv, Potsdam (14), Gedenkstätte/Museum Seelower Höhen (31), Keubke (8), Molitor (1), Staatsbibliothek zu Berlin, Preußischer Kulturbesitz (1), Trion-Film (3), Wiese (7)

Verantwortlich für den Inhalt: Richard Lakowski

Ein Gesamtverzeichnis der lieferbaren Titel der
Verlagsgruppe Koehler/Mittler schicken wir Ihnen gerne zu.
Senden Sie eine E-Mail mit Ihrer Adresse an:
vertrieb@koehler-mittler.de
Sie finden uns auch im Internet unter: www.koehler-mittler.de

Bibliografische Information Der Deutschen Nationalbibliothek
Die Deutsche Nationalbibliothek verzeichnet diese Publikation in der Deutschen Nationalbibliografie; detaillierte bibliografische Daten sind im Internet über http://dnb.d-nb.de abrufbar.

ISBN 978-3-8132-0911-2

4., durchgesehene Auflage 1999:
Brandenburgisches Verlagshaus Berlin
5. Auflage 2005:
Siegler Verlag GmbH, Sankt Augustin

Gesamtgestaltung: Günther Hennersdorf
Karten: Wolfgang Wolf
Zeichnungen: Erna Keubke
Druck und Bindung: DZA Druckerei zu Altenburg GmbH, Altenburg

Printed in Germany

Inhalt

Vorwort zur dritten Auflage

Der Zweite Weltkrieg endete in Schrecken und Zerstörung. Der Widerstand des nationalsozialistischen Deutschlands erlosch erst, als die Alliierten unter Einsatz ihres weit überlegenen Potentials die Wehrmacht niedergeworfen und fast das ganze Land besetzt hatten. Die Wehrmacht leistete der Roten Armee vor allem im brandenburgischen Raum bis hinein in die in Trümmern liegende Reichshauptstadt hartnäckigen Widerstand. Die Schlacht um die Seelower Höhen wurde zum blutigen Kulminationspunkt. Diese Höhenschwelle am Westufer der Oder sollte nach Hitlers Plan den »Wellenbrecher« gegen die Flut der heranstürmenden Roten Armee bilden. So ist es zu erklären, daß wohl keine andere Landschaft in Deutschland derartig durch den Krieg umgepflügt wurde und daß nirgendwo noch so viele Spuren – wie vernarbte Wunden – im Gelände zu finden sind.

Auf beiden Seiten starben »fünf Minuten vor zwölf« Soldaten einen sinnlosen Tod. Doch die Niederlage konnte durch das letzte Aufbäumen der bereits geschlagenen deutschen Wehrmacht nicht abgewendet werden. Aber auch zahlreiche Rotarmisten wurden, obwohl der Krieg längst entschieden war, in sinnlosen Frontalangriffen geopfert. Der von Stalin unnötigerweise forcierte Wettlauf mit den Westalliierten nach Berlin wurde noch beschleunigt durch den Wettlauf der ehrgeizigen, miteinander konkurrierenden Marschälle Shukow und Konew um den Siegesruhm.

In diesem Gelände verlief auf engstem Raum eine Großoperation. Insofern stellt eine Exkursion vor Ort eine wohl einmalige Gelegenheit dar, taktische und auch operative Aspekte einer Schlacht im Gelände zu studieren. Dieses Buch hat bereits bei einem breiteren Publikum Interesse an diesem militärhistorischen Thema geweckt. Es bleibt zu wünschen, daß dieser durchgesehenen dritten Auflage dieselbe Aufmerksamkeit zuteil wird wie den vorhergehenden.

Dr. Werner Rahn

Kapitän zur See
Amtschef des Militärgeschichtlichen Forschungsamtes

Potsdam, im April 1996

Einführung

Der Zweite Weltkrieg, seine Ursachen, der Verlauf mit seinen Höhe- und Wendepunkten und den Folgen für eine neue Weltordnung fesselt noch immer den Historiker und den geschichtlich Interessierten gleichermaßen. Die 50. Wiederkehr dieses Krieges und die Darstellung der zahlreichen denkwürdigen Einzelepisoden in den Medien haben auch das Interesse der breiten Öffentlichkeit sensibilisiert.

Auch die Schaffung der neuen Reihe »Militärgeschichtliche Exkursionsführer« ist in diesem Zusammenhang zu sehen. Der vorliegende Exkursionsführer »Seelow 1945« soll eine Handreichung für den historisch Interessierten sein, sich »im Gelände« in die Lage der damaligen militärischen Führer und ihrer Truppen versetzen zu können. Nur so lassen sich die Entscheidungen »vor Ort« nachvollziehen und bewerten. Der Exkursionsführer ist deshalb nur ein Wegweiser, durch den »mit Blick ins Gelände« die Aktionen beider Seiten realistischer in das Bewußtsein derer treten, die das Geschehen aus der Retrospektive betrachten.

Die Reihe richtet sich hauptsächlich an zwei Zielgruppen. Zum einen dient sie militärgeschichtlichen Geländebesprechungen im Rahmen der Offiziersweiterbildung. Zum anderen aber soll mit diesen Bänden dem militärhistorischen Interesse einer breiten Öffentlichkeit entgegengekommen werden.

Zur Einordnung der strategisch-operativen Entscheidungen zwischen Oder, Seelower Höhen und Berlin ist es allerdings vorteilhaft, Kenntnis von der politisch-militärischen Gesamtlage beider Seiten zu haben. Deutschlands geographische Mittellage birgt von vornherein die Gefahr der Einkreisung und des Zweifrontenkrieges in sich. Die bis 1938 erfolgreiche Vabanque-Politik Hitlers scheiterte mit dem Angriff auf Polen am 1. September 1939. England erklärte dem Reich den Krieg und riß Frankreich mit. Deutschland hatte erneut den Krieg, den es nicht wollte. Doch dann folgte ein in der neueren Militärgeschichte nahezu beispielloser Siegeszug. Neun Monate nach Kriegsbeginn waren Polen, Dänemark, Norwegen, Belgien, Luxemburg, die Niederlande und Frankreich niedergeworfen. Im darauffolgenden Jahr drangen die deutschen Armeen auf dem Balkan vor und eroberten sogar Kreta, während Rommels Panzer erfolgreich in Nordafrika angriffen.

Es war vor allem der unerwartete Erfolg gegen Frankreich, der der Militäropposition gegen Hitler alle Karten aus der Hand schlug. Die Euphorie nach den »Blitzsiegen« der Wehrmacht ließ die Erfahrung Napoleons verblassen, der das Ende seiner Herrschaft mit dem Feldzug gegen Rußland 1813 einleitete. Eine nicht zu unterschätzende Rolle spielte aber auch der Mythos der »Schlacht von Tannenberg«, wo es im August 1914 gelungen war, eine russische Armee in einem modernen »Cannae« einzukesseln. All dies ließ Clausewitz' Prophezeihung vergessen, wenn Napoleon dereinst in Rußland einmarschieren sollte, so würde sein Untergang besiegelt sein. Und so verrannte sich auch der deutsche Generalstab – in der Tradition Schlieffenscher Vorstellungen – in die Illusion, daß Rußland, der »Koloß auf tönernen Füßen«, mit einem Schlag erledigt werden könnte. Doch der Angriff des deutschen Heeres blieb im Winter 1941 vor Moskau stecken. Auch der im darauffolgenden Jahr unternommene »Zweite Feldzug« gegen die Sowjetunion endete als Desaster bei Stalingrad. Als endgültiges Fanal der Niederlage muß die im Sommer 1943 bei Kursk gescheiterte deutsche Offensive angesehen werden.

Nun rückt die Figur Hitlers immer mehr in den Mittelpunkt des Geschehens: Er befahl im Osten den Übergang zur Defensive. Dies aber geschah im Widerspruch zu den Lehren des Carl von Clausewitz und des in seiner Tradition stehenden Feldmarschalls Erich von Manstein. Hitler verbot nämlich den großräumigen Bewegungskrieg, das »Schlagen aus der Nachhand«, wie es Manstein in der Schlacht von Charkow 1943 meisterhaft demonstriert hatte. Eine starre, methodische »Haltestrategie« im Osten sollte die Kräfte freimachen, die für eine Schwerpunktverlagerung auf den westlichen Kriegsschauplatz notwendig waren, um der erwarteten Invasion zu begegnen.

Hitlers militärpolitisches Kalkül war von der Überlegung bestimmt, daß die Westalliierten nach erfolgreicher Landung auf schnellstem Wege auf das Ruhrgebiet, das Herz der deutschen Schwerindustrie, vorstoßen würden. Aufgrund der räumlich geringen Distanz zu diesem industriellen Zentrum hielt er deshalb die Offensive der Westmächte für gefährlicher als die der Roten Armee im Osten.

In diesem Gesamtzusammenhang spielt die in Casablanca Anfang 1943 getroffene Forderung nach »Unconditional Surrender« eine nicht zu unterschätzende Rolle, und zwar sowohl im Denken Hitlers als auch des Wehrmachtführungsstabes und des Generalstabes des Heeres. Nicht nur für die Eliten, auch für große Teile der Bevölkerung wurde deutlich, daß Deutschland nicht mehr Verhandlungspartner, sondern nur noch Verhandlungsgegenstand sein werde. Deshalb entsprach die Kräftekonzentration gegen die westlichen Kriegsalliierten der Vorstellung, daß ein durchschlagender Erfolg gegen die Alliierten im Westen erneut strategischen Bewegungsspielraum verschaffen würde. Erst aus dieser weitgehend psychologisch determinierten Bewußtseinslage wird der Glaube an den Einsatz von »Wunderwaffen« verständlich, mit denen die Anti-Hitler-Koalition doch noch zum Einlenken gezwungen werden sollte.

Nach der erfolgreichen Invasion der Westalliierten im Juni 1944, der größten triphibischen Operation der Geschichte, befand sich das Deutsche Reich im Zweifrontenkrieg. Damit war jene Situation eingetreten, die die deutsche Führung aufgrund der Mittellage des Reiches schon immer zu vermeiden gesucht hatte und die Hitler aus der Erfahrung des Ersten Weltkrieges so sehr fürchtete. Dies mußte nun vollends die Kräfte des Reiches und die Fähigkeiten der Wehrmacht überdehnen. Das deutsche Ostheer hatte spätestens seit dem Scheitern der Operation »Zitadelle« bei Kursk im Juli 1943 die Initiative verloren und litt zudem darunter, daß es nun aufgrund der Schwerpunktbildung im Westen den dringend benötigten Ersatz an Panzern nicht mehr bekam. So war es nicht mehr zu einem weiträumigen Bewegungskrieg befähigt, durch den bisher die deutschen Offiziere mit überlegener Führungskunst die quantitative Unterlegenheit gegenüber der Roten Armee immer wieder hatten kompensieren können.

Als am 22. Juli 1944 die sowjetische Großoffensive gegen die Heeresgruppe Mitte begann, hatte die deutsche Ostfront den Angriffen der Roten Armee nichts mehr entgegenzusetzen. Der Zusammenbruch dieser Heeresgruppe wurde zur entscheidenden Niederlage des deutschen Heeres im Ostkrieg. Inzwischen rückten in Nordfrankreich die alliierten Invasionstruppen immer weiter vor. Außerdem gelang es ihnen, eine weitere Landung in der Provence durchzuführen und in Italien vorzudringen. Somit lag ein Remisfrieden außerhalb jeder Realität. Die unausweichliche Folge war das ständige Zurückweichen der deutschen Fronten und der Abfall der Verbündeten des Reiches, Italiens im September 1943 sowie Rumäniens, Bulgariens und Finnlands im August/September 1944.

Je mehr der von Deutschen beherrschte »Wehrraum«, der die Kriegführung mit materiellen Ressourcen und Arbeitskräften versorgte, schrumpfte, um so stärker traten auch die Mangelerscheinungen an der Rohstoffbasis der Rüstungsindustrie hervor.

Dem neuernannten Rüstungsminister Albert Speer gelang es allerdings noch einmal, die deutsche Wehrwirtschaft so umzustrukturieren, daß die Rüstung trotz des massiven Bombenkrieges der Alliierten noch im Sommer 1944 ihren Kulminationspunkt erreichte. Das Ausscheiden Rumäniens und der Verlust des kriegswirtschaftlich schwer zu ersetzenden Erdölgebietes um Ploieşti im August 1944 sowie die Bombardierung der Werke mit synthetischer Treibstoffherstellung seit Mai 1944 rückten das Ende des Krieges – unter wehrwirtschaftlichem Aspekt – in greifbare Nähe.

In dieser katastrophalen Lage nahm die Konzentration von politischer und militärischer Führung in der Person Adolf Hitlers geradezu schicksalhafte Dimensionen an. »Deutschland«, so hatte er in seinem Buch »Mein Kampf« geschrieben, »wird entweder Weltmacht oder überhaupt nicht sein«[1]. Hitlers gesamtstrategische Überlegungen wurden in der »Führerweisung Nr. 51« vom 3. November 1943 festgelegt. Er gelangte zu der Überzeugung, durch einen militärischen Erfolg im Westen den Zerfall der alliierten Koalition auslösen zu können.

Diese Führerweisung ist in mehrfacher Hinsicht von besonderer Bedeutung. Zunächst zeigt sie, daß Adolf Hitler an seiner politischen Programmatik auch dann noch festhielt, als sich die militärische Lage des Reiches dramatisch ver-

1 Adolf Hitler, Mein Kampf, München 1939, S. 742.

schlechtert hatte und die Zeit der Siege seit dem Frühjahr 1943 endgültig vorbei war. Sodann wird aus ihr auch die Manie Hitlers deutlich, einen Vernichtungskrieg bis zum bitteren Ende nach der Devise »Alles oder Nichts«, »Sieg oder Untergang« zu führen. Schließlich offenbart sie auch die Ohnmacht der Generalität gegenüber Hitler als dem Oberbefehlshaber der Wehrmacht und des Heeres. Dieser hatte die hohe Generalität entweder zu seinen »Befehlsempfängern« degradiert oder wie bei v. Manstein und v. Kluge ihrer Entlassung zugestimmt bzw. diese verfügt.

Das heute so schwer nachvollziehbare Dilemma der Generalität wird vielleicht verständlicher, wenn man sich vergegenwärtigt, wie Hitler mit den verantwortlichen Frontbefehlshabern umging: »OB [Oberbefehlshaber] West braucht nicht mehr zu wissen, als er wissen muß« und zwar in erster Linie, »daß er hier zu kämpfen hat unter allen Umständen«, und »daß die Idee eines freien Operierens ein Quatsch ist.«[2]

Trotzdem – und dies zeigt die Diskontinuität in Hitlers strategisch-operativem Denken – verfolgte er die Hoffnung, ausgerechnet durch eine große Offensivoperation im Westen (Ardennenoffensive) eine Wende herbeizuführen, die zu einem Bruch der gegnerischen Koalition führen werde. Wiederum waren es eher ideologische Überzeugungen, die ihn zu der Vorstellung brachten, daß vom Westkriegsschauplatz »Deutschlands Schicksal« abhinge. Deshalb wollte er hier den strategischen Schwerpunkt festsetzen und unter Einsatz der noch vorhandenen Reserven eine entscheidungssuchende Gegenoffensive unternehmen.

Im Lichte dieser höchst krankhaft anmutenden Vorstellungen Hitlers hatte die Forderung Rommels, angesichts der Gesamtkriegslage müsse sofort eine politische Lösung herbeigeführt werden, keine Aussichten. Während nun im Westen der Widerstand der deutschen Soldaten zunehmend nachließ, flammte er im Osten angesichts der Ausschreitungen rachedurstiger Sowjetsoldaten gegenüber der Zivilbevölkerung noch einmal gewaltig auf. Die damalige Zielvorstellung der Offiziere und Soldaten läßt sich auf die einfache Formel bringen: »Im Osten dichtmachen, im Westen aufmachen!«

2 Adolf Hitlers Lagebesprechungen. Die Protokollfragmente seiner militärischen Konferenzen 1942–1945, hrsg. von Helmut Heiber, Stuttgart 1962, Besprechung vom 3. 7. 1944, S. 598f.

Doch Hitlers Vorstellungen waren dem diametral entgegengesetzt. Dies zeigt sich am Einsatz seiner letzten Trumpfkarte, nämlich der restlichen Verbände seiner einst so stolzen Panzerwaffe.

Zwar befanden sich die alliierten Panzer zahlenmäßig in einer erdrückenden Übermacht, doch in qualitativer Hinsicht waren die schweren deutschen Modelle (Panther, Tiger, Königstiger) den alliierten überlegen. Hitler setzte seine letzten Panzerreserven jedoch nicht ein, um durch taktische und begrenzte operative Gegenangriffe einen raschen sowjetischen Vormarsch auf Berlin zu verhindern.

Er wollte noch einmal alles auf eine Karte setzen und eine Großoffensive mit strategischer Zielrichtung durchführen, und zwar im Westen. Hierbei diente ihm der »Sichelschnitt« durch die Ardennen von 1940 als Leitmotiv. Diesmal sollte der Panzervorstoß an die Kanalküste nicht auf Dünkirchen, sondern auf Antwerpen gerichtet werden, um – auch mit politischer Zielrichtung – einen Keil zwischen die Alliierten zu treiben. Doch die von Hitler der Generalität aufgezwungene Offensive entartete zu einem logistischen Fiasko. Die Treibstoffvorräte waren so gering, daß die Panzer zumeist nicht einmal ihre Zwischenziele erreichen konnten. Ein erheblicher Teil der schweren Panzer fiel nicht durch Treffer der unzureichenden amerikanischen Panzerkanonen aus, sie blieben vielmehr wegen Treibstoffmangels liegen.

So vergeudete Hitler seine letzten Panzerreserven im Dezember 1944 in den Ardennen. Dadurch aber wurde er ungewollt zum besten Verbündeten Stalins, der sich im Wettlauf mit den Westmächten nach Berlin befand. Am 12. Januar 1945 eröffnete die Rote Armee ungehindert von nennenswerten deutschen Panzerkräften eine gewaltige Offensive. Bis Ende des Monats drang sie mit ihren Panzern von der Weichsel bis an die Oder vor. Es gelang ihr, am Westufer des Flusses – nur wenige Kilometer von Seelow entfernt – erste Brückenköpfe zu bilden. Gleichzeitig brach ein Inferno über die Zivilbevölkerung herein, die bei eisiger Januarkälte vor den sowjetischen Soldaten nach Westen flüchten wollte.

Trotz dieser Abfolge von Katastrophen kam es nicht zum Zusammenbruch der Kampfmoral. Für den Schutz der Heimat wurden noch einmal besondere Energien in einem bereits aussichtslos gewordenen Abwehrkampf freigesetzt.

Die »Primärwerte traditionellen Soldatentums«[3] traten noch einmal in den Vordergrund. In diesem Gesamtkontext gilt es außerdem zu bedenken, daß die bedingungslose Kapitulation nicht nur das Ende der Herrschaft Hitlers, sondern auch das Ende des Deutschen Reiches bedeuten mußte.

Insoweit gab es eine partielle »Interessenidentität« (Hillgruber) zwischen Hitler und den traditionellen Führungseliten in Diplomatie, Staatsbürokratie, Wirtschaft und Militär. So wurde der Abwehrkampf an der Front mit großer Standhaftigkeit und Verbissenheit geführt, obwohl die Entscheidung über den Untergang des Reiches längst gefallen war.

Der militärhistorische Exkursionsführer ist nach wissenschaftlichen Kriterien konzipiert, so daß die kritisch-reflektive Methode und ein interdisziplinärer Ansatz bestimmend werden. Er bietet daher die Möglichkeit, an den Originalschauplätzen das grauenvolle Antlitz des Krieges aus der Perspektive des Soldaten und der betroffenen Bevölkerung zu zeigen. Dies öffnet den Blick dafür, welches Leid der Krieg mit sich brachte. Er dient so als Mahnung, militärische Macht nicht mehr zur Durchsetzung politischer Ziele einzusetzen. Militärhistorische Exkursionsführer dienen also keineswegs der Glorifizierung von Kriegshandlungen, wenn auch die Tapferkeit der Soldaten, die Leidensfähigkeit der Bevölkerung, die Führungskunst von Truppenführern beider Seiten nicht ausgespart, zugleich aber mit den Opfern, dem Mißbrauch bewährter Tugenden und der Sinnlosigkeit ideologischer Leidenschaften der Völker wertend in Beziehung gesetzt werden, um das hohe Gebot des Friedens zu verdeutlichen.

Dr. Günter Roth

3 Hans-Adolf Jacobsen, Krieg in Weltanschauung und Praxis des Nationalsozialismus, in ders., Karl Dietrich Bracher, Manfred Funke (Hrsg.), Nationalsozialistische Diktatur, Düsseldorf 1983, S. 427–439, hier: S. 431.

Gedanken des Autors

Das Oderbruch ist das größte Schlachtfeld des Zweiten Weltkrieges in Europa auf deutschem Boden. Der 16. April 1945 war erst wenige Stunden alt, als mit einem Artilleriefeuer bisher nicht erlebten Ausmaßes, hier die Schlußoffensive der sowjetischen 1. Belorussischen Front gegen das Dritte Reich begann. Nur wenige Stunden später folgte an der Neiße die 1. Ukrainische Front, fünf Tage darauf griff die 2. Belorussische Front an der Unteroder an.

Den unmittelbaren Zugang nach Berlin beiderseits der Reichsstraße 1 und damit in das Zentrum des Reiches deckte die von General Theodor Busse geführte 9. Armee. Westlich Küstrin, in dem nur wenig mehr als 60 Kilometer von der Hauptstadt entfernten Oderbruch, hatte die sowjetische Seite in den Monaten Februar und März 1945 einen mehr als 300 Quadratkilometer umfassenden Brückenkopf erkämpft. Hier konzentrierte Marschall Shukow, der Oberbefehlshaber der 1. Belorussischen Front, seine den Deutschen weit überlegenen Kräfte.

In Erwartung der sowjetischen Offensive hatte es auf deutscher Seite seit Februar verzweifelte Anstrengungen gegeben, das Gebiet zwischen Oder und Berlin in einen befestigten Raum umzuwandeln. Vor dem Küstriner Brückenkopf, bei der 9. Armee, war das Stellungssystem am dichtesten. Hier hatte die deutsche Führung noch einmal alles an Personal und Material konzentriert, was das geschlagene Land noch aufbieten konnte.

Über den Ausgang der Schlacht hatte es auch bei den Zeitgenossen wenig Illusionen gegeben. Die politische und militärische Lage des Deutschen Reiches im Frühjahr 1945 boten einer erfolgreichen Operationsführung kaum noch Chancen. Das Territorium zwischen der Front und Berlin genügte nicht einmal mehr für großräumige Bewegungen. Bemerkenswert und militärhistorisch interessant ist es, wie es der Heeresgruppe Weichsel, insbesondere der ihr unterstellten

9. Armee gelang, einen derart überlegenen Gegner vier Tage lang aufzuhalten und dessen Angriffsplan zu durchkreuzen.

Im Mittelpunkt der in den letzten Jahrzehnten erschienenen Literatur über die Kriegführung 1945 in Ostbrandenburg steht am häufigsten die Schlacht um Berlin. Ausnahmen, wie das Buch von W. Tieke »Das Ende zwischen Oder und Elbe« machen diesen Umstand nur augenscheinlicher. Das Herausheben der besonderen Rolle der Kämpfe in der Hauptstadt degradieren – im Gegensatz zur planerischen Realität auf sowjetischer Seite – die übrigen Ereignisse der »Großoffensive« zur Vorgeschichte oder zu Randereignissen. Eine der Ursachen liegt in der wenig kritischen Sicht des Siegers auf seine trotz aller Überlegenheit eher unglücklich verlaufenen Operationsführung zu Beginn der Offensive. Wie so oft hatte auch hier die letztlich erfolgreiche Armee wenig Interesse an einer öffentlichen Aufarbeitung der damaligen Fehler und Probleme. Die Diskussion hierüber blieb in der russischsprachigen Literatur auf wenige Fachzeitschriften bzw. interne Unterlagen beschränkt. Deren Auswertung sowie die der polnischen Arbeiten ist für die Frühjahrskämpfe 1945 unerläßlich.

Die Kämpfe seit Ende Januar 1945, die sich auf ost- und mitteldeutschem Territorium abspielten, hatten gravierende Folgen für das Gebiet und die dort lebende Bevölkerung. Mittelbar prägte ihr Ergebnis die deutsche und europäische Nachkriegsgeschichte. Die Schlacht um die Seelower Höhen, der Kampf um Berlin, der Halbe-Kessel, die Kämpfe in Vorpommern, Mecklenburg und in Ostsachsen, stehen am Ende des Zweiten Weltkrieges mit allen Folgen, die sich aus der Totalität für die Staaten und Bevölkerung Osteuropas und Deutschlands ergaben.

Über die östlichen Teile des heutigen Kreises Märkisch Oderland ging das Kriegsgeschehen in seiner schlimmsten Form hinweg. Soldatenfriedhöfe und Gräber, Stellungsreste und anderes mehr erinnern auch noch nach 50 Jahren an den Krieg. Das Oderbruch, eine durch die Arbeit von Generationen entstandene Kulturlandschaft, mußte nahezu wieder neu erschaffen werden.

Für eine militärhistorische Exkursion bietet das Gebiet östlich Berlins, insbesondere das Oderbruch, vielfältige Möglichkeiten. Für ihre Vorbereitung möchte die vorliegende Arbeit eine Hilfe bieten. Beachten sollte der Besucher vor allem zwei Faktoren: Zum einen die zahlreichen, weit in die deutsche Geschichte reichenden Wurzeln des Gebietes an der Oder, in deren Ergebnis eine reizvolle und vielfältige Kultur und Landschaft entstanden sind. Zum anderen sollte die Chance nicht aus den Augen verloren werden, die sich seit Ende der 80er Jahre bietet, nämlich nach so viel leidvoller Erfahrung zwischen den Deutschen und ihren östlichen Nachbarn eine gemeinsame Zukunft zu gestalten.

Potsdam, September 1994

I.
Der Endkampf der Wehrmacht im Osten des Reiches

1.
Zur Geographie des brandenburgischen Raumes

Brandenburg, im Zentrum des ehemaligen Deutschen Reiches gelegen, liegt im norddeutschen Tiefland, das sich von den Niederlanden im Westen bis nach Osteuropa erstreckt, wo es in das große russische Tiefland übergeht. Die norddeutsche Ebene grenzt im Norden an die Ost- und Nordseeküste, im Süden an den Nordrand der europäischen Mittelgebirge.

Das norddeutsche Tiefland ist ein sich allmählich dem Meere zu abdachendes Flachland. Es wird überwiegend von alluvialen und dilluvialen Bildungen bestimmt. Im Norden und Süden durchziehen Landrücken die Tiefebene, in der Mitte wechselt Hügel- mit Tiefland. Die Oder durchquert den nördlichen oder baltischen Landrücken, der von der Weichseleiszeit gebildet worden ist. Er hat ein von Hügelketten durchbrochenes, seenreiches Relief, das südlich bis an das Rhin-, Oder- und Warthebruch reicht. Seine höchsten Erhebungen bei Pritzwalk und Wittstock liegen zwischen 125 und 118 m.

Der südliche Landrücken, eine Hinterlassenschaft des Warthestadiums der Eiszeit, hat verwaschene Oberflächenformen und ist arm an Seen. Hierzu gehört in Brandenburg der Fläming und der Lausitzer Grenzwall. Dieser scheidet die Ober- von der Niederlausitz und wird von der Spree und der Lausitzer Neiße durchbrochen.

Zwischen den beiden Höhenrücken liegt das Märkische Mittelland, dessen Kennzeichen ein Wechsel von Hügelland, den sogenannten Platten, und tiefer gelegenen Niederungen ist.

Die Flüsse entwässern vor allem zur Elbe und Oder. Hauptfluß im Osten Brandenburgs ist die Oder, in die links der Bober und die Lausitzer Neiße, rechts die Warthe mit Netze sowie die Ucker und Ihna fließen.

Auf Grund seiner zentralen Lage und der wehrgeographischen Faktoren bildete Brandenburg bei entsprechenden po-

Physische Geographie des deutschen Reiches, 1937

litischen Konstellationen ein Durchmarschgebiet für gegnerische Heere. Erinnert sei an den vierten Koalitionskrieg 1806/07 und besonders an den Feldzug Napoleons von 1812 sowie an den Rückzug der Grande Armée aus Rußland durch Ost- und Mitteldeutschland. Ende des Zweiten Weltkrieges richteten sich die Angriffsschwerpunkte der Alliierten sowohl vom Westen als auch vom Osten her in die Zentralgebiete des Reiches. Den geographischen und strategischen Bedingungen folgend, griffen sie von West nach Ost und umgekehrt in dem Gebiet der Norddeutschen Tiefebene an.

Das letzte große Hindernis im Osten bildeten die Oder und die ostwärts Berlins gelegenen Teile Brandenburgs.

Mitte Februar 1945 hatte die Rote Armee ihren Angriff zeitweilig unterbrochen, so daß sich vorübergehend eine Front entlang der Oder und Neiße herausgebildet hatte. Es war vorherzusehen, daß die letzten Schlachten des Krieges in dem Raum zwischen der Oder und der Reichshauptstadt geschlagen werden würden.

Die sowjetische Offensivoperation im Frühjahr 1945 erstreckte sich in der Breite vom Oderhaff bis zur Bober-Neiße-Platte und führte über das Nordbrandenburgische Platten- und Hügelland, die Ost- und Mittelbrandenburgische Platte und das Ostbrandenburgische Seengebiet bis zur Elbtalniederung.

Die Grenze des Angriffsschwerpunktes bildeten im Norden das Eberswalder-, im Süden das Warschau-Berliner Urstromtal, im Westen der Großraum Berlin. Dieser liegt überwiegend im Waldhügelland der Ostbrandenburgischen Platte. Wellig-flachhügelige Sand- und Lehmplatten mit teilweise feuchten Niederungen und einzelne, vorwiegend von Nord nach Süd verlaufende Rinntäler bestimmen die Oberflächenformen. Für die Kämpfe 1945 waren vor allem der im Osten liegende Barnim, die Lebusplatte und das Buckower Hügelland sowie das davor liegende Odertal von besonderer Bedeutung.

Im Oderbruch

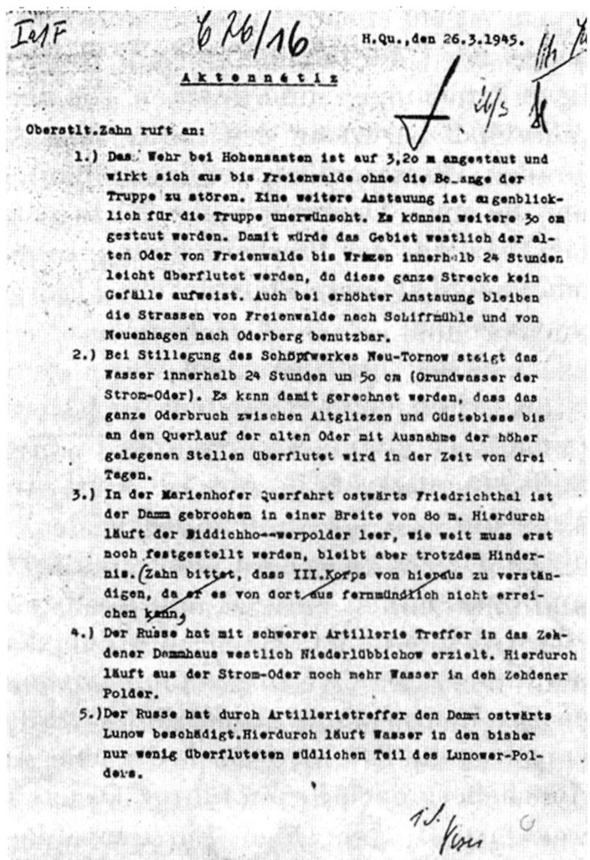

I a/1 F 6 26/16 H.Qu., den 26.3.1945.

Aktennotiz

Oberstlt. Zahn ruft an:

1.) Das Wehr bei Hohensaaten ist auf 3,20 m angestaut und wirkt sich aus bis Freienwalde ohne die Be_ange der Truppe zu stören. Eine weitere Anstauung ist augenblicklich für die Truppe unerwünscht. Es können weitere 30 cm gestaut werden. Damit würde das Gebiet westlich der alten Oder von Freienwalde bis Wriezen innerhalb 24 Stunden leicht überflutet werden, da diese ganze Strecke kein Gefälle aufweist. Auch bei erhöhter Anstauung bleiben die Strassen von Freienwalde nach Schiffmühle und von Neuenhagen nach Oderberg benutzbar.

2.) Bei Stillegung des Schöpfwerkes Neu-Tornow steigt das Wasser innerhalb 24 Stunden um 50 cm (Grundwasser der Strom-Oder). Es kann damit gerechnet werden, dass das ganze Oderbruch zwischen Altgliezen und Güstebiese bis an den Querlauf der alten Oder mit Ausnahme der höher gelegenen Stellen überflutet wird in der Zeit von drei Tagen.

3.) In der Marienhofer Querfahrt ostwärts Friedrichthal ist der Damm gebrochen in einer Breite von 80 m. Hierdurch läuft der Biddichho--werpolder leer, wie weit muss erst noch festgestellt werden, bleibt aber trotzdem Hindernis. (Zahn bittet, dass III. Korps von hieraus zu verständigen, da er es von dort aus fernmündlich nicht erreichen kann,

4.) Der Russe hat mit schwerer Artillerie Treffer in das Zehdener Dammhaus westlich Niederlübbichow erzielt. Hierdurch läuft aus der Strom-Oder noch mehr Wasser in den Zehdener Polder.

5.) Der Russe hat durch Artillerietreffer den Damm ostwärts Lunow beschädigt. Hierdurch läuft Wasser in den bisher nur wenig überfluteten südlichen Teil des Lunower-Polders.

i.A.

Das Be- und Entwässerungssystem an der Oder war einer der Faktoren der Kriegführung

Es ist teilweise ein steilhängiges Gelände mit einem dichten Netz von Tälern und Kesseln. Neben ausgedehnten Äkkern sind besonders im mittleren und nördlichen Abschnitt verhältnismäßig große Mischwaldflächen vorhanden. Die höchsten Erhebungen erreichen 100 bis 140 m. Im ostwärtigen Teil existieren ein allgemeines Gefälle nach Süden und Westen und ein deutlicher Steilabfall zum Odertal. Der so von Frankfurt an der Oder bis Bad Freienwalde reichende deutlich erkennbare Höhenzug erstreckt sich an seinem mittleren Abschnitt, hier als Seelower Höhe bezeichnet, über Carzig – Seelow – Wulkow mit einer relativen Höhe von etwa 40 m. Die Seelower Höhen beherrschen mit der in unmittelbarer Odernähe vorspringenden Reitweiner Höhe die Oderniederung, die hier als Oderbruch bezeichnet wird.

Das Oderbruch reicht von Frankfurt an der Oder im Süden bis Oderberg im Norden. Es hat eine Länge von etwa 70 km und eine Breite zwischen 12 bis 15 km. Das Gebiet des

Bruchs ist ein ebenes Gelände, teilweise unter dem Wasserspiegel der Oder liegend und nur von wenigen kleinen sandigen Erhebungen unterbrochen. Die überwiegend waldlose Landschaft besitzt an den zahlreichen Altwässern und den geraden Wassergräben vereinzelt Baumgruppen bzw. -reihen, die etwas Deckung bieten. Nicht vergessen werden darf, daß 1945, vor der Flurbereinigung, insgesamt mehr Einzelgehöfte und kleinere Flurstücke mit Flurgehölzen vorhanden gewesen sind.

Das Gebiet liegt in einem warm gemäßigten Klima mit vorherrschenden Westwinden. Nach überlieferten Daten betrugen die Lufttemperaturen vom 16. bis zum 20. April 1945 im Tagesmittel 9,8 °C. Am 17. April wurden die höchsten Werte mit 22,8 °C ermittelt, die tiefsten am 16. April nachts mit 1,5 °C. Das Wetter war niederschlagsfrei bei einer mittleren Bewölkung.

Den sich über das Gebiet der damaligen Wehrkreise III und II erstreckende Kampfraum prägten die Zu- und Abfahrten zur Reichshauptstadt Berlin. Wichtigste Straßenverbindung war die Reichsstraße 1, die über Küstrin, Seelow und Müncheberg nach Berlin führte. Dazu kamen die Autobahn Frankfurt an der Oder – Fürstenwalde – Berlin sowie die über Beeskow – Storkow nach dem Südosten Berlins führende Straße. Untergeordnete Landstraßen boten wichtige Rochademöglichkeiten, für die sich außerdem eine Reihe von Fahr-, Feld- und Waldwegen anbot. Komplizierter stellten sich die Verhältnisse im Oderbruch dar, wo die Wege nicht selten auf Dämmen verliefen, die beiderseits von Wassergräben gesäumt waren.

Ein dichtes Eisenbahnnetz durchzog den gesamten Raum. Die im Vergleich zu heute engmaschigeren Schienenwege blieben trotz Störungen durch Luftangriffe am Ende des Zweiten Weltkrieges im zentral- und osteuropäischen Gebiet von operativer Bedeutung.

Insgesamt eignete sich der brandenburgische Raum für den Einsatz aller Waffengattungen. Wälder und Ortschaften boten gute Deckung und Tarnung. Die relativ dichten Verkehrsverbindungen ermöglichten das Manövrieren bei allen Wetterbedingungen. Als günstig für die Verteidigung erwiesen sich der Seelower Höhenzug sowie das zwischen Berlin und der Oder gelegene Wald- und Hügelgelände mit seinen Seen und Gewässern.

2.
Zwischen Weichsel und Oder

Seit dem Verlust der strategischen Initiative 1943 und den Niederlagen im Osten und Westen 1944 hatte das Deutsche Reich kaum noch Spielraum für eine Politik, die außerhalb der alliierten Forderung nach bedingungsloser Kapitulation lag. So bestand die strategische Grundidee darin, die Fronten, so lange es die Kräfte zuließen, zu halten, um Zeit zu gewinnen. Für ein Remis waren die militärischen Möglichkeiten nicht mehr ausreichend und für eine politische Lösung des Konflikts keine Chancen vorhanden. Es blieb nur noch die vage Hoffnung auf eine Spaltung der gegnerischen Koalition. Die einzige Basis hierfür bildeten die Spannungen zwischen den Westalliierten und der UdSSR, die den Politikern des Dritten Reiches nicht entgangen waren.

Der »Krieg um Zeitgewinn, in Erwartung der Ereignisse«, sollte nach dem Konzept geführt werden, die vorhandenen Hauptverteidigungslinien zu halten, Frontdurchbrüche mit gepanzerten Eingreifreserven abzufangen und den Gegner durch Gegenoffensiven zu schwächen und zum Stehen zu bringen.

An der Westfront standen die Aliierten Anfang 1945 an der Reichsgrenze. Sie planten, in einer ersten Etappe die Wehrmacht auf dem linken Rheinufer zu schlagen, in einer folgenden den Fluß im Norden und Süden zu forcieren und danach Norddeutschland sowie den Raum Frankfurt–Kassel einzunehmen. Über die Art des weiteren Vorgehens sollte je nach Lageentwicklung entschieden werden.

Im Winter 1944/45 konnte Stalin auf beachtliche militärische Erfolge verweisen. Seine Truppen hatten die schweren Niederlagen der ersten Kriegsjahre überwunden, den deutschen Gegner auf breiter Front geschlagen und auf die Reichsgrenze zurückgeworfen. Über die abschließenden Operationen gegen Deutschland wurde in Moskau seit dem Sommer 1944 nachgedacht. An konkreten Plänen arbeitete der Generalstab seit der zweiten Hälfte 1944. Anfang November wurden die Operationspläne Stalin vorgelegt und anschließend die Frontoberbefehlshaber über die jeweils sie betreffenden Teile informiert.

Der Grundgedanke bestand darin, entlang der gesamten Front durch gleichzeitige Offensiven bis zur Linie Weichselniederung – Bromberg – Posen – Breslau – Mährisch Ostrau vorzustoßen. Nach dieser ersten, bereits sehr detailliert ausgearbeiteten Etappe war die Fortsetzung des Angriffs in Richtung Berlin, mit einem Nebenangriff auf Prag, vorgesehen. Der Schwerpunkt der Offensive lag im mittleren Frontabschnitt zwischen Ostrolenko und Kraków, entlang der kürzesten Strecke in die zentralen Gebiete Deutschlands. Alle für die gleiche Zeit geplanten Operationen hatten die Aufgabe, Kräfte zu fesseln und die im Schwerpunkt kämpfenden Fronten zu decken.

In den ersten Januartagen wurde die bevorstehende Offensive in Polen für die deutsche Seite zur Gewißheit. Auf ihre Abwehr hatten sich die deutschen Armeen seit Herbst 1944 an dem entlang der Weichsel verlaufenden Mittelabschnitt der Ostfront vorbereitet. Es wurde ein tiefgegliedertes Stellungssystem angelegt, das jedoch, je weiter im Westen gelegen, desto weniger ausgebaut war. Vor allem aber stellten die Feldbefestigungen keinen Ersatz für fehlende Truppen zu ihrer Besetzung und Verteidigung dar.

Damit war die Absicht, gestützt auf vorbereitete Befestigungen, durch Gegenangriffe starker beweglicher Gruppierungen die sowjetischen Offensiven auf langwierige, verlustreiche Durchbruchskämpfe zu reduzieren, schwer durchführbar. Das Ersuchen des OKH, die nahezu 30 Divisionen der Heeresgruppe Nord aus Kurland abzutransportieren und daraus die dringend benötigten Reserven zu bilden, lehnte Hitler ab. Ebenso kam er der Forderung des Chefs des Generalstabes des Heeres von Anfang Januar 1945, von anderen Fronten für den Osten Kräfte zur Verfügung zu stellen, nicht nach.

Die Schlacht um die Seelower Höhen und die letzten Gefechte der Wehrmacht zwischen Oder und Elbe sind ohne die unmittelbare Vorgeschichte nicht verständlich. Sie begann, als am 12. Januar die 1. Belorussische und die 2. Ukrainische Front zu ihrer Winteroffensive antraten. Zugleich gingen die 2. und 3. Belorussische und die 43. Armee der 1. Baltischen Front zum Angriff auf Ostpreußen über. Am lin-

Sowjetische Soldaten auf Befestigungen des »Oder-Warthe-Bogens«

ken Flügel der angreifenden Armeen hatte die 4. Ukrainische Front die südliche Flanke der im Schwerpunkt eingesetzten Verbände zu decken. Damit begann – entsprechend den militärisch -strategischen Planungen vom November 1944 – die erste Etappe der nach Shukows Worten »abschließenden Operationen« und somit der Endkampf um das Reich.

Der Schwerpunkt lag in der Richtung Warschau – Posen – Berlin – Elbe, also bei der seit dem 16. November von Marschall Shukow geführten 1. Belorussischen Front. Er trat mit seinen Verbänden aus dem Brückenkopf Magnuszew in Richtung Kutno – Poznań an, um die Linie Bromberg – Poznań zu gewinnen. Teilkräfte drehten ein, um Warschau aus Westen anzugreifen. Aus dem Brückenkopf von Puławy vorgehende Verbände hatten als Ziel Szyoglowiec und vereinten sich hier mit dem rechten Flügel der 1. Ukrainischen Front.

Diese, von Marschall Konew geführt, griffen aus dem Brückenkopf von Sandomierz an und zielten in die Richtung Radomsko – Częstochowa. Ihre Aufgabe war es, die Oder nordwestlich Glogau, Breslau, Ratibor zu gewinnen. Das weitere Vorgehen für beide Fronten sollte entsprechend der Lageentwicklung erfolgen. Bezeichnenderweise nannte die sowjetische Seite die Winteroffensive zunächst »Warschau-Posener Operation«.

Geplante Operation Januar 1945

Die deutschen Stellungen im Schwerpunkt des Angriffs verliefen entlang der Weichsel von der Mündung des Westlichen Bug bis Jasło. Hier standen die 9. Armee, die 4. Panzerarmee und die 17. Armee der Heeresgruppe A. Die anschließenden Stellungen in den Westkarpaten hielt die zur selben Heeresgruppe gehörende Armeegruppe Heinrici mit der

1. Panzerarmee und der 1. ungarischen Armee besetzt. Den Armeen der Heeersgruppe fehlte es am notwendigen personellen und materiellen Ersatz. Die Vorstellung des Oberkommandos der Heeresgruppe in der Weisung vom 26. November 1944, zur Abwehr der bevorstehenden Offensive starke taktische und operative Reserven zu bilden, erwies sich nur bis zu einem gewissen Grade als durchführbar.

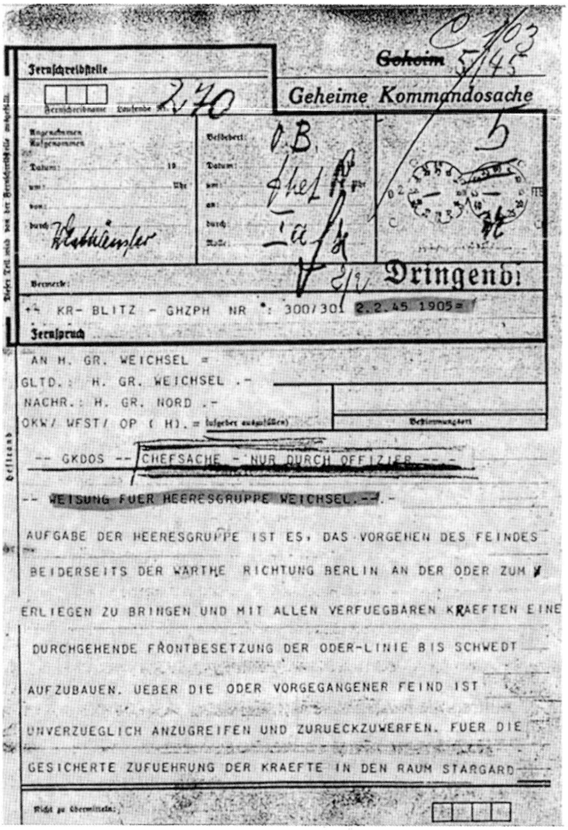
Fernschreibstelle

~~Geheim~~

Geheime Kommandosache

Dringend!

+ KR- BLITZ - GHZPH NR : 300/301 2.2.45 1905=

Fernspruch

AN H. GR. WEICHSEL =
GLTD.: H. GR. WEICHSEL .-
NACHR.: H. GR. NORD .-
OKW/ WFST/ OP (H). =

-- GKDOS -- CHEFSACHE - NUR DURCH OFFIZIER ---

-- WEISUNG FUER HEERESGRUPPE WEICHSEL.--.-

AUFGABE DER HEERESGRUPPE IST ES, DAS VORGEHEN DES FEINDES BEIDERSEITS DER WARTHE RICHTUNG BERLIN AN DER ODER ZUM ERLIEGEN ZU BRINGEN UND MIT ALLEN VERFUEGBAREN KRAEFTEN EINE DURCHGEHENDE FRONTBESETZUNG DER ODER-LINIE BIS SCHWEDT AUFZUBAUEN. UEBER DIE ODER VORGEGANGENER FEIND IST UNVERZUEGLICH ANZUGREIFEN UND ZURUECKZUWERFEN. FUER DIE GESICHERTE ZUFUEHRUNG DER KRAEFTE IN DEN RAUM STARGARD

Aufgabenstellung für die Heeresgruppe Weichsel im Februar 1945

Die Überlegenheit des Angreifers war eindeutig. An den beiden Fronten standen für die Operation 2203700 Mann, 33500 Geschütze und Granatwerfer, 5000 Kampfflugzeuge und über 7000 Panzer und Selbstfahrlafetten bereit.

Dem konnte Generaloberst Harpe, der Oberbefehlshaber der Heeresgruppe A, auf 700 km Front nur rund 90650 Mann (Gefechtsstärke) mit 1816 Geschützen, 793 Pak, 318 einsatzbereiten Panzern und 616 Sturmgeschützen entgegensetzen. (Dtl. im ZWK, Bd. 6, S. 504)

Der Erfolg in der Hauptrichtung erwies sich für den Angreifer selbst als unerwartet groß. Die Truppen Konews erreichten bereits am 22. Januar die Oder bei Steinau. Shukows Verbände standen am 20. Januar vor Poznań und kamen am 27. Januar an dic deutsch-polnische Grenze bei Bentschen. In den Morgenstunden des 31. Januar erreichten Vorausabteilungen der zur 1. Belorussischen Front gehörenden 5. Stoßarmee die Oder nördlich Küstrin und überschritten sie.

Der gegenüber seiner Heeresgeneralität mißtrauische Hitler löste zunächst die verantwortlichen Oberbefehlshaber ab. An die Spitze der Heeresgruppe A trat Generaloberst Ferdinand Schörner, während die 9. Armee durch General der Infanterie Theodor Busse übernommen wurde. Derartige Maßnahmen waren wenig dazu geeignet, den weit überlegenen Gegner aufzuhalten. Zwischen Hinterpommern und Schlesien bestand in der letzten Januardekade keine feste Front mehr. Auf Vorschlag des Chefs des Generalstabes des Heeres, Generaloberst Guderian, befahl Hitler am 21. Januar die Bildung einer neuen Heeresgruppe unter der Bezeichnung »Weichsel«. Zu ihrem Oberbefehlshaber ernannte der Diktator den Reichsführer SS und Befehlshaber des Ersatzheeres, Heinrich Himmler. Zugleich erfolgte eine der Lage entsprechende Umbennenung der Heeresgruppen an der Ostfront: Aus »A« wurde »Mitte«, die Heeresgruppe »Mitte« wiederum bekam die Bezeichnung »Nord« , während »Nord« in »Kurland« umbenannt wurde.

Der Auftrag der neuen Heeresgruppe Weichsel bestand darin, den angreifenden Gegner östlich der Oder zum Stehen zu bringen und eine Front entlang den Befestigungen an der Reichsgrenze von 1938 zu errichten. Zunächst hatte Himmler hierfür nur die Reste der 2. Armee zur Verfügung. In Pommern übernahm am 2. Februar der improvisierte Stab der 11. SS-Panzerarmee das Kommando über die in diesem Raum kämpfenden und in Zuführung begriffenen Truppen. Das waren zu diesem Zeitpunkt das A.K. Pommern (umbenannt in A.K. Oder), das stellvertretende II. A.K. und das X. SS-Korps. Am 27. Januar trat das AOK 9 mit dem unterstellten XXXX. Panzerkorps und dem V. SS-Gebirgskorps zur Heeresgruppe Weichsel. Es sollte die Oderlinie sichern, an der keine kampfkräftigen Verbände standen.

Um den ihr gestellten Auftrag zu erfüllen, erhielt die Heeresgruppe den Befehl, einen Gegenangriff in die offene Flanke der mit ihren Spitzen an der Oder stehenden 1. Belorussischen Front zu führen. Hierfür war die 11. SS-Panzerarmee (seit dem 24. Februar 3. Panzerarmee) vorgesehen, die am 4. Februar den Abschnitt in Pommern von der Oder bis Schneidemühl übernommen hatte. Sie sollte, dem im Generalstab des Heeres ausgearbeiteten Plan entsprechend, beiderseits Stargard mit sieben Panzer- und Panzergrenadier- und drei Infanteriedivisionen in Richtung auf das Gebiet Landsberg – Küstrin vorstoßen.

Die Zivilbevölkerung flieht über die Oderbrücken aus dem Kampfgebiet

Der überraschend schnelle Erfolg der sowjetischen Offensive erforderte in Moskau einen neuen Entschluß über die Fortführung der Kampfhandlungen. Das Hauptquartier mit Stalin und dem Generalstab beabsichtigte, die Offensive ohne Unterbrechung fortzuführen. Nach Erreichen der Linie Poznań – Breslau stimmten sowohl Marschall Shukow als auch Konew dem Vorschlag zu, die Offensive nach einer kurzen Pause über die Oder bis Berlin und an die Elbe fortzusetzen. Shukow beabsichtigte, am 1. oder 2. Februar weiter anzugreifen, Konew wollte am 5. oder 6. Februar antreten. Unberücksichtigt blieb hierbei die sich für Shukows nördliche Flanke abzeichnende Gefahr, die durch das Zurückbleiben des größten Teiles der 2. Belorussischen Front in Ostpreußen entstanden war.

Bei dieser Nebenoperation waren die sowjetischen Truppen weit weniger erfolgreich als im Schwerpunkt der Offensive. Schließlich mußte sich Marschall Rokossowski entgegen der ursprünglichen Aufgabenstellung, die Nordflanke Shukows zu decken, in außerordentlich starkem Umfang an der Eroberung der östlichsten Provinz des Reiches beteiligen. Die ihm darüber hinaus verfügbaren Truppen reichten nicht aus, um zugleich die im Norden, in Westpreußen und in Pommern stehenden deutschen Kräfte zu schlagen. Im Gegenteil, wie Marschall Shukow bald erkannte, drohte aus dem hinterpommerschen Raum ein deutscher Gegenangriff. Auf Vorschlag Shukows genehmigte Stalin, daß seine Front an der Oder zur Verteidigung überging und gemeinsam mit dem verstärkten linken Flügel der »Rokossowski-Front« die Lage im Norden klärte.

Damit war die unmittelbare Bedrohung für das Zentrums des Reiches vorerst geschwunden. Die deutsche Führung hatte zur Verteidigung der Hauptstadt Berlin eine Atempause gewonnen.

Am 15. Februar begann die Operation »Sonnenwende«, von der sich Hitler kriegsentscheidende Wirkung versprach. Wie E. Murawski feststellt, war zu diesem Zeitpunkt »ein Teil der Voraussetzungen für das Gelingen der Operation schon nicht mehr gegeben«. (Die Eroberung Pommerns durch die Rote Armee, Boppard am Rhein, 1969, S. 165). Dennoch brachte der Angriff am ersten und zweiten Tag örtliche Erfolge. Jedoch bereits am 18. Februar hatte er sich nach dem Eindruck der Heeresgruppe Weichsel festgefahren; die deutschen Angriffsverbände sahen sich gezwungen, zur Verteidigung überzugehen. Hitler befahl deshalb am 21. Februar der Heeresgruppe, den Angriff einzustellen.

Wenige Tage später, am 24. Februar, eröffnete die 2. Belorussische Front mit fünf Armeen, drei Panzerkorps, einem

Volkssturm im Einsatz

mechanisierten Korps und einem Kavalleriekorps eine Offensive gegen die 2. Armee in Westpreußen. Am 1. März setzte Shukow seinen rechten Flügel, bestehend aus zwei Gardepanzer- und vier allgemeinen Armeen, einem Panzer-, einem mechanisierten Garde- und einem Kavalleriekorps gegen die 3. Panzerarmee in Pommern in Marsch. Seine Truppen erreichten am 4. März die Ostsee westlich Kolberg. Die Verbände der 3. Panzerarmee mußten sich auf Stettin und das westliche Oderufer zurückziehen.

In Niederschlesien begann am 8. Februar die von Marschall Konew geführte 1. Ukrainische Front ihren Angriff mit vier allgemeinen Armeen, zwei Panzerarmeen und zwei mechanisierten Korps am 8. Februar aus dem Brückenkopf nordwestlich von Breslau. Sie traf auf die geschwächte Heeresgruppe Mitte mit der 4. Panzerarmee, der 17. Armee, der Armeegruppe Heinrici sowie der 1. Panzerarmee. Gegen heftigen deutschen Widerstand erreichte das Vormarschtempo ebenso wie vor dem Brückenkopf südlich Breslau nicht die erwartete Geschwindigkeit. Die 4. Panzerarmee konnte dennoch die überlegenen Kräfte Konews nicht aufhalten. In der Nacht vom 15. zum 16. Februar wurde Breslau eingeschlossen. Es gelang der 4. Panzerarmee, sich hinter die Neiße zurückzuziehen. Am 24. Februar hatte Konew das rechte Ufer der Neiße von der Mündung in die Oder bis Penzig erreicht. Der zurückgebliebene rechte Flügel griff am 15. Februar die 17. Armee und 1. Panzerarmee an. Unter großen Panzerverlusten für die Sowjets wurden fünf deutsche Divisionen eingeschlossen und zerschlagen. Hier erreichte die Front Ende März die Linie Strehlen – Neiße – Oppava. Damit war etwa der Frontverlauf entstanden, wie er sich in harten Kämpfen im März verfestigte und bei Beginn der abschließenden Operation des Krieges im Osten Mitte April bestand.

3.
Der Kampf um die Oderlinie

Es war Aufgabe der 9. Armee, die Frontlücke in der Hauptangriffsrichtung der Roten Armee zu schließen. Ihren ursprünglichen Auftrag, die Front entlang den Befestigungen an der alten Reichsgrenze zum Stehen zu bringen, konnte sie nicht erfüllen, weil ihre Kräfte dafür nicht ausreichten. Am 2. Februar unterstanden ihr das XXX. Panzer-Korps, das V. SS-Gebirgs-Korps sowie das neu aufgestellte Armeekorps Oder. Direkt unterstellt war die Festung Posen. Die Verbände der Armee befanden sich zum Teil noch auf dem Rückzug oder in der Neuaufstellung. Häufig handelte es sich um schlecht ausgebildete oder dürftig ausgerüstete Alarmeinheiten, Kampfgruppen oder Volkssturmbataillone.

Als in der Nacht zum 31. Januar die ersten Spitzen der 5. sowjetischen Stoßarmee nahe dem Dorf Kienitz nördlich von Küstrin über das Eis des Flusses drangen, waren keine kampfkräftigen Einheiten in der näheren Umgebung, die sie zurückschlagen konnten. Aus einem Aktenvermerk des Ia der Heeresgruppe Weichsel vom 31. Januar, 13.10 Uhr, geht hervor, daß nach Letschin ein Bataillon aus Küstrin und ein weiteres aus Berlin kommen würde. Diese von Oberst Schimpf (daher »Kampfgruppe Schimpf«) geführten Kräfte sollten gegen den Brückenkopf bei Kienitz antreten, der durch Panzer und motorisierte Infanterie gebildet wurde. Ähnlich war die Situation bei den folgenden Brückenkopfbildungen der 8. Gardearmee in der Nähe von Reitwein am 2. Februar sowie südlich von Frankfurt a. O.

Zeitgleich zu dem Versuch, die Rote Armee östlich der Oder durch einen eigenen Angriff (Operation »Sonnenwende«) zum Halten zu bringen, begann eine von Anfang Februar bis Ende März andauernde Periode hartnäckiger, verlustreicher Kämpfe um die sowjetischen Brückenköpfe auf dem Westufer der Oder. Hier standen zunächst ein Reichsarbeitsdienst-Bataillon ostwärts Reitwein, ein SS-Feldersatzbataillon in Wuhden, je ein Volkssturmbataillon in

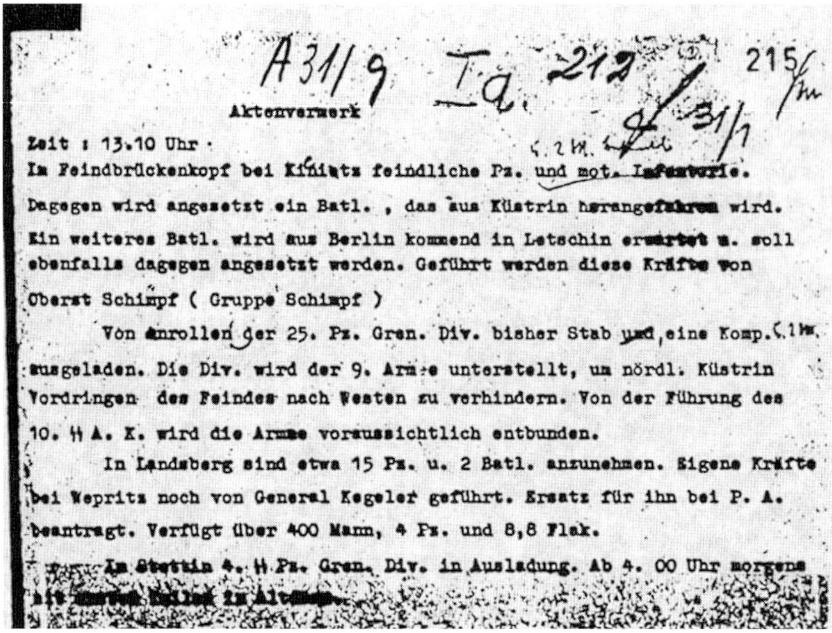

A31/9 Ia 212 215/

Aktenvermerk

Zeit : 13.10 Uhr ·

Im Feindbrückenkopf bei Kienitz feindliche Pz. und mot. Infanterie.

Dagegen wird angesetzt ein Batl. , das aus Küstrin herangefahren wird.

Ein weiteres Batl. wird aus Berlin kommend in Letschin erwartet u. soll ebenfalls dagegen angesetzt werden. Geführt werden diese Kräfte von Oberst Schimpf (Gruppe Schimpf)

Von Anrollen der 25. Pz. Gren. Div. bisher Stab und eine Komp. ausgeladen. Die Div. wird der 9. Armee unterstellt, um nördl. Küstrin Vordringen des Feindes nach Westen zu verhindern. Von der Führung des 10. SS A. K. wird die Armee voraussichtlich entbunden.

In Landsberg sind etwa 15 Pz. u. 2 Batl. anzunehmen. Eigene Kräfte bei Wepritz noch von General Kegeler geführt. Ersatz für ihn bei P. A. beantragt. Verfügt über 400 Mann, 4 Pz. und 8,8 Flak.

In Stettin 4. SS Pz. Gren. Div. in Ausladung. Ab 4. 00 Uhr morgens [illegible]

Aktenvermerk über die Lage am 31. Januar 1945

Klessin und Lebus, ein SS-Artillerieregiment in Mallnow sowie ein Reserve-Alarmbataillon in Podelzig. Rasch in den Kampf geworfen wurden kleine und kleinste Einheiten, Bataillone, Kompanien und Volkssturm. Die verschiedensten Splittereinheiten, unterstützt von der eilig herangeführten Flak, besetzten die Oderlinie und traten nicht selten unmittelbar aus dem Marsch heraus zu Gegenangriffen an.

Nördlich von Küstrin konzentrierten sich die Kämpfe um Karlsbiese – Neulewien – Ortwig – Groß Neuendorf – Kienitz – Sophienthal – Genschmar und Sydowswiese. Die bereits am 1. und 2. Februar gegen die übergesetzten Russen vorgetragenen Angriffe waren verzettelt und blieben erfolglos. Schneller als bei den deutschen Verbänden gelang die Verstärkung der übergesetzten Einheiten des Gegners. Nachdem am Ende der ersten Februarwoche schweres sowjetisches Gerät auf dem Westufer zum Einsatz kam, konnten die immer wieder zum Angriff vorgehenden deutschen Truppen nur geringe Bodengewinne verzeichnen. »Die personelle Zusammensetzung«, heißt es in dem Kriegstagebuch der bei Kienitz eingesetzten Kampfgruppe Weikl, »des Btl. 203 ist sehr unterschiedlich, zum großen Teil nicht k.v. Leute, überwiegend aus Nachschubeinheiten kommend, die sich zur Zeit des Abrückens in der Umschulung befanden. Den Offizieren und Unterführern fehlte zum großen Teil jede infanteristische Fronterfahrung«. Über den ersten Angriff, der am 1. Febuar um 4.00 Uhr beiderseits der Straße Letschin – Amt Kienitz vorgetragen wurde, heißt es weiter: »Die Verbände geraten im Nachtangriff in- und durcheinander. Hier macht sich nun ungünstig bemerkbar, daß die Offz. und ihre Unterführer und diese wieder ihre Männer nicht kennen, da das Btl. ja erst wenige Stunden vorher in Berlin-Spandau zusammengestellt, in Berliner Omnibussen verladen worden war und aus den Omnibussen heraus direkt in den Einsatz kam.« (R. Lakowski, Das Ende der Naziherrschaft in Brandenburg, in: Brandenburg in der NS-Zeit. Studien und Dokumente, hrsg. von D. Eichholtz und A. Püschel, Berlin 1993, S. 427)

Ähnlich schwere und wenig erfolgreiche Kämpfe gab es in dem südlich von Küstrin gelegenen Brückenkopf bei Reitwein. Der spätere Marschall Tschuikow, dessen 8. Gardearmee hier vorging, hatte die beherrschende Stellung der Reitweiner Höhe erkannt. Einheiten seines 4. und 28. Gardeschützenkorps begannen am 2. Februar, die Oder zwischen

Auf dem Weg ins Kampfgebiet

Generaloberst Gotthard Heinrici, seit 20. 3. 1945 Oberbefehlshaber der Heeresgruppe Weichsel

Kietz und Reitwein zu überschreiten. Heftige Angriffe der Luftwaffe verhinderten die Verstärkung der übergesetzten Truppen, die zunächst nicht wesentlich über Räume innerhalb der Oderdeiche hinaus gelangten. Die Fortsetzung des Flußüberganges in der Nacht zum 3. Februar war wesentlich erfolgreicher. Fast verlustlos gelang es der 35., 47. und 79. Gardeschützendivision, einen Brückenkopf zu bilden. Ähnlich war die Situation bei Lebus, wo dem Nachbarn der 8. Gardearmee, der 69. sowjetischen Armee, die Brückenkopfbildung gelang. Weitere sowjetische Brückenköpfe entstanden südlich Frankfurt.

Den Abschnitt zwischen der Reichsstraße 1 und südlich von Lebus, also vor den Schwerpunkten der 8. Garde- und der 69. Armee, verteidigten Teile der Panzergrenadierdivision Kurmark. Ursprünglich ostwärts Frankfurt eingesetzt, wurden sie schleunigst herausgezogen, um den Raum beiderseits Reitwein vom Gegner zu säubern. In heftigen Kämpfen, deren vorläufiger Höhepunkt am 15. Februar erreicht war, konnte verhindert werden, daß die entscheidende Stellung auf der Reitweiner Höhe verloren ging.

Angriff wechselte mit Gegenangriff. Der verlustreiche Einsatz der Panzergrenadierdivision Kurmark konnte trotz geringfügiger Geländegewinne die Vereinigung zunächst einzelner kleiner sowjetischer Brückenköpfe und ihre Ausweitung nicht verhindern. Am 22. März hatten die 8. Gardearmee und die 69. Armee einen Brückenkopf erobert, der von Kietz – Manschnow – westlich Rathstock – östlich Podelzig – bis südlich Lebus reichte.

Die Deutschen konnten ihr Hauptziel, die Beseitigung der sowjetischen Brückenköpfe und die Errichtung einer durchgehenden Frontlinie entlang des Westufers der Oder nicht erreichen. Dennoch gelang es, die sowjetischen Stellungen an einzelnen Abschnitten einzudrücken. Die Verluste auf sowjetischer Seite, über die sich in Quellen und Literatur bisher wenig findet, müssen beträchtlich gewesen sein. Unübersehbar sind indes auch die nicht auszugleichenden Verluste der 9. Armee. Ihr Personalbestand verringerte sich in dieser Zeit trotz ständiger Zuführungen. In dem Zeitraum vom 1. Februar bis zum 15. März büßte sie 35 000 Mann an Toten, Verwundeten und Vermißten ein. Die zwischen der Festung Frankfurt und der Reichsstraße 1 eingesetzte Panzergrenadierdivision »Kurmark« und die 712. Infanteriedivision verloren allein zwischen dem 6. Februar und dem 13. März 2 000 Mann.

Die schwersten Kämpfe wurden bis Ende März um die alte brandenburgisch – preußische Stadt Küstrin geführt. Diese Stadt, bei der wichtige Eisenbahnlinien und Fernverkehrsstraßen zusammenliefen, war von Hitler zur Festung

Sowjetische Panzer überqueren die Oder

erklärt worden. Am 31. Januar drangen überraschend sechs sowjetische Panzer in die Neustadt ein, von denen vier vernichtet wurden. Ein Versuch des 1. mechanisierten Gardekorps, Küstrin am folgenden Tage aus der Bewegung zu nehmen, scheiterte. Bereits am 3. Februar unterbrachen Verbände der 8. Gardearmee die letzten Straßen- und Eisenbahnverbindungen in die Stadt. Gemeinsam mit der 5. Stoßarmee gelang es ihr, Küstrin einzuschließen. Bis zum 9. Februar konnte die inzwischen herangeführte 21. Panzerdivision eine Verbindung in die Festung freikämpfen. Beginnend bei Gorgast, endete der Korridor, der eine Breite zwischen 3 und 5 Kilometern und eine Länge von etwa 6 Kilometern hatte, auf der Höhe der Eisenbahnbrücke in Kietz. Die für die Verteidiger lebenswichtige Verbindung konnte von der 25. Panzergrenadierdivision unter Generalmajor Arnold Burmeister bis zum 22. März offengehalten werden. Durch diesen Schlauch rollte der Nachschub, über ihn wurden die Verwundeten und – in der Zeit vom 19. bis zum 22. Februar – die Zivilbevölkerung evakuiert. Die Besatzung der Festung bestand aus rund 10 000 Mann und etwa 900 Volkssturmmännern. Kommandant war SS-Brigadeführer und Generalleutnant der Waffen-SS Heinz Reinefarth. Entsprechend den Gegebenheiten bei Kriegsende fehlte es der Besatzung u. a. an erfahrenen Stabsoffizieren, deren Rolle ältere Polizei- und Gendarmeriebeamte übernehmen mußten.

Am 6. März gingen drei Regimenter der 8. Gardearmee bei Kietz zum Angriff über, um die Schlauchstellung zu durchstoßen und die Landverbindung nach Küstrin zu unterbrechen. Nach mehrtägigen erbitterten Häuserkämpfen nahmen sie den Küstriner Vorort. Die Verbindung über die Lange Vorstadt in das Stadtinnere konnte jedoch aufrechterhalten werden.

Am selben Tag begannen Teile der 5. Stoßarmee, nach Vorbereitung durch starke Luftangriffe und einem Ablenkungsangriff die Küstriner Neustadt zu stürmen. Sie setzten hierfür mehr als 14 000 Mann, 700 Geschütze und Granatwerfer ein. Etwa 7 000 Verteidiger wehrten sich erbittert. Nach erfolglosen Ausbruchversuchen gingen, Meldungen der Roten Armee zufolge, 3 000 Mann in Gefangenschaft. Ebenso viele Tote sollen gezählt worden sein. Am 13. März waren die Kämpfe um die nördlich der Warthe gelegene Neustadt Küstrins beendet.

Marschall G. K. Shukow, Oberbefehlshaber der 1. Belorussischen Front

Voreilig wurde in Moskau auf die Einnahme der Stadt und Festung Küstrin Salut geschossen. Schließlich befanden sich zu diesem Zeitpunkt die Alt- und Lange Vorstadt noch in deutscher Hand.

Die deutsche Führung, der Generalstab in Berlin und insbesondere Hitler, hatten ihre Vorstellungen über ein offensives Vorgehen gegen die sich an der Oder sammelnden Verbände der Roten Armee auch nach dem Scheitern von »Sonnenwende« nicht völlig aufgegeben. Noch Ende Februar wurde ein Plan ausgearbeitet, nach dem aus dem Raum Stettin deutsche Verbände in Richtung Küstrin angreifen sollten. Das Unternehmen mußte schließlich abgesagt werden, da der Stettiner Brückenkopf nicht zu halten war.

Als letzter Versuch, offensiv zu verteidigen, ist das Vorhaben zu sehen, aus dem Frankfurter Brückenkopf in Richtung Norden auf Küstrin vorzugehen. In beiden Fällen war die Festung zwischen Oder und Warthe für die Störung des Aufmarsches der sich auf dem Westufer der Oder zum Angriff sammelnden sowjetischen Verbände von größter Bedeutung. Die Festung sollte als Rückhalt für die angreifenden deutschen Truppen dienen, deren Stärke sie nur zu begrenzten Angriffen befähigte.

Die Ablösung der die Schlauchstellung verteidigenden

25. Panzergrenadierdivision traf mit dem Beginn des letzten sowjetischen Sturms auf Küstrin zusammen. Dieser begann am 22. März mit einem Angriff von Kräften der 5. Stoßarmee und der 8. Gardearmee in Richtung Golzow, um die Festung von ihren Verbindungen abzuschließen. Hierfür hatte die sowjetische Führung 50 000 Mann und rund 2 000 Geschütze und Granatwerfer sowie eine entsprechende Zahl von gepanzerten Fahrzeugen bereitgestellt. Schon am Nachmittag des 22. März war Küstrin eingeschlossen. Ein Entsatzversuch der sofort zurückgeholten 25. Panzergrenadierdivision in der Nacht vom 23. zum 24. März scheiterte nach anfänglichem Erfolg. Die Grenadiere drangen in Gorgast ein und kamen bis auf 3 Kilometer an den Küstriner Außenring heran, mußten aber schließlich den einsetzenden Gegenangriffen weichen. Weitere Versuche von Teilen der 20. Panzergrenadierdivision, aus Richtung Golzow den Einschließungsring aufzubrechen, schlugen ebenso fehl.

Zur gleichen Zeit kämpften sich die sowjetischen Einheiten auf dem Ostufer der Oder bis zum 27. März an den Süd-

Hitler besucht am 9. März 1945 die Front bei Wriezen

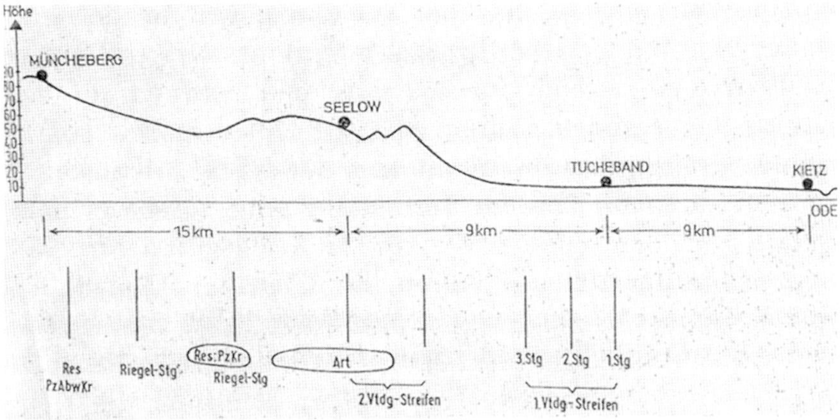

Geländeprofil Kietz – Seelow – Müncheberg und Lage der deutschen Stellungen vor Küstrin

ostrand der Altstadt heran. Die Verteidiger waren auf ein Gebiet zurückgedrängt, das sich über die Altstadt, die Lange Vorstadt und einen schmalen Streifen westlich des Vorflutkanals, von der Straßen- und Eisenbahnbrücke bis Kuhbrücken erstreckte.

Ein bis zum Morgen des 27. März befristetes sowjetisches Ultimatum zur Übergabe der Festung blieb unbeantwortet. Am 28. März trat die Rote Armee zum Sturm auf die letzten Stellungen der Verteidiger an. Dafür hatte Tschuikow allein auf dem Ostufer die 82. Gardeschützendivision und auf dem Westufer die 35. Gardeschützendivion sowie eines ihrer Regimenter über den Fluß angreifen lassen. Es wurden drei Batterien schwerer Geschütze (20,3-cm-Kanonen) im direkten Richten gegen die Mauern der alten Festung eingesetzt.

Eine Kampfgruppe, die sich dem Küstriner Schloß näherte, konnte am Nachmittag noch einmal zurückgeworfen werden. Doch war das Erlöschen des Widerstandes absehbar. Entgegen den Befehlen Hitlers entschloß sich der Kommandant zur Räumung der Altstadt, eine Aktion, die schlecht organisiert und überhastet erfolgte. Gegen Mittag des 29. März war die Küstriner Altstadt in sowjetischer Hand. Nur mühsam konnte die Lange Vorstadt mit dem davorliegenden Streifen westlich des Vorflutgrabens gehalten werden. Hier befand sich im Keller der in der Langen Vorstadt gelegenen Artilleriekaserne der letzte Gefechtsstand Reinefarths. Die gehfähigen Reste der Besatzung sammelten sich zum Durchbruch, der aber nur einem Teil der Soldaten gelang. Laut einer Meldung des AOK 9 vom 1. April waren 32 Offiziere sowie 965 Unteroffiziere und Soldaten aus Küstrin zu den eigenen Linien gelangt. Unter diesen befand sich der Festungskommandant und der NSDAP-Kreisleiter. Der überwiegende Teil der Verteidiger ging, soweit er nicht gefallen war, den bitteren Weg in die Kriegsgefangenschaft.

Am Ende der Kämpfe waren die Küstriner Altstadt fast vollständig, die Neustadt zu 92 und Kietz zu 98 Prozent zerstört. Verluste sind hier ebenso wie bei den übrigen Kämpfen des Jahres 1945 nur schätzungsweise zu ermitteln. Auf deutscher Seite waren es vermutlich 5000 Gefallene sowie 9000 Verwundete, die in das Hinterland transportiert werden konnten. Nahezu 6000 überwiegend verwundete Soldaten gerieten in Gefangenschaft. Auf Seiten der Roten Armee können 6000 Tote und 12000 Verwundete angenommen werden.

Mit dem Fall von Küstrin war der deutschen Führung jede Möglichkeit genommen, ostwärts der Oder mit Aussicht auf Erfolg vorzugehen. Mit dem Fall Küstrins endete der Versuch, das Zentrum des Reiches und seine Hauptstadt offensiv zu verteidigen. Nun konzentrierte man sich auf die Abwehr des erwarteten sowjetischen Großangriffs aus dem Küstriner Brückenkopf.

Für den Oberbefehlshaber der 1. Belorussischen Front bedeutete der Fall Küstrins, daß er für seine geplante Operation über einen mehr als 300 km^2 umfassenden Brückenkopf verfügte. Von ihm aus führte durch das Oderbruch und entlang der Reichsstraße 1 über Seelow – Müncheberg der kürzeste Weg nach Berlin.

Damit hatte sich der Frontverlauf herausgebildet, wie er bis zum Beginn der sowjetischen Großoffensive Mitte April bestehen blieb. Er erstreckte sich von Wollin über Stettin entlang des linken Oderufers bis zur Neißemündung bei Ratzdorf. Hier verlief die Grenze zur Heeresgruppe Mitte, deren linken Flügel die 4. Panzerarmee bildete.

4.
Die Schlacht um die Seelower Höhen

Ausgangslage der Heeresgruppe Weichsel: Nach dem Scheitern aller Entsatzversuche und dem Fall der Festung Küstrin befahl Hitler Ende März die Einstellung aller Angriffshandlungen und die Konzentration der Bemühungen auf die zu erwartende Großoffensive des Gegners. Hierzu bekam die Heeresgruppe am 30. März einen von ihm unterzeichneten Befehl, sich so zu gliedern, »daß bei jedem Divisonsabschnitt eine genügende Tiefe erreicht wird«, 3 bis 6 km hinter der vorderen Linie eine Großkampf-HKL zu bestimmen und auszubauen, die Ausbildungsverbände des Ersatzheeres und der Luftwaffe in die 8 bis 10 Kilometer hinter der vorderen Linie verlaufenden rückwärtigen Stellungen zu verlegen, die Artil-

Erläuterung zum Großkampfverfahren

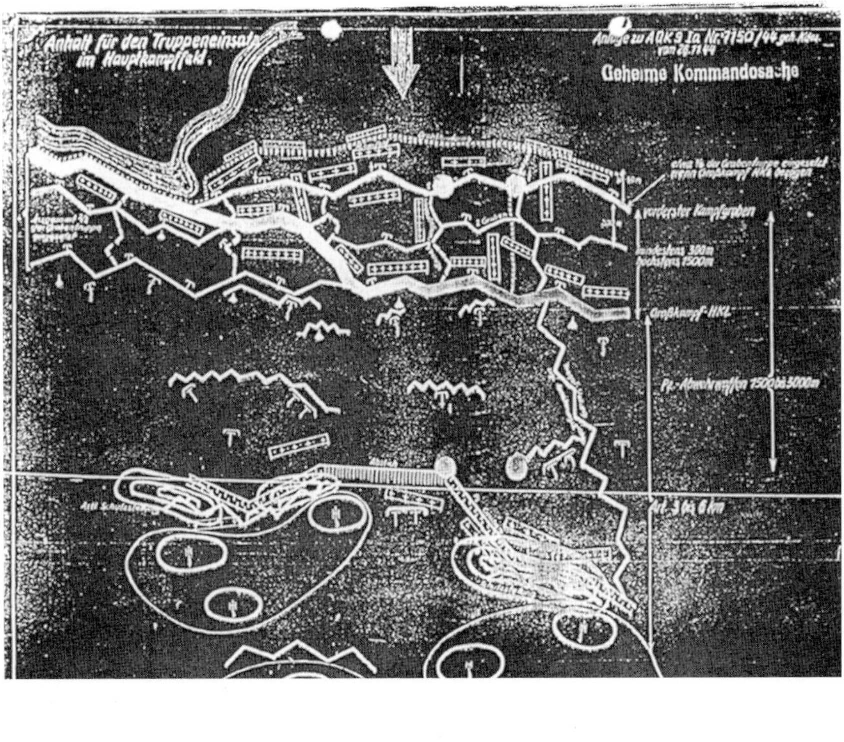

lerie sofort »so tief zu gliedern, daß die Masse der Batterien aus Stellungen in und hinter der II. Stellung (8–10 Kilometer hinter der vorderen Linie) Sperrfeuer in den Raum zwischen vorderer Linie und Großkampf-HKL abgeben kann. Einige Battr. sind unter dauerndem Stellungswechsel für Fernaufgaben bis dicht hinter die vordere Linie vorzuziehen. Ständig besetzte Battr.-Stellungen dürfen sich nur hinter der Großkampf-HKL befinden. Die Masse der Flak-Art. ist gleichfalls in und hinter der II. Stellung einzusetzen.« Schließlich wurde befohlen alle schnellen Verbände als Eingreifreserven heranzuziehen und »hinter den wahrscheinlichen Hauptangriffsabschnitten des Gegners bereitzuhalten«. (BA – Militärisches Zwischenarchiv Potsdam, WF-10/13433, Bl. 55 ff.)

Anfang April verlief die Front der Heeresgruppe Weichsel vom Ostufer der Insel Wollin, dem Westufer des Dammschen Sees und dem Westufer der Oder bis zur Einmündung der Neiße. Rechter Nachbar war, wie angeführt, die 4. Pan-

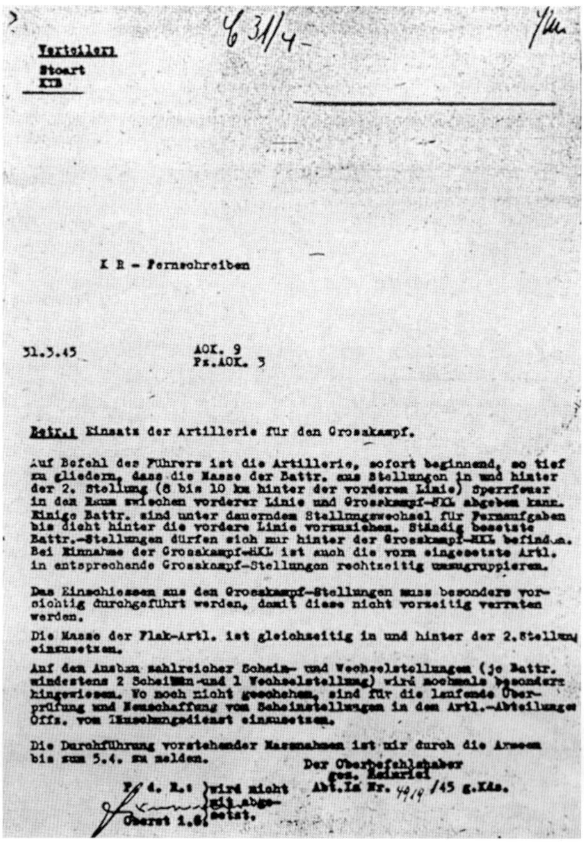
Verteiler:
Stoart
KTB

K R – Fernschreiben

31.3.45

AOK. 9
Pz.AOK. 3

Betr.: Einsatz der Artillerie für den Grosskampf.

Auf Befehl des Führers ist die Artillerie, sofort beginnend, so tief zu gliedern, dass die Masse der Battr. aus Stellungen in und hinter der 2. Stellung (8 bis 10 km hinter der vorderen Linie) Sperrfeuer in den Raum zwischen vorderer Linie und Grosskampf-HKL abgeben kann. Einige Battr. sind unter dauerndem Stellungswechsel für Fernaufgaben bis dicht hinter die vordere Linie vorzuziehen. Ständig besetzte Battr.-Stellungen dürfen sich nur hinter der Grosskampf-HKL befinden. Bei Einnahme der Grosskampf-HKL ist auch die vorn eingesetzte Artl. in entsprechende Grosskampf-Stellungen rechtzeitig umzugruppieren.

Das Einschiessen aus den Grosskampf-Stellungen muss besonders vorsichtig durchgeführt werden, damit diese nicht vorzeitig verraten werden.

Die Masse der Flak-Artl. ist gleichzeitig in und hinter der 2. Stellung einzusetzen.

Auf den Ausbau zahlreicher Schein- und Wechselstellungen (je Battr. mindestens 2 Schein- und 1 Wechselstellung) wird nochmals besonders hingewiesen. Wo noch nicht geschehen, sind für die laufende Überprüfung und Neuschaffung von Scheinstellungen in den Artl.-Abteilungen Offz. vom Täuschungsdienst einzusetzen.

Die Durchführung vorstehender Massnahmen ist mir durch die Armeen bis zum 5.4. zu melden.

Der Oberbefehlshaber
gez. Heinrici
Abt. Ia Nr. 4919/45 g.Kds.

F. 4. R.: wird nicht mit abgesetzt.
Oberst i.G.

Vorbereitung zum Großkampfverfahren

General der Infanterie Theodor Busse, Oberbefehlshaber der 9. Armee

zerarmee der Heeresgruppe Mitte. Die Gesamtlänge der Heeresgruppenfront betrug annähernd 330 km. Ihr waren die 3. Panzerarmee am linken und die 9. Armee am rechten Abschnitt der Front unterstellt. Hier, bei der 9. Armee, wurde der Schwerpunkt der Offensive erwartet.

Die Heeresgruppe Weichsel verfügte Anfang April, wie aus einer Zusammenstellung des Amtes Fremde Heere Ost hervorgeht, über 17 Infanterie- und 7 als schwere Divisionen bezeichnete Verbände sowie über 4 sonstige Formationen, worunter selbständige Kampfgruppen u. ä. verstanden wurden. Aus den wenigen erhalten gebliebenen archivalischen Unterlagen der Heeresgruppe geht hervor, daß sie am 1. April eine Tagesstärke von 185 975 Mann hatte, als Gefechtsstärke werden 126 602 und als Kampfstärke 104 162 Soldaten verzeichnet. Sie konnte am 13. April 827 Panzer und Sturmgeschütze vorweisen, von denen 754 einsatzbereit waren. Die der Heeresgruppe Weichsel zur Verfügung stehende Artillerie zählte am 12. April 1945 insgesamt 396 Batterien mit 1 524 Rohren. Zur gleichen Zeit konnte die 9. Armee 218 Batterien mit 890 Rohren ins Gefecht bringen. Hierbei richteten sich die Klagen der Front-Truppe weniger gegen die geringe Rohrzahl, als vielmehr gegen die fehlende Munition.

Insgesamt war die Heeresgruppe Weichsel vor Beginn der sowjetischen Offensive Mitte April 1945 personell und materiell mit allem ausgestattet, was das Dritte Reich wenige Wochen vor seinem Zusammenbruch noch aufbieten konnte. Zwar reichten die Kräfte für eine erfolgreiche Verteidigungsoperation nicht mehr aus. Dennoch gelang es, den Angriff des Gegners zeitweilig durcheinanderzubringen und die Niederlage des Dritten Reiches um Tage zu verzögern.

Die Führung der Heeresgruppe und die der 9. Armee hatten den Schwerpunkt des sowjetischen Angriffs zutreffend erkannt und dementsprechend die eigenen Verbände gruppiert. Er lag, wie richtig angenommen worden war, im Abschnitt der 9. Armee, vor der im Küstriner Brückenkopf Shukow in den ersten Apriltagen seinen Aufmarsch vollendete.

Die 9. Armee verteidigte eine Front von 138 Kilometer zwischen Oderberg und Ratzdorf. Hierfür standen ihr die erwähnten 4 Armee- und zunächst 2 Artilleriekorps zur Verfügung. Bei der 9. Armee waren 15 der 24 Divisionen der Heeresgruppe konzentriert. Es handelte sich um zehn Infanterie-, drei Panzergrenadier-, eine Fallschirmjäger- und eine Jägerdivision. Trotz größter Bemühungen der Ersatzbehörden waren der Auffüllungsgrad der Verbände, die Qualität des Ersatzes, der Ausbildungsstand sowie die Bewaffnung und Ausrüstung sehr verschieden. Neben bewährten Verbänden standen neu aufgestellte, bei denen sich das Fehlen erfahrener Offiziere und Unteroffiziere besonders bemerkbar machte. Am schmerzlichsten wurde der Mangel an Munition und Kraftstoff beklagt.

Die Gesamtstärke der 9. Armee betrug Anfang April 200 000 Mann (Kampfstärke 90 836 Mann). Das waren nahezu zwei Drittel der Kopfzahl der Heeresgruppe.

Ähnliche Verhältnisse waren in bezug auf die Konzentration von gepanzerten Fahrzeugen und Artillerie geschaffen worden. Auch hier wurden sie von der 3. Panzerarmee weitestgehend abgezogen, um im Schwerpunkt halten zu können. Von den erwähnten 754 einsatzbereiten Panzern und Sturmgeschützen unterstanden der 9. Armee 512, die Artillerie hatte, nach neu gefundenen Zahlen, die erwähnten 890 Rohre.

Die 23. Flak-Division (mot) konnte 32 schwere Batterien einsetzen, die 4. Fliegerdivision verfügte über 300 Flugzeuge, deren Kraftstoffvorrat, wie die Luftwaffenführung warnte, für einen längeren Großkampf nicht ausreichte.

Die Stäbe bereiteten sich trotz des engen Spielraums sorg-

Die Kampfstärke der 9. Armee am 10. April 1945

XXXIX. Panzerkorps:	
Pz. Div. »Müncheberg«	1986
25. Pz.Gren.Div.	5605
	7591

unmitt. unterstellt:	
Festung Frankfurt	13945
600. (russisch) Inf. Div.:	7065

CI. A.K.:	
309. Inf. Div.	5926
606. Inf. Div.	5495
5. Jg. Div.	4970
	16391

XI. SS-Pz. K.:	
712. Inf. Div.	4882
169. Inf. Div.	5956
303. Inf. Div.	3860
20. Pz.Gren.Div.	4848
9. Fs. Jg. Div.	6758
Pz. Gren. Div. »Kurmark«	4350
	30654

V. SS-Geb. K.:	
391. (Sich.) Div.	4537
32. SS-Div. »30. Januar«	6703
286. Inf. Div.	3950
	15190

Kampfstärke insgesamt: *90836*

fältig auf die Schlacht vor, wobei sie die Erfahrungen der bisherigen Abwehrschlachten, insbesondere zwischen Weichsel und Oder, berücksichtigten. Erwartet wurde vom sowjetischen Gegner das bisher angewandte Angriffsverfahren: gewaltsame Aufklärung, dann massierte Artillerie- und Luftvorbereitung. Es folgten in Wellen Angriffe der von Panzern unterstützten Schützenverbände, die die Artillerie be-

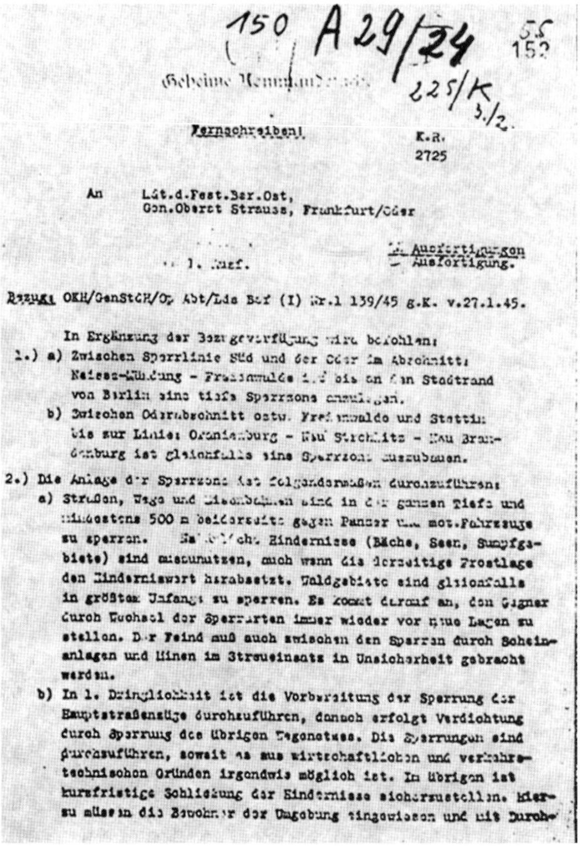

150 A 29/24 55 152

Geheime Kommandosache

225/K 3./2.

Fernschreiben!

K.R. 2725

An Kdt.d.Fest.Ber.Ost, Gen.Oberst Strauss, Frankfurt/Oder

1. Ausf.

Ausfertigungen Ausfertigung.

Bezug: OKH/GenStdH/Op Abt/Lds Bef (I) Nr.1 139/45 g.K. v.27.1.45.

In Ergänzung der Bezugsverfügung wird befohlen:

1.) a) Zwischen Sperrlinie Süd und der Oder im Abschnitt: Neisse-Mündung – Freienwalde a.O. bis an den Stadtrand von Berlin eine tiefe Sperrzone anzulegen.

b) Zwischen Oderabschnitt ostw. Freienwalde und Stettin bis zur Linie: Oranienburg – Neu Strelitz – Neu Brandenburg ist gleichfalls eine Sperrzone auszubauen.

2.) Die Anlage der Sperrzone ist folgendermaßen durchzuführen:

a) Straßen, Wege und Eisenbahnen sind in der ganzen Tiefe und mindestens 500 m beiderseits gegen Panzer u. mot.Fahrzeuge zu sperren. Natürliche Hindernisse (Bäche, Seen, Sumpfgebiete) sind auszunutzen, auch wenn die derzeitige Frostlage den Hinderniswert herabsetzt. Waldgebiete sind gleichfalls in größtem Umfange zu sperren. Es kommt darauf an, den Gegner durch Wechsel der Sperrarten immer wieder vor neue Lagen zu stellen. Der Feind muß auch zwischen den Sperren durch Scheinanlagen und Minen im Streueinsatz in Unsicherheit gebracht werden.

b) In 1. Dringlichkeit ist die Vorbereitung der Sperrung der Hauptstraßenzüge durchzuführen, danach erfolgt Verdichtung durch Sperrung des übrigen Wegenetzes. Die Sperrungen sind durchzuführen, soweit es aus wirtschaftlichen und verkehrstechnischen Gründen irgendwie möglich ist. Im übrigen ist kurzfristige Schließung der Hindernisse sicherzustellen. Hierzu müssen die Bewohner der Umgebung eingewiesen und mit Durch-

Befehl zum Aufbau eines tiefgegliederten Stellungssystems zwischen der Oder und Berlin

gleitete. Nach dem Aufreißen der gegnerischen Hauptkampflinie kamen starke operative Panzerverbände zum Einsatz, die den Erfolg auszuweiten und den Angriff in die Tiefe zu tragen hatten.

In Durchführung des erwähnten Befehls vom 30. März erging am 31. eine von Generaloberst Gotthard Heinrici, der seit dem 20. März den unfähigen Himmler in der Führung der Heeresgruppe abgelöst hatte, unterzeichnete Weisung an die Heeresgruppe. Ausgehend von der unmittelbar bevorstehenden Offensive »mit Schwerpunkt Raum Frankfurt–Schwedt« wurde die »Zurückstellung aller Angriffsabsichten« und die Umgliederung zur Verteidigung befohlen. Nochmals auf die Vorbereitungen zum Beziehen der Großkampf-HKL hinweisend, forderte die Weisung den verstärkten Stellungsbau, wobei die Überprüfung des Ausbaues der »rückwärtigen Stellungen zwischen HKL und Wotan-Stellung, der Sperrzonen und die Vorbereitung der Brücken-

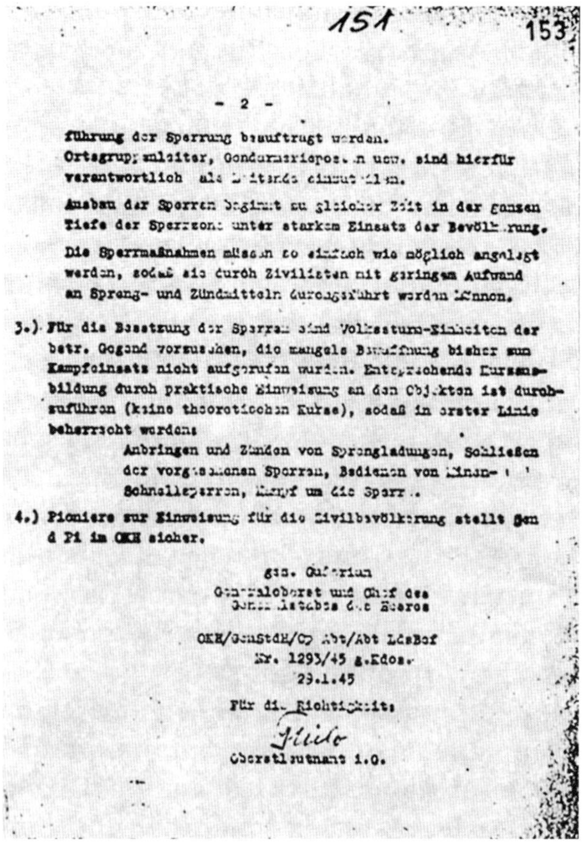
151 153

– 2 –

führung der Sperrung beauftragt werden.
Ortsgruppenleiter, Gendarmerieposten usw. sind hierfür verantwortlich als Leitende einzuschalten.

Ausbau der Sperren beginnt zu gleicher Zeit in der ganzen Tiefe der Sperrzone unter starkem Einsatz der Bevölkerung.

Die Sperrmaßnahmen müssen so einfach wie möglich angelegt werden, sodaß sie durch Zivilisten mit geringem Aufwand an Spreng- und Zündmitteln durchgeführt werden können.

3.) Für die Besetzung der Sperren sind Volkssturm-Einheiten der betr. Gegend vorzusehen, die mangels Bewaffnung bisher zum Kampfeinsatz nicht aufgerufen wurden. Entsprechende Kursusbildung durch praktische Einweisung an den Objekten ist durchzuführen (keine theoretischen Kurse), sodaß in erster Linie beherrscht werden:
Anbringen und Zünden von Sprengladungen, Schließen der vorgesehenen Sperren, Bedienen von Minen- u. Schnellsperren, Kampf um die Sperre.

4.) Pioniere zur Einweisung für die Zivilbevölkerung stellt Gen d Pi im OKH sicher.

gez. Guderian
Generaloberst und Chef des Generalstabes des Heeres

OKH/GenStdH/Op Abt/Abt LdsBef
Nr. 1293/45 g.Kdos.
29.1.45

Für die Richtigkeit:
Fiedo
Oberstleutnant i.G.

sprengung im rückwärtigen Gebiet« hervorgehoben wird.(BA – Militärisches Zwischenarchiv Potsdam, WF-03/5086, Bl. 366 ff.)

Von besonderem Gewicht war die Vorbereitung für das Großkampfverfahren. Seine Grundgedanken waren bereits in der zweiten Hälfte des Ersten Weltkrieges zur Abwehr der Offensiven an der Westfront entstanden. Seit 1943 modifiziert und nun wieder aufgegriffen, sollte durch dieses System der flexiblen Verteidigung der Gegner zum Stehen gebracht werden.

Ziel dieser Taktik war:
– die Truppen, vor allem die Infanterie, dem zu erwartenden massierten feindlichen Vorbereitungsfeuer zu entziehen und dadurch ihre Kampfkraft zu erhalten,
– den Feind über Lage und Kräftegruppierung der eigenen Stellung zu täuschen, dadurch
– die Grundlagen des feindlichen Angriffs- und Feuerplanes

zunichte zu machen und den Feind zu neuen, verlustreichen Angriffsvorbereitungen zu zwingen,
– Zeit zu gewinnen.

Über dieses »taktische Führungsmittel« hatte der Oberbefehlshaber der Heeresgruppe eine vom 24. März datierte Ausarbeitung bis zu den Divisionen bekannt gegeben.

Das Ziel dieses Verfahrens erläuterte Generaloberst Heinrici. Es konnte demnach dort angeordnet werden, wo »das Festhalten bestimmter wichtiger Punkte nicht notwendig ist«. Die Großkampf-HKL durfte nur auf Befehl der Armee, auf Vorschlag der Generalkommandos bzw. der Divisionen hin eingenommen werden. Die Heeresgruppe sollte rechtzeitig unterrichtet werden. Von größter Bedeutung war nach Heinrici das richtige Erkennen des Zeitpunktes des feindlichen Angriffes und – davon ausgehend – den Moment für das Ausweichen der eigenen Truppen. Bei Beziehen der Großkampf-HKL schließlich hatten in der bisherigen HKL Gefechtsvorposten von ¼ bis ⅕ der Stärke der Stellungstruppe bis – je nach Lage – zum Beginn des gegnerischen Trommelfeuers oder zum Antreten der Infanterie zu bleiben.

Den Abstand der Großkampf-HKL zur ersten Verteidigungslinie gab er mit mindestens 3 Kilometer an. Die Großkampf-HKL sollte »mit allen Mitteln, unter Heranziehung aller Stäbe und Trosse, unter Einsatz der Zivilbevölkerung in Gestalt von Stützpunkten mit Unterschlüpfen – besonders auch in ihrer Tiefenzone – fertig ausgebaut mit Minenfeldern versehen (werden). Die vorderste Linie ist möglichst als Hinterhangstellung mit mindestens 200–300 Meter infanteristischem Schußfeld einzurichten. MG-Stellungen, Gefechtsstände (Bunker oder Keller), Artilleriestellungen müssen geschaffen sein.« Abschließend stellte Heinrici fest, daß sich die Artillerie ebenso wie die Infanterie auf die Umgliederung vorzubereiten habe. Nicht zuletzt wurde erwähnt, die »Vorbereitung einer Großkampf-HKL in möglichen Großkampfabschnitten« entspräche einer Willenskundgebung des »Führers« und schließlich gefordert, das Beziehen der Abschnitte, in denen Großkampf zu erwarten wäre, sofort einzuleiten und den Abschluß der Vorbereitungen hierfür bis zum 31. März zu melden. (Bundesarchiv – Militärisches Zwischenarchiv Potsdam, WF 03/5086, Bl. 216 ff.)

Das »taktische Mittel« war, wie aus einem überlieferten Protokoll hervorgeht, nicht unumstritten. General Busse, dessen 9. Armee vor allem den Großangriff mittels des Großkampf-Verfahrens zu überstehen hatte, zweifelte unter den gegebenen Bedingungen an der Realisierbarkeit. Ausbildungsstand und Ausstattung seiner Verbände genügten hierfür nach seiner Ansicht nicht. Ebenso war er gegen das Zurücknehmen der Artillerie, da den Grenadieren im Graben dadurch der Verlust des tatsächlichen wie des moralischen Haltes drohte. Dennoch wurde den Anordnungen Hitlers und der Heeresgruppe gemäß alles für das Großkampfverfahren in den Abschnitten gegenüber dem Küstriner Brükkenkopf vorbereitet.

Den in den Abwehrschlachten der letzten Kriegsjahre erworbenen Erfahrungen wurde bei dem Ausbau der Oderverteidigung, in dem erwarteten Schwerpunkt der Offensive, im Abschnitt der 9. Armee nördlich und südlich Seelow weitgehend Rechnung getragen. Es waren drei Verteidigungsstreifen angelegt worden, für deren Festlegung vor allem die Panzersicherheit den Ausschlag gegeben hatte.

Der erste Verteidigungsstreifen (das Hauptkampffeld) mit zwei bis drei Stellungen verlief im Oderbruch entlang der zahlreichen natürlichen Hindernisse. Dörfer und Vorwerke waren zu verteidigungsfähigen Stützpunkten ausgebaut worden. Verbindungsggräben durchzogen die Landschaft. Befestigungsanlagen mit Drahtsperren und Minenfeldern, etwa 2 000 Minen auf einen Kilometer, waren errichtet worden. Die Tiefe des ersten Verteidigungsstreifens betrug 5 bis 10 Kilometer, die Entfernungen zwischen den einzelnen Stellungen 1 bis 3 Kilometer. Bis zu 5 Kilometer hinter der vordersten Front befand sich die »Großkampf-HKL«. Sie verlief etwa auf der Linie Lebus – Neu Tucheband – Letschin – Neu Lewien.

Hier, im ersten Verteidigungsstreifen, nahm die Festung Frankfurt einen besonderen Platz ein. Sie wurde am 10. April der 9. Armee unterstellt. Mit etwa 50 km^2 Größe deckte sie die rechte Flanke der Verteidigung und kanalisierte den Angriff nördlich der Stadt.

Entlang der Schlaube, den Seelower Höhen und der Alten Oder verlief der zweite Verteidigungsstreifen, die Großkampfstellung, mit 2 bis 3 Gräben. Einzelne Grabenabschnitte und Feuerstellungen waren an Hinterhängen errichtet. Hier befand sich der größte Teil der Artillerie. In dieser Großkampfstellung sollten sich die Reserven und zurückweichenden Kräfte sammeln und den Angreifer zum Stehen bringen. Sie nahm außerdem die Reserven auf und diente als Ausgangsposition für Gegenangriffe gepanzerter Verbände. Insgesamt bot der zweite Verteidigungsstreifen weitaus günstigere Bedingungen für Deckung, Sicht und Feuer als die vordersten Gräben im Oderbruch. Die II. oder Großkampfstellung hatte für die Verteidigung keine geringere Bedeutung wie der erste Verteidigungsstreifen.

Als Schlüsselposition der gesamten Front galten die Seelower Höhen. Hier war die Stadt Seelow, die die bedeutsame Reichsstraße 1 deckte, zu einem Ortsstützpunkt ausgebaut und zur Rundumverteidigung eingerichtet worden.

Erster und zweiter Verteidigungsstreifen bildeten die taktische Zone. Der dritte Verteidigungsstreifen, die »Wotan-Stellung«, erstreckte sich über die Linie Schwielochsee – Scharmützelsee – Fürstenwalde – Strausberg – Eberswalde. Auf Grund der begrenzten Kräfte und Mittel bestand die »Wotan-Stellung« überwiegend aus befestigten Ortschaften. Zu derartigen Stützpunkten waren Fürstenwalde, Müncheberg, Sternebeck und Eberswalde ausgebaut worden.

Zwischen dem zweiten und dritten Verteidigungsstreifen deckten die Reichsstraße 1 und die Autobahn Frankfurt – Berlin schräg zur Front errichtete Riegelstellungen. Hinter dem dritten Verteidigungsstreifen schließlich begannen bereits die äußeren Stellungen Berlins.

Die 9. Armee, deren Verbände vor dem Küstriner Brückenkopf lagen, hatte den unmittelbaren Stoß in das Zentrum des Reiches aufzufangen. Ihre Führung hatte die eigenen Stellungen unbedingt zu halten, eingebrochene gegnerische Kräfte zu vernichten und die Front wiederherzustellen.

Durch Entblößung der Front bei der 3. Panzerarmee war die 9. Armee in Erwartung der sowjetischen Offensive verstärkt worden. Während die 3. Panzerarmee nur etwa 243 Infanteristen je Frontkilometer zur Verfügung hatte, waren es bei der 9. Armee 372. Das V. SS-Gebirgskorps, das XI. SS-Panzerkorps und das CI. Armeekorps standen mit 11 Divisionen in der ersten Staffel. Entsprechend der Großkampfgliederung lagen die Gefechtsstände der Verbände auffallend weit zurück. Während sonst die Divisionen Streifen von 5–20 Kilometer zu verteidigen hatten, waren diejenigen im Schwerpunkt des Angriffs auf 5 bis 10 Kilometer verkleinert worden. Etwa 20 bis 25 Kilometer hinter der vorderen Linie

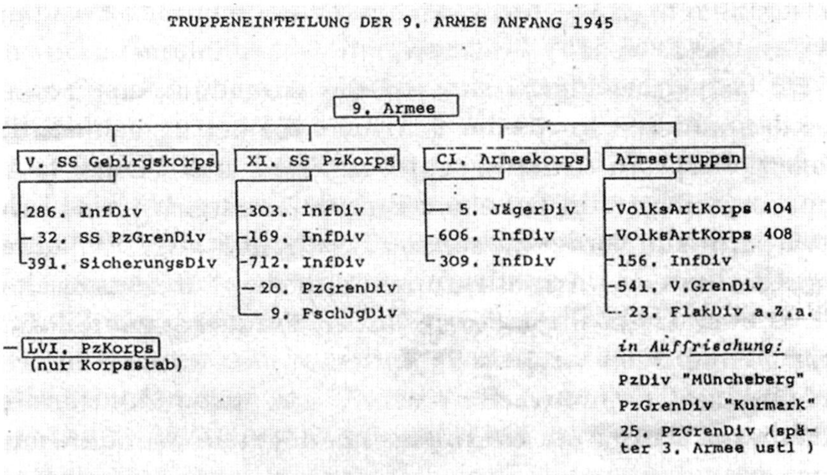

Truppeneinteilung der 9. Armee Anfang April 1945

lagen die Reserven (25. Pz. Gren. Div., Pz. Div. Müncheberg und Pz. Gren. Div. Kurmark). Noch weiter abgesetzt befanden sich die beiden Brigaden des Panzerjagdverbandes »Weichsel« der Heeresgruppe.

Das XI. SS-Panzerkorps verteidigte mit dem Abschnitt Wüste Kunersdorf – Zechin eine Front von 37 km Breite. Ihm unterstanden 6 Verbände mit 112 Batterien zu 449 Artillerierohren und 168 gepanzerte Fahrzeuge (diese und die folgenden Zahlen siehe u. a. K. Stich). Fünf seiner Verbände befanden sich in der vordersten Linie, so daß sich beachtliche taktische Dichten ergaben. Eine Division kämpfte auf 7,4 Kilometer Front, und das Korps verfügte auf 1 Kilometer Front über 12 Artillerie- sowie Flakrohre und 3 Panzer, Sturmgeschütze oder Jagdpanzer. Die Artilleriedichte vergrößerte sich bei Einbeziehung der das Korps unterstützenden Batterien der Armee auf 45 Rohre Flak (die im Erdkampf eingesetzt wurde) und Artillerie je Frontkilometer, d. h. 4,5 Rohre je 100 Meter Front.

An die Artillerie war am 31. März eine besondere Weisung von der Heeresgruppe ergangen. Sie forderte eine tiefe Gliederung entsprechend dem Befehl des Generalstabes vom 30. März. Darüberhinaus das vorsichtige Einschießen aus den Großkampfstellungen, um diese nicht vorzeitig zu enttarnen, den Einsatz der Masse der Flak-Artillerie in diesen Stellungen sowie den Ausbau zahlreicher Schein- und Wechselstellungen. (BA – Militärisches Zwischenarchiv Potsdam, WF-03/5086, Bl. 377)

Im Gegensatz hierzu standen die ausgedünnten Fronten bei den anderen Korps der 9. Armee. Sie betrug beim V. SS-Gebirgskorps 16 Artillerierohre und Flak und beim CI. Armeekorps 7 bzw. 16 auf einen Frontkilometer. Um das Kräfteverhältnis zu verdeutlichen, sei bereits hier angemerkt, daß im Abschnitt der Angriffsgruppierung der 1. Belorussischen Front dem XI. SS-Panzerkorps mit seinen insgesamt 450 Batterien rund 2000 sowjetische Batterien, das waren 8983 Geschütze und Granatwerfer über 7,6 cm, gegenüberstanden. Bei diesen Zahlen ist die völlig ungenügende Munitionsausstattung auf deutscher Seite nicht berücksichtigt, die den Abwehrkampf der Artillerie stark beeinträchtigen sollte. Wesentlich für die Vorbereitung der Artillerie waren daher eine wendige Feuerführung sowie die Gunst der Höhenrandstellung, die im Zusammenhang mit der großen Anzahl festvermessener Punkte gezieltes Sperrfeuer ermöglichte. Zugleich blieb durch die Umgruppierung der Artillerie entsprechend dem Großkampfverfahren die überwiegende Zahl der Batterien unaufgeklärt und überstand die »Artillerievorbereitung«, also das massive sowjetische Artilleriefeuer am 16. April.

Von besonderer Bedeutung für die 9. Armee war die Organisation der Panzerabwehr. Zu ihrer Verstärkung trugen die weitgehend unter dem Gesichtspunkt der Panzersicherheit ausgewählten Stellungen und die im Oderbruch ebenso wie die auf der Höhenrandstufe aufgefahrene Flak bei. Die deutsche Panzerabwehr stand vor der Aufgabe, sowohl die zur Infanterieunterstützung eingesetzten Panzer als auch die für den Angriff in die operative Tiefe bestimmten Verbände zu stoppen. Um die erwartete Masse der gegnerischen Panzer aufzuhalten, staffelte die 9. Armee ihre Abwehr in einer Tiefe bis zu 40 Kilometer. Engstes Zusammenwirken zwischen Artillerie, Pak, Panzern, Sturmgeschützen und Jagdpanzern gegen die gepanzerten sowjetischen Offensivkräfte war gefordert. Zugleich sollten eindeutige Schwerpunktbildungen und Feuerführung auf nahe Entfernungen die Wirksamkeit gegen den quantitativ weit überlegenen Gegner erhöhen. Abgesehen von Artillerie und Pak sowie Panzernahbekämpfungsmitteln, verfügte das XI. SS-Panzerkorps an Panzern, Sturmgeschützen und Jagdpanzern einschließlich der 4

Jagdpanzerkompanien der Armee und ausschließlich der schweren Geschütze und Flak über 240 Panzerbekämpfungsmittel oder 6,5 auf einen Frontkilometer (alle Angaben nach K. Stich)

Das durch den Frühjahrsregen und die Anstauung der Oder stark aufgeweichte Bruchgebiet begünstigte die Panzerabwehr. Die schweren Gefechtsfahrzeuge mußten ihre Bewegungen auf die wenigen befestigten Straßen und Eisenbahndämme beschränken. Diese natürlichen Hindernisse verstärkten die Verteidiger durch das Anlegen breiter und tiefer Minensperren und das Ausheben von Panzergräben im Oderbruch. Hier lag der Schwerpunkt der Panzerabwehr in der dritten Stellung des ersten Verteidigungsstreifens. In der Großkampfstellung befand er sich auf der Linie Müllrose – Biegen – Treplin – Carzig – Seelow – Gusow – Neutrebbin, mit deutlichen Schwerpunkten in Schönfließ (Flak-Rgt. 140, 35), Dolgelin und Gusow (Flak-Rgt. 7), Bärwinkel und Neutrebbin (Flak-Rgt. 185, 53).

In der Tiefe des Raumes westlich der Seelower Höhen waren an solchen wichtigen Punkten wie Straßenkreuzungen Panzersperren angelegt worden, wodurch unter Ausnutzung der Wald-Seen-Gebiete das Vordringen der Panzer gehemmt werden sollte. Hier, um Buckow, Strausberg und Herzfelde, waren die Panzerbrigaden P (3 Bataillone) und D (1 Bataillon) des Panzerjagverbandes Weichsel disloziert. Von der Planung her sollten sie die durchgebrochenen sowjetischen Panzer bekämpfen, in der Realität jedoch konnten sie die fehlenden Reserven nicht ersetzen. Die operative Zone der Heersgruppe Weichsel war selbst im Schwerpunkt bei der 9. Armee von kampffähigen Truppen weitgehend entblößt. Den dort befindlichen Ausbildungs- und Ersatzeinheiten, die den zweiten Verteidigungsstreifen besetzen sollten und die personellen Verluste der vorne eingesetzten Divisionen auszugleichen hatten, fehlte die Bewaffnung, so daß im OKH nachgefragt werden mußte, was diese Truppen bei Annäherung des Gegners zu unternehmen hatten.

Zehn Jahre später schrieb General Busse über die 9. Armee, daß es für sie darauf angekommen sei, »die Angriffe ohne größere Geländeeinbuße zu zerschlagen. Traten solche doch ein und konnten sie nicht durch sofortigen Gegenstoß beseitigt werden, mußte der Geländeverlust, wenn tragbar, in Kauf genommen werden. ... Ein Gegenangriff mit gepanzerten Verbänden versprach erst auf der Höhenstufe westlich des Bruchs Erfolg. Hier mußte er auf Biegen oder Brechen geführt werden, ehe der Feind sich gegebenenfalls festsetzen konnte, weil die Höhenstufe die Basis für die russischen Panzerkräfte bildete. Ihr Besitz oder Verlust entschied, so wie Lage und Kräfteverhältnis waren, über den Ausgang der kommenden Schlacht. Auf diese Kampfführung war die Armee eingestellt ...« (Th. Busse, Die letzte Schlacht der 9. Armee, in: Wehrwissenschaftliche Rundschau, H. 4, 1955, S. 158)

Trotz der militärisch aussichtslosen Situation im Frühjahr 1945 sah die höhere militärische Führung ebenso wie die politische keinen anderen Ausweg, als solange an der Ostfront zu kämpfen, wie es überhaupt ging. General Busse schrieb 1955, die Armee wäre mit der Devise in den Kampf gegangen, »und wenn uns die amerikanischen und britischen Panzer in den Rücken fahren, während wir den Russen jeden weiteren Schritt vorwärts verwehrt haben, so haben wir vor unserem Volk, unserem Gewissen und der Geschichte unsere soldatische Pflicht und Schuldigkeit getan!« (Th. Busse, S. 157)

Die Motivation der blutjungen Soldaten des Ersatzes, der übriggebliebenen erfahrenen Frontkämpfer und der älteren Männer des Volkssturm war weitaus differenzierter und ist allein auf diese Formel nicht festzulegen. Lebenserfahrung, Erziehung, Pflichtbewußtsein, Schuldgefühle davor, die eigene Bevölkerung der Rache der Sieger, deren Land durch Krieg und Okkupation schwer geprüft worden war, auszuliefern, die Angst vor der Gefangenschaft, nicht zuletzt der Halt in der Gruppe, der Kameradenkreis, der vor allem bei den »alten« Verbänden wie der 20. und 25. Panzergrenadierdivision eine Rolle spielte, trugen dazu bei, den Kampfwillen der Truppe, die sich ihrer personellen und materiellen Unterlegenheit sowie des nahen Kriegsendes bewußt war, aufrechtzuerhalten.

Die Wirkung der Propaganda vor allem auf die jungen Soldaten darf nicht unterschätzt werden. Nicht zuletzt, weil sie auf die Gewaltexzesse der vorrückenden Sowjetsoldaten gegenüber der Zivilbevölkerung, vor allem den Frauen, verweisen konnte.

Um von den Soldaten alles zu fordern, hatte die Diktatur weitere Sicherungen eingebaut. Bereits in einem Fernschreiben vom 7. Februar 1945 hatte Generalfeldmarschall Keitel von den Feldjägerkommandos rücksichtslose Härte, Pflichterfüllung und Anwendung radikaler Mittel gefordert. Wehrmachtstreifenkommandeure seien berechtigt, »unter Voraussetzungen des Paragraphen 13 A Kriegsstrafverfahrensordnung Standgerichte zu bilden. Reicht die Standgerichtsbarkeit nicht aus, ist rücksichtslos von der Waffe Gebrauch zu machen.«

Der Heeresgruppe Weichsel war das Feldjägerkommando (mot.) III zugeteilt und wurde im rückwärtigen Gebiet der 9. Armee eingesetzt. Dem Feldjägerkommando waren der Auffangstab SS-Brigadeführer Fiedler und der Auffangstab SS-Brigadeführer Gudewill unterstellt. Um die Wirkung verhängter Strafen zu erhöhen, hatte General Busse, nach der Niederschrift eines Telefongesprächs mit der Heeresgruppe, befohlen, Exekutionen wegen Fahnenflucht und Feigheit öffentlich bekanntzugeben.

Die Abteilung NS-Führung beim AOK 9 forderte im Hinweis Nr. 4 vom 26. Februar, den »Geist der Resignation und des Sichgehenlassens« rücksichtslos zu bekämpfen, wobei in jedem Falle »die nötige Härte« stehen müsse. Weiter wurde verlangt »die rücksichtslose Bekämpfung der Feigheit und Drückebergerei, die Ausmerzung von Verrätern und Schwächlingen und eine Form ihrer Brandmarkung, die gleichzeitig als Abschreckung und warnendes Beispiel wirkt- ...Wer sich außerhalb der deutschen Sache stellt, hat ohnehin keinen Anspruch darauf, mit deutschem Maß gemessen zu werden...Wer mit der Waffe in der Hand tapfer und entschlossen kämpft, hat viel mehr Aussicht, sich dem Zugriff des Feindes zu entziehen als derjenige, der seinen Posten verläßt und durch feiges Zurückgehen dem Feind die Mittel in die Hand gibt, die Stellung zu überrennen.«

Für den Fall des Vordringens gegnerischer Truppen auf Reichsterritorium waren bereits vor 1939 Vorbereitungen getroffen worden. Sie zielten darauf ab, einem siegreichen Gegner die wirtschaftliche Ausnutzung des Landes zu erschweren. Es war jedoch nicht beabsichtigt, größere Teile der Bewohner zu evakuieren.

Die Totalisierung des Krieges bis 1945 und die Aussichtslosigkeit der militärischen Lage brachten das NS-Regime auch in dieser Frage in einen unlösbaren Widerspruch. Einerseits war die Rettung der Bevölkerung vor dem Zugriff

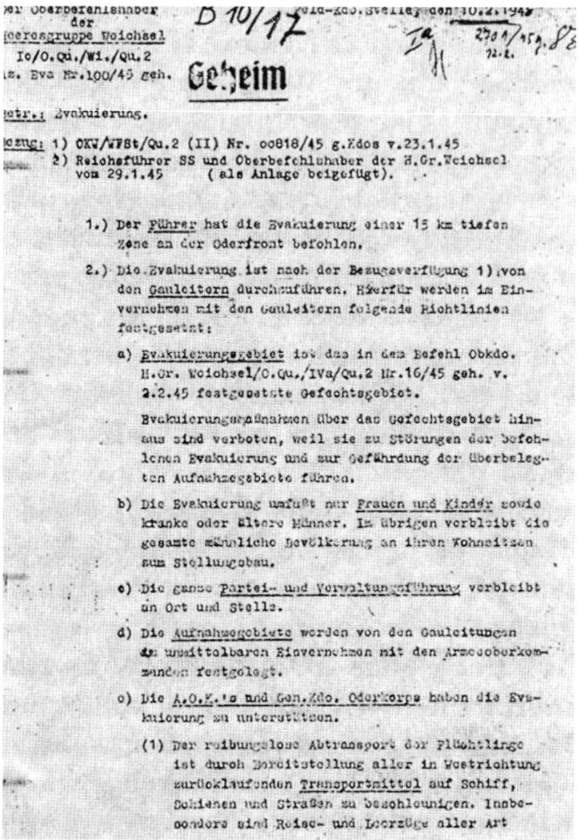

Der Oberbefehlshaber
der
Heeresgruppe Weichsel
Io/O.Qu./Wi./Qu.2
Az. Eva Nr.100/45 geh.

D 10/17

Feld-Kdo.Stelle, den 10.2.1945

Ia
2701/45 g. 88
12.2.

Geheim

Betr.: Evakuierung.

Bezug: 1) OKW/WFSt/Qu.2 (II) Nr. 00818/45 g.Kdos v.23.1.45
2) Reichsführer SS und Oberbefehlshaber der H.Gr.Weichsel vom 29.1.45 (als Anlage beigefügt).

1.) Der Führer hat die Evakuierung einer 15 km tiefen Zone an der Oderfront befohlen.

2.) Die Evakuierung ist nach der Bezugsverfügung 1) von den Gauleitern durchzuführen. Hierfür werden im Einvernehmen mit den Gauleitern folgende Richtlinien festgesetzt:

a) Evakuierungsgebiet ist das in dem Befehl Obkdo. H.Gr. Weichsel/O.Qu./IVa/Qu.2 Nr.16/45 geh. v. 2.2.45 festgesetzte Gefechtsgebiet.

Evakuierungsmaßnahmen über das Gefechtsgebiet hinaus sind verboten, weil sie zu Störungen der befohlenen Evakuierung und zur Gefährdung der überbelegten Aufnahmegebiete führen.

b) Die Evakuierung umfaßt nur Frauen und Kinder sowie kranke oder ältere Männer. Im übrigen verbleibt die gesamte männliche Bevölkerung an ihren Wohnsitzen zum Stellungsbau.

c) Die ganze Partei- und Verwaltungsführung verbleibt an Ort und Stelle.

d) Die Aufnahmegebiete werden von den Gauleitungen in unmittelbaren Einvernehmen mit den Armeeoberkommanden festgelegt.

e) Die A.O.K.'s und Gen.Kdo. Oderkorps haben die Evakuierung zu unterstützen.

(1) Der reibungslose Abtransport der Flüchtlinge ist durch Bereitstellung aller in Westrichtung zurücklaufenden Transportmittel auf Schiff, Schienen und Straßen zu beschleunigen. Insbesondere sind Reise- und Leerzüge aller Art

Befehl der Evakuierung der Zivilbevölkerung entlang der Oder

des Gegners für viele Soldaten ein überzeugendes Motiv zu kämpfen, anderseits behinderten die Flüchtlingstrecks die Truppe. Außerdem gefährdeten die nicht mehr zu kontrollierenden Flüchtlingsströme in das kleiner werdende Reichsgebiet die Fortsetzung des Krieges überhaupt. Schon Ende Januar machte ein Funkspruch General Keitels an die Heeresgruppe Weichsel deutlich: »Jede Erschwerung der abrollenden Bewegungen durch Eingriff der Truppe und jede weitere Räumungs- und Auflockerungsmaßnahme muß nicht nur zu schwersten Störungen der in der Durchführung befindlichen und darüberhinaus beabsichtigten Evakuierungen, sondern auch zu einer ernsten Gefährdung der noch verbliebenen, schon jetzt weit überbelegten Aufnahmegebiete führen. Zusätzliche personelle Räumung bedeutet für die davon Betroffenen, Preisgabe an Hunger und Kälte und Gefahr des Überrolltwerdens durch feindliche Panzer.« Daher lautete der entsprechende Befehl: »Planmäßige Auflok-

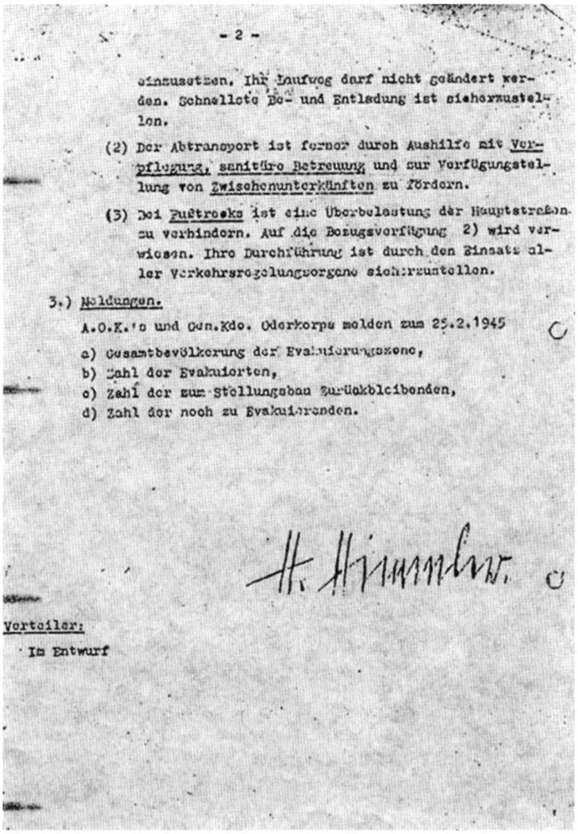

\- 2 -

einzusetzen. Ihr Laufweg darf nicht geändert werden. Schnellste Be- und Entladung ist sicherzustellen.

(2) Der Abtransport ist ferner durch Aushilfe mit Verpflegung, sanitäre Betreuung und zur Verfügungstellung von Zwischenunterkünften zu fördern.

(3) Bei Fußtrecks ist eine Überbelastung der Hauptstraßen zu verhindern. Auf die Bezugsverfügung 2) wird verwiesen. Ihre Durchführung ist durch den Einsatz aller Verkehrsregelungsorgane sicherzustellen.

3.) Meldungen.

A.O.K.'s und Gen.Kdo. Oderkorps melden zum 25.2.1945

a) Gesamtbevölkerung der Evakuierungszone,
b) Zahl der Evakuierten,
c) Zahl der zum Stellungsbau Zurückbleibenden,
d) Zahl der noch zu Evakuierenden.

H. Himmler

Verteiler:
Im Entwurf

kerung westlich des Tirschtiegelriegels kommt nicht in Frage. Räumung ostwärts kann durchgeführt werden. Männer – soweit nicht im Volkssturm – zur Viehwartung einsetzen ... in Schlesien hat jede Räumungsmaßnahme, die 30 km westlich der Oder hinausgeht, zu unterbleiben ... Ausweichen oder Auflockern von örtlichen Dienststellen hat zu unterbleiben, um Fluchtbewegung nicht auszulösen. »(G.Förster/R. Lakowski, 1945, S. 103f.)

An der Oderfront befahl am 3. Februar Himmler als Oberbefehlshaber der Heeresgruppe Weichsel, »eine völlig geregelte Evakuierung der Frauen und Kinder aus dem Brückenkopf Schwedt in das Gebiet Angermünde/Prenzlau«. Einen Tag später erging entsprechend einem Führerbefehl die Anordnung, die Räumung »einer Kampfzone 15 km hinter der HKL in Verbindung mit den zuständigen Parteidienststellen« vorzunehmen. Schließlich stellten die damit beschäftigten Staatssekretäre Anfang März fest, daß im Falle ungünstiger

Lageentwicklung im Osten eine weitere Räumung westlich der Oder ernährungsmäßig nicht mehr möglich wäre.

Das Bestreben, die Bevölkerung vor den eindringenden Russen zu retten, hatte offensichtlich je nach Stellung in der politischen und militärischen Hierarchie des Dritten Reiches ein völlig unterschiedliches Gewicht. Die Angst vieler Zivilpersonen vor den Kriegshandlungen und vor Ausschreitungen der rachedurstigen Sieger machten eine Steuerung der immer mehr in Flucht ausartenden Evakuierung illusorisch. Letzten Endes bildete die Zivilbevölkerung bei den Kämpfen auf ost- und mitteldeutschem Gebiet sowohl ein Motiv zur Fortsetzung der Kämpfe als auch ein Hemmnis in taktischer und operativer Hinsicht.

Ausgangslage der Roten Armee: Ende März geriet die deutsche Westfront endgültig ins Wanken. Nachdem die westlichen Alliierten den Rhein überschritten hatten, schlossen die 9. und 1. amerikanische Armee bereits am 1. April 17 deutsche Divisionen im Ruhrkessel ein. Franzosen und Amerikaner drangen nach Süddeutschland und Österreich, amerikanische, britische und kanadische Verbände bei immer schwächer werdendem deutschen Widerstand nach Nord- und Mitteldeutschland vor.

In Moskau wurde man immer unruhiger, für die sowjetische Führung begann die Zeit zu drängen. Da aus ihrer Sicht »die ersten Anzeichen deutlich wurden, daß die Alliierten Anstalten hinsichtlich Berlin machten«, rief man Shukow und Konew unverzüglich nach Moskau. Am 29. März erschien Shukow, Konew folgte am 31. Beiden wurde die Notwendigkeit des baldigen Beginns der Offensive verdeutlicht. Stalin bestätigte die im Generalstab in Moskau (STAWKA) vorbereiteten Dokumente, nachdem die Operationspläne der Fronten gemeinsam abgestimmt und in seinem Beisein vorgetragen worden waren. Er verlangte – ohne Rücksicht auf das spätere Antreten der noch im Danziger Raum befindlichen 2. Belorussischen Front –, die Offensive in das Zentrum des Reiches nicht später als am 16. April zu beginnen. Sie sollte in 12 bis 15 Tagen abgeschlossen und mit der Einnahme Berlins gekrönt werden.

Ein im Generalstab noch nicht entschiedenes Problem, die Festlegung der Trennlinien zwischen den Fronten Shukows und Konews, blieb offen. Stalin legte sie in der Tiefe des

Raumes nicht fest. Damit nutzte er die Rivalitäten zwischen den Marschällen und deren persönlichen Ehrgeiz für die Verfolgung seiner politisch-strategischen Ziele.

Der damalige Armeegeneral und Chef der Operativen Verwaltung des Generalstabes Sergej W. Schtemenko schrieb später in seinen Memoiren: »Um die Kapitulation der deutschen Wehrmacht herbeizuführen, sahen Idee und Plan der Berliner Operation in der endgültigen Fassung vor, den Gegner ostwärts Berlins aufzuspalten, einzuschließen und zu vernichten. Das zügige Vordringen der Sowjetarmee nach Westen sollte es dem Gegner unmöglich machen, eine neue Front aufzubauen.« (S. M. Schtemenko, Im Generalstab, Bd. 1, Berlin 1975, S. 297)

Die geplante Offensive hatte drei Aufgaben zu lösen: Erstens den Durchbruch durch die deutsche Verteidigung an sechs Abschnitten entlang Oder und Neiße sowie den Angriff in die Tiefe, zweitens die Einkreisung der deutschen Hauptkräfte in der Berliner Richtung sowie die Aufspaltung und Vernichtung der deutschen Verbände, drittens das Erreichen der Elbelinie. Hierfür wurden drei Fronten eingesetzt.

Der Schwerpunkt der Offensive lag zwischen Oder-Spree- und Oder-Havel-Kanal auf 90 km Breite. Die hier aufmarschierte, von Marschall Shukow geführte 1. Belorussische Front bekam die entscheidende Aufgabe übertragen, nämlich die Verteidigung der deutschen 9. Armee zu durchbrechen und diese zu zerschlagen. Anschließend sollte Berlin aus der Bewegung heraus genommen und spätestens am 15. Operationstag die Elbe erreicht werden.

Der rechte Flügel der 1. Ukrainischen Front, auf den der Oberbefehlshaber Marschall Konew seinen Schwerpunkt legte, hatte über die Neiße auf einer Breite von 70 Kilometern zwischen Forst und Penzig anzugreifen. Der Auftrag der Front bestand in der Zerschlagung der deutschen Verbände südöstlich und südlich Berlins und im Vormarsch bis zur Elbe bei Wittenberg zwischen dem 10. bis 12. Operationstag sowie im weiteren Vorstoß entlang der Elbe auf Dresden.

Die von Marschall Rokossowski geführte 2. Belorussische Front, die Ende März noch im Raum Danzig kämpfte, sollte auf einem Abschnitt von 47 Kilometern Breite zwischen Stettin und Schwedt über die Oder gehen, die Verteidigung der 3. Panzerarmee aufbrechen, Stettin nehmen und spätestens zwischen dem 12. bis 15. Operationstag den Abschnitt Anklam – Demmin – Waren – Wittenberge erreichen.

Für die Berliner Operation, die auf einem Abschnitt von über 300 Kilometern von drei Fronten vorgetragen werden sollte, wurden 2 500 000 Mann, 6 250 Panzer, 41 600 Geschütze und Granatwerfer, Selbstfahrlafetten sowie 7 500 Kampfflugzeuge nach sowjetischen Unterlagen bereitgestellt. Nach neuesten Angaben, die sich allein auf die Zahl der Soldaten beziehen, standen den drei Fronten, einschließlich der 1. und 2. Polnischen Armee 2 062 100 Mann zur Verfügung. (Grif sekretnosti snjat, hrsg. von G. F. Krivotcheev, Moskau 1993).

»Wir durften in dieser Lage kein Risiko eingehen, denn sowohl die politischen als auch die militärischen Folgen eines Mißerfolges in der Schlußetappe des Krieges konnten für uns nicht wiedergutzumachende Auswirkungen haben.« (Schtemenko, S. 290) Deshalb schuf die sowjetische Führung eine äußerst starke Konzentration an Kräften entlang der Oder und Neiße. Sie massierte sie an dem aus ihrer Sicht entscheidenden Abschnitt der 1. Belorussischen Front, deren Führung nicht zufällig der fähigste, zugleich auch rücksichtsloseste Feldherr Stalins übertragen bekam.

Bestand der 1.Belorussischen Front vor Beginn der Offensive

	Anzahl	Anteil an den an der Berliner Oper. beteiligten Kräfte in %
Soldaten	768 100	48
Panzer	1 795	47
SfL	1 360	58
Art., Gr.W.	16 159	47
Geschoßwerfer		
Flak	1 665	
KfZ	44 332	48
Flgz.	3 188	
Dneprfl.	192 Boote	

Neun allgemeine Armeen, 2 Panzerarmeen, 2 Luftarmeen und 4 selbständige Korps – das waren rund 50 Prozent der für die Berliner Operation bereitgestellten Kräfte – standen allein Shukows 1. Belorussischen Front zur Verfügung. Ihr Angriffsstreifen reichte von Schwedt bis Groß Gastrose.

Vom Generalstab in Moskau genehmigt, beabsichtigte

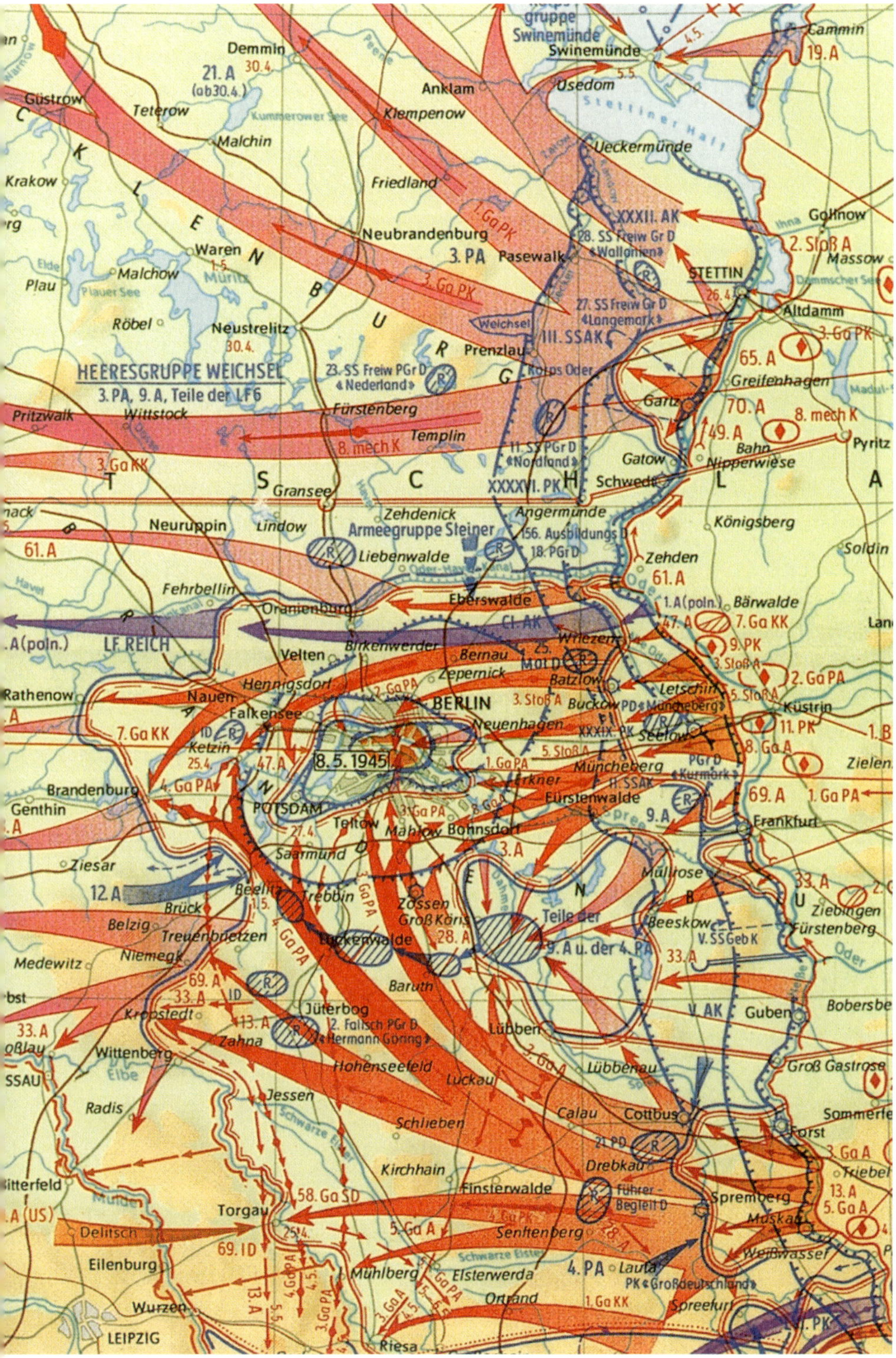

Berliner Operation

Generaloberst W. I. Tschuikow, Oberbefehlshaber der 8. Gardearmee

Shukow die Offensive aus dem Küstriner Brückenkopf mit 5 seiner allgemeinen Armeen, und zwar der 47., der 3. Stoßarmee mit dem 9. Panzerkorps, der 5. Stoßarmee, der 8. Gardearmee und der 3. Armee sowie der 1. und 2. Gardepanzerarmee zu beginnen. Für den ersten Operationstag war geplant, den ersten und zweiten deutschen Verteidigungsstreifen zu durchbrechen sowie die Truppen der 9. Armee aufzusplittern und zu zerschlagen. Danach wollte Shukow die beiden Gardepanzerarmeen in die Schlacht einführen, den Angriff in die Tiefe entwickeln und nach dem Vorstoß an den Nordwest- und Südrand Berlins die Stadt am 6. Operationstag einnehmen.

Nördlich der Hauptkräfte traten die 61. Armee und die 1. Polnische Armee an. Als Aufgabe wurde ihnen die Sicherung des Schwerpunktes der Offensive übertragen, wobei sie gemeinsam mit der 47. Armee am 11. Operationstag die Elbelinie zu erreichen hatten.

Die Sicherung der südlichen Flanke erfolgte durch die 69. und 33. allgemeine Armee und das 2. Gardekavalleriekorps. Ihr Angriff zielte auf Potsdam-Brandenburg. Im weiteren Verlauf sollten sie zugleich mit Erreichen des südlichen und südwestlichen Stadtrandes die von ihnen erfaßten Teile der 9. Armee von Berlin abschneiden. Die 3. Armee bildete die zweite Staffel der Front, als Reserve behielt Shukow das 7. Gardekavalleriekorps.

Um die Überraschung zu vergrößern, plante der Marschall den Angriffsbeginn für die Nacht, zwei Stunden vor Sonnenaufgang. Zur Blendung des Gegners und Gefechtsfeldbeleuchtung wurden 143 Scheinwerfer eingesetzt. Shukow sah eine Operationsdauer von 11 Tagen vor, ein mittleres Angriffstempo bei den allgemeinen Armeen von 11 bis 14 und bei den Panzerarmeen von 35 bis 37 Kilometern je Tag. Die Gesamttiefe der Offensive berechnete er mit 165 Kilometer.

Zur Vorbereitung auf die Offensive führte Shukow vom 5. bis zum 7. April ein in die Geschichte eingegangenes Kriegsspiel durch. Daran beteiligt waren nach seinen Erinnerungen »Armeeoberbefehlshaber, die Stabschefs der Armeen, die Mitglieder der Kriegsräte der Armeen, der Chef der Politischen Verwaltung der Front, die Befehlshaber der Artillerie der Armeen und der Front, alle Korpskommandeure und die Chefs der verschiedenen Waffengattungen.« Erst danach bekamen die Armeen ihre mit dem 12. April 1945 datierten operativen Direktiven.

Zusammengefaßt ausgedrückt beabsichtigte Shukow, an drei Abschnitten anzugreifen, wobei er den Schwerpunkt beiderseits der Reichsstraße 1 legte. In einem etwa 30 Kilometer breiten Abschnitt zwischen Seelow und Wriezen sollte der Durchbruch erzwungen werden, um so die operative Freiheit für den Einsatz der Panzerarmeen zu schaffen.

Um den Erfolg in jedem Falle zu sichern, schuf Shukow eine außerordentliche Konzentration an Kräften und Material in seinem Zentrum, wobei er die Masse dieser Verbände in der ersten Staffel einsetzte (alle Angaben nach: Posledni sturm und K. Stich). Auf einem Abschnitt von 44,3 Kilometern Breite zwischen Güstebiese und Podelzig standen die 47. Armee, die 3. und 5. Stoßarmee und die 8. Gardearmee. Da die 61. Armee und die 1. Polnische Armee einen Angriffsstreifen von 49 Kilometern hatten und die 69. und 33. Armee auf 82 Kilometer Breite angreifen mußten, ergeben sich in der Summe, daß auf einem Viertel des Gesamtabschnitts der Front die Hälfte der allgemeinen und sämtliche Panzerarmeen und selbständigen Korps aufmarschierten.

In dem Schwerpunktabschnitt der Offensive wurden drei Hauptangriffsrichtungen vorgegeben, hier waren die Durchbruchsabschnitte gegenüber den üblichen Breiten von 9 bis 13 Kilometern auf 4,3 bis 7 Kilometer verkleinert worden. Im nördlichen Abschnitt standen die 47. Armee, südlich davon

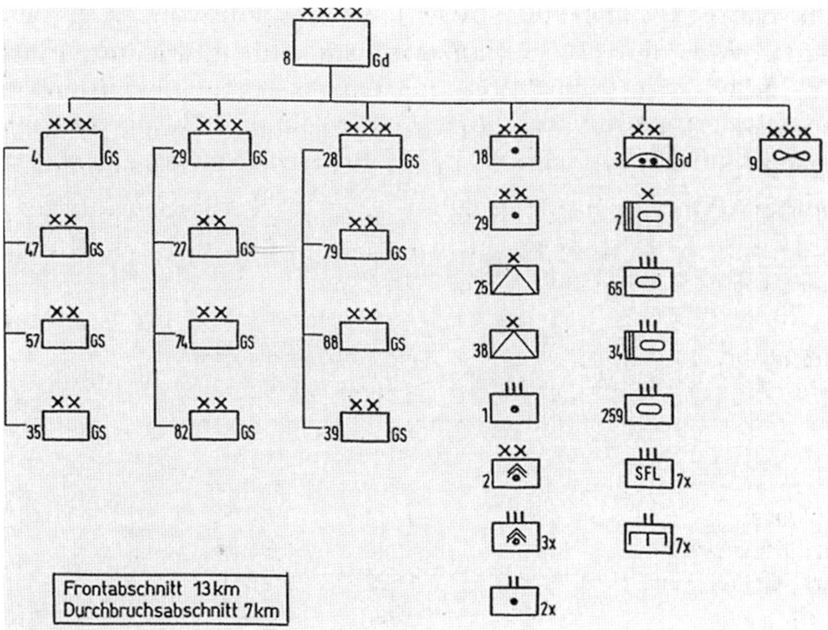

Gliederung der 8. Gardearmee

die 3. Stoßarmee und am linken Flügel als stärkste Gruppierung die 5. Stoß- und die 8. Gardearmee.

Ebenso wie die Front marschierten auch die Armeen in einer Staffel auf. Die Kräftekonzentration setzte sich bis in die Truppenteile fort. Die Schützenkorps bekamen Abschnitte bis zu 7 Kilometern und – in den Schwerpunktrichtungen der Armeen – unter 3 Kilometern Breite. Die Angriffstreifen der Divisionen betrugen 1 bis 2 Kilometer, die der Regimenter zwischen 0,7 und 1,2 Kilometer. Im folgenden sei K. Stich zitiert, der als Beispiel das im Schwerpunkt angreifende 4. Gardeschützenkorps der 8. Gardearmee anführt. »Es hatte einen Angriffstreifen und zugleich Durchbruchsabschnitt von 2,5 km Breite. Seine Gefechtsordnung bestand aus zwei Staffeln. Bedingt dadurch griffen die Schützenregimenter auf einer Breite von etwa 600 bis 700 m an. Da jedoch deren Gefechtsordnung aus nur einer Staffel bestand, griffen die Bataillone und Kompanien gestaffelt hintereinander (in drei Staffeln) an.«

Die Massierung der Waffen verdeutlichen folgende Zahlen: Im Schwerpunkt bei der 8. Garde- und 5. Stoßarmee konzentrierte Shukow 8983 Geschütze und Granatwerfer, das waren 61 Prozent, sowie 1401 Geschoßwerfer (91 Prozent). Von den 3155 Panzern und Selbstfahrlafetten der Front befanden sich 731 in den Durchbruchsabschnitten der Armeen, das hieß eine durchschnittliche Dichte von 30 gepanzerten Fahrzeugen je Frontkilometer. Rechnet man die beiden Panzerarmeen hinzu, konnten 100 Panzerfahrzeuge auf einen Kilometer Front in Höhe des Durchbruchabschnittes in den Kampf geworfen werden.

Kräfteverhältnis zwischen der 1. Belorussichen Front und der 9. Armee vor Beginn der Berliner Operation

	1. Bel. Fr.	9. Armee	Verh.
Soldaten	908 500	129 151	7,0:1
Pz., SfL., StuG.	3 155	512	6,0:1
Art., Gr. W., Flak	17 824	1 602	11,1:1
Flzg.	3 188	300	10,6:1

(errechnet nach eigener Quellenauswertung d. Vf.)

Trotz dieser Schwerpunktbildung und Massierung von Soldaten und Material auf einem relativ schmalen Frontabschnitt ergab sich, wie Stich feststellte, die merkwürdige Situation, daß trotz der Stärke der 1. Belorussischen Front das Kräfteverhältnis weit weniger günstig war als bei den übri-

Prinzipskizze des operativen Kräfteansatzes der 1. Belorussischen Front

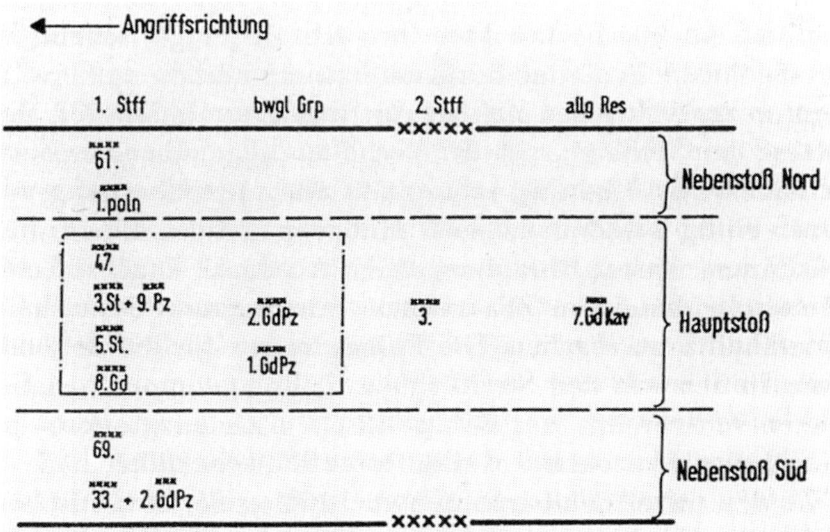

gen Fronten. Ursache hierfür ist die Schwerpunktbildung auf deutscher Seite bei der 9. Armee. Der richtig erkannte Aufmarsch im Küstriner Brückenkopf, den jeder Soldat trotz der sorgfältigen gegnerischen Tarnung bemerkte, hatte eine Verstärkung der deutschen Front zur Folge, durch die die sowjetische Kräfteüberlegenheit relativiert wurde.

Der Aufmarsch im Küstriner Brückenkopf erforderte umfangreiche pioniertechnische Arbeiten. Nach sowjetischen Angaben wurden gebaut:

25 Brücken mit insgesamt 15 km Länge,
40 Übersetzstellen,
636 km Gräben,
9116 Feuerstellungen für MG, Gr.W. und Pz.Bs.,
4500 Feuerstellungen der Artillerie,
25 Marschstraßen,
7000 Unterstände,über 5000 Deckungen für Pz. u.a.,
4000–5000 Führungspunkte

In der sowjetischen Literatur wurde berechnet, daß auf einem Quadratkilometer des Brückenkopfes durchschnittlich 1282 Mann, 28 Geschütze und Granatwerfer, 7 gepanzerte Fahrzeuge, 4 Geschoßwerfer und 85 Kraftfahrzeuge standen.

Zu den üblichen Offensivvorbereitungen gehörte in der Roten Armee die »parteipolitische Vorbereitung«. Sie hatte die ideologische und in gewisser Weise auch psychologische Beeinflussung der Offiziere und Soldaten zum Ziel. Aus der Sicht des Jahres 1945 betrachtet, sollte sie in ihrer Wirkung auf die Masse der Armeeangehörigen nicht unterschätzt werden. Aber sicherlich kam ihr nicht diejenige Bedeutung zu, die ihr die damalige Berichterstattung und die spätere Literatur zugeschrieben haben. Am wenigsten gelang es, der Masse der Soldaten, wie ihr Verhalten gegenüber der deutschen Zivilbevölkerung zeigte, den abrupten Übergang von einer völlig undifferenzierten Haßpropaganda, die in dem bekannten Aufruf Ehrenburgs zum Ausdruck kam, auf eine Unterscheidung von »Faschisten« und »guten Deutschen« verständlich zu machen. Die Folgen waren für die Bevölkerung in den von den Streitkräften Stalins genommenen Gebieten verheerend, was den politischen Zielen Moskaus im Nachkriegsdeutschland wenig förderlich sein sollte.

Zu den unvermeidbaren Schwachstellen der sowjetischen Offensivvorbereitungen gehörten die nicht gänzlich erreichbare Verschleierung des sowjetischen Aufmarsches in operativer Hinsicht und die Aufklärung der deutschen Verteidigung auf der gleichen Ebene.

Durch geschickte Tarnmaßnahmen der Rotarmisten konnte zwar im taktischen Rahmen die Lage einzelner Stellungen verschleiert werden, der gewaltige Aufmarsch im Brückenkopf aber, der von den ihn umgebenden Höhen eingesehen werden konnte, blieb der deutschen Beobachtung nicht verborgen. Zugleich war sich die deutsche Führung auf Grund der militärischen Entwicklung an der Westfront darüber im klaren, daß die sowjetische Offensive unmittelbar bevorstehen mußte. Nach Ende der ersten Aprilwoche rechnete man in Berlin sowie an der Oderfront täglich mit dem Beginn des Angriffs.

Die deutsche Verteidigung, der Ausbau der Stellungen, die geplante Taktik, das Feuersystem usw. blieben Shukow im großen und ganzen verborgen. Trotz umfangreicher Anstrengungen war die sowjetische taktische und operative Aufklärung nicht auf der Höhe der Anforderungen. Mehr als zwei Jahrzehnte nach dem Krieg gestanden sowjetische Offiziere ein, daß die Führung der Front zu wenig über die Verteidigung der deutschen Seite insbesondere auf den Seelower Höhen wußte, daß die Bemühungen ihrerseits nicht genügt hätten, um ausreichend über die Verteidigungsabsichten der Deutschen, vor allem über das Großkampfverfahren, unterrichtet zu sein.

Die von Marschall I.S.Konew geführte 1.Ukrainische Front bestand aus 6 allgemeinen Armeen, 3., 5. Garde-, 13., 15. und 2. Polnische Armee sowie der erst ab 20. April verfügbaren 28.Armee, 2 Gardepanzerarmeen (3. und 4.) und der 2.Luftarmee. Ohne die 28. Armee und die Polnische 2. Armee waren das 550 900 Mann. Den Schwerpunkt seiner Offensive legte Konew aus dem Raum Forst – Muskau in Richtung Spremberg. Hier setzte er vier seiner allgemeinen Armeen und die zwei Panzerarmeen ein. Sein Plan, nach dem Vorstoß durch die nördliche Lausitz zur Elbe vorzudringen, die am 10. bis 12. Operationstag erreicht werden sollte, ließ von vornherein die von Stalin genehmigte Option für den Vorstoß auf Berlin offen. Er bereitete die Panzerarmeen darauf vor, nach dem Spreeübergang nach Norden auf Berlin und Potsdam einzudrehen. An seiner Südflanke hatte die relativ schwache 2. Polnische Armee, unterstützt von Teilen der 52. Armee, einen Nebenangriff in Richtung Bautzen – Dresden zu führen.

Konew konzentrierte seine Anstrengungen auf 34 Kilometer seiner insgesamt 390 Kilometer langen Front. Hier war für die Armee eine Angriffsbreite von 10 bis 13 km vorgesehen, 230 Geschütze und Granatwerfer und 60 Panzer bzw. Selbstfahrlafetten standen auf dem Frontkilometer. Nach polnischen Angaben betrug das Kräfteverhältnis im Schwerpunkt der Offensive 8:1 bei Soldaten, 10,6:1 bei Artillerie und Granatwerfern und 9,6:1 bei gepanzerten Fahrzeugen. (W. Iwanowski, Operacje okrążajace II. Wojny Światowej, Warschau 1973).

Vor völlig andere Probleme sah sich die im Norden angreifende 2. Belorussische Front unter Marschall Rokossowski gestellt. Seine Truppen mußten unmittelbar nach dem Abschluß der Kämpfe gegen die 2. Armee in Westpreußen in 6 bis 9 Tagen ihre 200 bis 300 km entfernten Einsatzräume an der Oder beziehen, um nach wenigen Tagen Vorbereitung zur Offensive überzugehen. Nach einer Erkundung am 10. April faßte Rokossowski den Entschluß, den Schwerpunkt seiner Offensive aus dem Raum Altdamm – Nipperwiese in Richtung Neustrelitz zu führen. Hierzu konzentrierte er drei allgemeine Armeen (65.,70., 49.), drei Panzerkorps (1., 3. und 8.), ein mechanisiertes (8.) – und ein Gardekavalleriekorps (3.). Mit ihnen beabsichtigte er, innerhalb von fünf Tagen die beiden Oderarme zu überschreiten und die Verteidigung der 3. Panzerarmee an der Oder zu zerschlagen. Im weiteren sollte der Angriff mit den gepanzerten und mechanisierten Verbänden in nordwestlicher und westlicher Richtung fortgeführt und nach dem 12. bis 15. Operationstag eine Linie von Wismar bis Wittenberge an der Elbe erreicht werden.

Die 2. Stoßarmee bekam den Auftrag, westlich und oberhalb Stettins entlang der Ostseeküste vorzugehen, die 19. deckte die pommersche Ostseeküste. Ohne die 19. Armee und das 5. Gardepanzerkorps hatte Rokossowskis Front eine Stärke von 441 600 Mann (Grif sekretnosti snjat), 7 519 Geschützen und Granatwerfern, 951 Panzern und Selbstfahrlafetten sowie 1 360 Flugzeugen, eine gegenüber der 3. Panzerarmee mehr als ausreichende Überlegenheit.

Gewaltsame Aufklärung – die Vorausangriffe: Seit der ersten Aprilwoche mehrten sich die Zeichen für einen baldigen Beginn der sowjetischen Großoffensive. OKH, Heeresgruppe Weichsel und der Oberbefehlshaber der 9. Armee rechneten damit vom 13. des Monats an. Am 9. April wurden die »Eisenbahnstrecken und Objekte innerhalb des Gefechtsgebietes der Armee« zur Zerstörung freigegeben. Mit dem 13. erging der Befehl, daß »sämtliche Stäbe bis zum Korpsstab einschließlich« die im Gelände liegenden Großkampfgefechtstände zu beziehen hatten und die Ortschaften von der HKL bis zur »Wotanstellung« von den Truppen zu räumen seien.

So traf die am 14. April um 6.40 Uhr Ortszeit beginnende gewaltsame Aufklärung die deutschen Verteidiger nicht unerwartet. Nach einer Artillerievorbereitung von 10 bis 15 Minuten begann der Angriff der hierfür eingeteilten sowjetischen Truppen. In der Regel setzten die Divisionen der ersten Staffel der Schützenkorps hierfür ein bzw. zwei Bataillone ein. Sie wurden unterstützt durch je eine Kompanie mittlerer oder schwerer Panzer und eine Batterie Selbstfahrlafetten sowie eine starke, speziell für diese Aufgabe gebildete Artilleriegruppe.

Shukow, der mit diesen langandauernden und starken Vorausangriffen den deutschen Gegner zum Heranführen möglichst starker Kräfte in die HKL veranlassen wollte, um diese mit der Artillerievorbereitung des Großangriffs fassen zu können, erreichte das Gegenteil. Insgesamt blieben die Einbrüche in das deutsche Stellungssystem geringfügig. Deutsche Gegenangriffe im Raum Lebus – Sachsendorf führten zur Rückeroberung verlorener Grabenabschnitte und Stützpunkte.

Schwierig wurde die Lage der Verteidiger in der Hauptrichtung beiderseits Seelow. Hier begann die geschwächte 20. Panzergrenadierdivision in den Mittagsstunden des 14. April zu weichen. Um die Lage wiederherzustellen, erhielt die in Reserve der Armee befindliche Panzerdivision »Müncheberg«, zu diesem Zeitpunkt etwa 2000 Mann mit 35 einsatzbereiten Panzern, den Auftrag, die 20. Panzergrenadierdivision abzulösen, von der Teile die Höhenrandstellung besetzten. Zugleich begann bei der 9. Armee das Einnehmen der Großkampfstellung.

Als Shukow auch am 15. April die Vorausangriffe mit beträchtlichen Kräften fortsetzte, gerieten die deutschen Stäbe über die Absichten des Gegners in Zweifel: Brückenkopferweiterung oder Beginn der Großoffensive?

Während südlich Seelow die gewaltsame Aufklärung abgewehrt werden konnte, verschärfte sich die Lage beiderseits

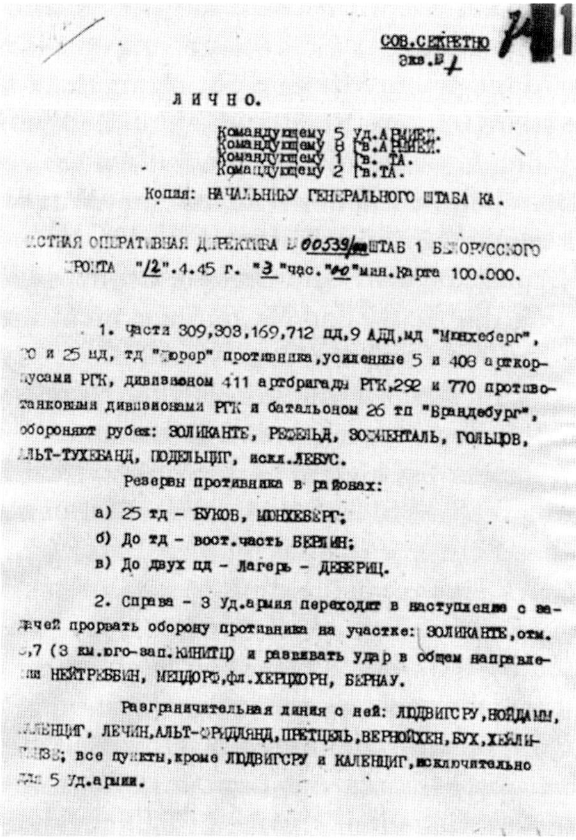

СОВ.СЕКРЕТНО
Экз.№ 1

ЛИЧНО.

Командующему 5 Уд.Армией.
Командующему 8 Гв.Армией.
Командующему 1 Гв. ТА.
Командующему 2 Гв.ТА.

Копия: НАЧАЛЬНИКУ ГЕНЕРАЛЬНОГО ШТАБА КА.

ЧАСТНАЯ ОПЕРАТИВНАЯ ДИРЕКТИВА № 00539/оп ШТАБ 1 БЕЛОРУССКОГО ФРОНТА "12".4.45 г. "3"час."00"мин.Карта 100.000.

1. Части 309,303,169,712 пд,9 АДД,мд "Мюнхеберг", 20 и 25 мд, тд "Фюрер" противника,усиленные 5 и 408 арткорпусами РГК, дивизионом 411 артбригады РГК,292 и 770 противотанковыми дивизионами РГК и батальоном 26 тп "Брандебург", обороняют рубеж: ЗОЛИКАНТЕ, РЕФЕЛЬД, ЗОННЕНТАЛЬ, ГОЛЬЦОВ, АЛЬТ-ТУХЕБАНД, ПОДЕЛЬЦИГ, искл.ЛЕБУС.

Резервы противника в районах:

а) 25 тд - БУКОВ, МЮНХЕБЕРГ;
б) До тд - вост.часть БЕРЛИН;
в) До двух пд - Лагерь - ДЕБЕРИЦ.

2. Справа - 3 Уд.армия переходит в наступление с задачей прорвать оборону противника на участке: ЗОЛИКАНТЕ,отм. 5,7 (3 км.юго-зап.КИНИТЦ) и развивать удар в общем направлении НЕЙТРЕББИН, МЕЦДОРФ,фл.ХЕРЦХОРН, БЕРНАУ.

Разграничительная линия с ней: ЛЮДВИГСРУ,НОЙДАММ, КАЛЕНЦИГ, ЛЕЧИН,АЛЬТ-ФРИДЛАНД,ПРЕТЦЕЛЬ,ВЕРНОЙХЕН,БУХ,ХЕЙЛИГЕНЗЕЕ; все пункты,кроме ЛЮДВИГСРУ и КАЛЕНЦИГ,исключительно для 5 Уд.армии.

Erste und letzte Seite der Operativen Direktive Shukows an die im Schwerpunkt angreifenden Armeen (vollständige Übersetzung s. S. 216 ff.)

der Reichsstraße 1, wo sowjetische Truppen bis an die Großkampf-HKL vordrangen. Am Abend des 15. flauten die Kämpfe ab, an der Front trat relative Ruhe ein.

Nach wechselnder Einschätzung des Geschehens gelangte Generaloberst Heinrici zu dem Schluß, der Großangriff würde am 16. April beginnen. Er erteilte um 20.45 Uhr der 9. Armee den Befehl, die Großkampfstellung einzunehmen. Die Vorausangriffe hatten den Zeitpunkt der »Großoffensive« nicht verschleiern können, sondern ganz im Gegenteil die deutsche Führung in ihren Urteilen bestätigt. Es trat ein gegenteiliger Effekt als von Shukow erwartet ein. Die deutschen Verteidiger zogen sich in Erwartung der sowjetischen Artillerievorbereitung aus der ersten Stellung zurück.

Zu den letzten Maßnahmen vor Beginn der Offensive gehörte auf deutscher Seite die Übernahme des Abschnitts beiderseits Seelow durch das Generalkommando LVI. Panzerkorps unter Führung von General der Artillerie Kurt

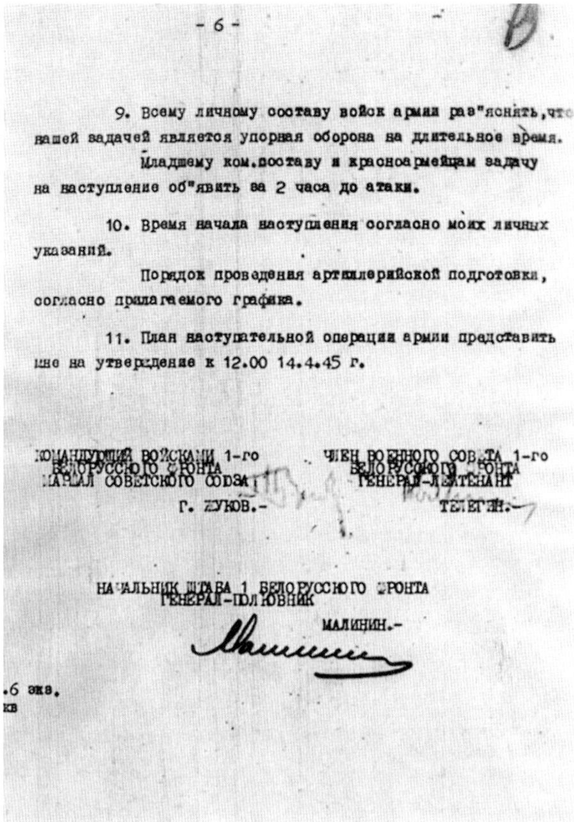

- 6 -

9. Всему личному составу войск армии раз"яснить, что вашей задачей является упорная оборона на длительное время.

Младшему ком.составу и красноармейцам задачу на наступление об"явить за 2 часа до атаки.

10. Время начала наступления согласно моих личных указаний.

Порядок проведения артиллерийской подготовки, согласно прилагаемого графика.

11. План наступательной операции армии представить мне на утверждение к 12.00 14.4.45 г.

КОМАНДУЮЩИЙ ВОЙСКАМИ 1-го БЕЛОРУССКОГО ФРОНТА МАРШАЛ СОВЕТСКОГО СОЮЗА
Г. ЖУКОВ.-

ЧЛЕН ВОЕННОГО СОВЕТА 1-го БЕЛОРУССКОГО ФРОНТА ГЕНЕРАЛ-ЛЕЙТЕНАНТ
ТЕЛЕГИН.-

НАЧАЛЬНИК ШТАБА 1 БЕЛОРУССКОГО ФРОНТА ГЕНЕРАЛ-ПОЛКОВНИК
МАЛИНИН.-

.6 экз.
кв

Weidling, dem die Panzerdivision »Müncheberg«, die 9. Fallschirmjäger- und die 20. Panzergrenadierdivision unterstellt wurden.

Auf der Gegenseite befahl Marschall Shukow, die Artillerievorbereitung am 16. April 1945, 5.00 Uhr OEZ, das war 4.00 Uhr Ortszeit, und den Sturmangriff der Infanterie 20 Minuten später zu beginnen.

Der Großangriff: Wie von Shukow befohlen und auf deutscher Seite erwartet, begann in den frühen Morgenstunden des 16. April 1945 mit einer Artillerievorbereitung ungewohnter Stärke die Berliner Operation. Das Artilleriefeuer und die anschließende doppelte Feuerwalze waren so stark und gingen derart ineinander über, daß sie den Verteidigern wie ein zweieinhalbstündiges Trommelfeuer erschienen.

Als Signal für die Infanterie und zur Beleuchtung des noch dunklen Gefechtsfeldes flammten um 3.20 Uhr MEZ (Som-

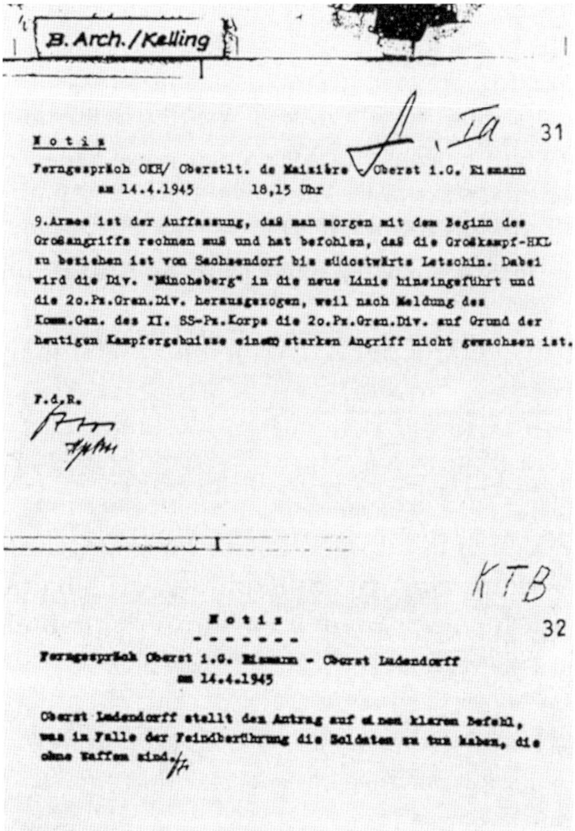

B. Arch. / Kelling

Notiz 31

Ferngespräch OKH/ Oberstlt. de Maizière / Oberst i.G. Eismann
am 14.4.1945 18,15 Uhr

9. Armee ist der Auffassung, daß man morgen mit dem Beginn des Großangriffs rechnen muß und hat befohlen, daß die Großkampf-HKL zu beziehen ist von Sachsendorf bis südostwärts Letschin. Dabei wird die Div. "Müncheberg" in die neue Linie hineingeführt und die 2o. Pz. Gren. Div. herausgezogen, weil nach Meldung des Komm. Gen. des XI. SS-Pz. Korps die 2o. Pz. Gren. Div. auf Grund der heutigen Kampfergebnisse einem starken Angriff nicht gewachsen ist.

F.d.R.

KTB

Notiz 32

Ferngespräch Oberst i.G. Eismann - Oberst Ludendorff
am 14.4.1945

Oberst Ludendorff stellt den Antrag auf einen klaren Befehl, was im Falle der Feindberührung die Soldaten zu tun haben, die ohne Waffen sind.

Vor der Großoffensive

merzeit) 143 Flakscheinwerfer auf. Gleichzeitig erfolgten Luftangriffe auf deutsche Stäbe und rückwärtige Einrichtungen. Die deutsche Artillerie, die in ihren Großkampfpositionen dem Feuer des Gegners entging, antwortete. Bei Tageslicht befanden sich auch die wenigen deutschen Flugzeuge im Einsatz.

Im Norden des Armeeabschnitts wurde das von General Berlin geführte CI. Armeekorps von der 47. Armee des Generalleutnant Perchorowitsch angegriffen. Gegen das LVI. Panzerkorps beiderseits der Reichsstraße 1 traten die 3. Stoßarmee unter Generaloberst Kusnezow, die 5. Stoßarmee unter Generaloberst Bersarin und südlich der Reichsstraße 1 die von Generaloberst Tschuikow geführte 8. Gardearmee an. Letztere erfaßte zugleich den Abschnitt des XI. SS-Panzerkorps, das darüberhinaus die 69. Armee unter Generaloberst Kolpaktschi abwehren mußte. Die Festung Frankfurt unter Oberst Biehler sowie das südlich Frankfurt stehende V. SS-

Gebirgskorps hatten sich gegen die Angriffe der unter Generaloberst Zwetajew stehenden 33. Armee zu verteidigen.

Infolge der rechtzeitig eingenommenen Großkampfstellung und der entsprechend tiefgegliederten Artillerie blieben die von sowjetischer Seite erwarteten durchschlagenden Ergebnisse in den ersten Stunden des Angriffs aus. Die Artillerievorbereitung hatte weitgehend ins Leere getroffen, die Scheinwerfer hatten die eigene Infanterie und nicht die der Verteidiger verwirrt.

Beim CI. Armeekorps gelang der 47. Armee und 3. Stoßarmee der Einbruch in die Stellungen auf der rechten Flanke bei der 309. und 606. Infanteriedivision. Hier durchbrach die bewegliche Gruppe, bestehend aus dem 9. Panzerkorps mit einer Verstärkung von 197 Panzern und Selbstfahrlafetten, die deutschen Stellungen und drang bis an die Alte-Oder-Stellung bei Wriezen vor. Das als Stützpunkt ausgebaute Wriezen konnte durch den Einsatz der SS-Panzerjagdabteilung 560 und der Flakregimenter 13., 53 und 182 gehalten werden.

Schwieriger entwickelte sich die Lage im Abschnitt des LVI. Panzerkorps. Die 9. Fallschirmjägerdivision widerstand dem weit überlegenen Angreifer nicht, ging bis zu 9 Kilometer zurück und blieb erst im zweiten Verteidigungsstreifen stehen.

Von entscheidender Bedeutung war, daß die Seelower Höhen (im Abschnitt der 20. Panzergrenadierdivision), von der 8. Gardearmee nicht aus der Bewegung heraus genommen werden konnten. Die Divisionen des 4., 28. und 29. Gardeschützenkorps, die vor Seelow angriffen, blieben nach anfänglichem Bodengewinn vor dem Hauptgraben unter großen Verlusten liegen. Teile der 20. Panzergrenadierdivision und der Panzerdivision »Müncheberg« brachten durch ihren Widerstand im Zusammenwirken mit der Artillerie und den Nachbardivisionen den Plan des sowjetischen Gegners durcheinander. Der Hauptgraben erwies sich für die gepanzerten Fahrzeuge des Angreifers als unüberwindbar, alle Bewegungen waren auf die wenigen festen Straßen angewiesen und wurden in Richtung auf die vorhandenen Brücken kanalisiert. Hierauf, auf Wegegabelungen, Wegespinnen und Kreuzungen richtete sich das deutsche Abwehrfeuer. Tschuikow hierüber: »An diesem Streifen kam es zu erheblichen Verzögerungen, da die Truppen warten mußten, bis die

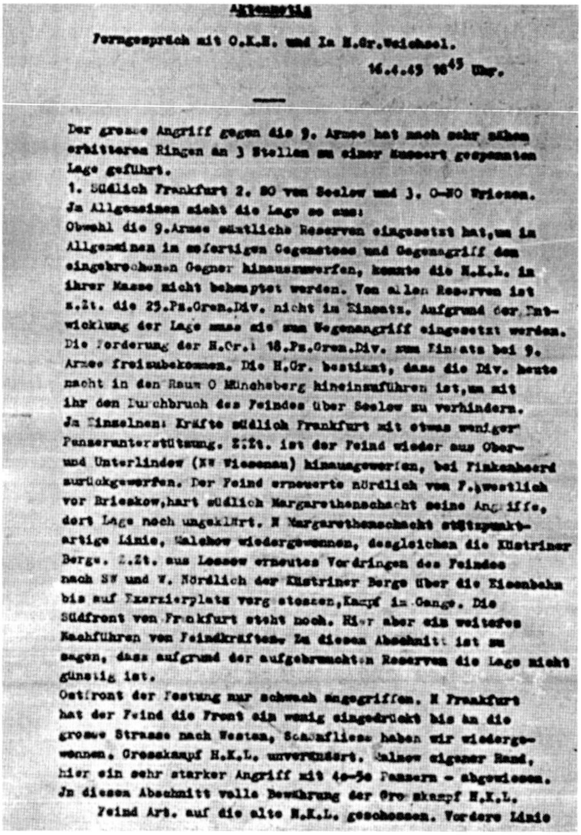

Aktennotiz

Ferngespräch mit O.K.H. und Ia H.Gr.Weichsel.

16.4.45 16[45] Uhr.

Der grosse Angriff gegen die 9. Armee hat nach sehr zähem erbitterem Ringen an 3 Stellen zu einer äusserst gespannten Lage geführt.
1. Südlich Frankfurt 2. SO von Seelow und 3. O-NO Wriezen.
Im Allgemeinen sieht die Lage so aus:
Obwohl die 9.Armee sämtliche Reserven eingesetzt hat, um im Allgemeinen im sofortigen Gegenstoss und Gegenangriff den eingebrochenen Gegner hinauszuwerfen, konnte die H.K.L. in ihrer Masse nicht behauptet werden. Von allen Reserven ist z.Zt. die 25.Pz.Gren.Div. nicht im Einsatz. Aufgrund der Entwicklung der Lage muss sie zum Gegenangriff eingesetzt werden.
Die Forderung der H.Gr.: 18.Pz.Gren.Div. zum Einsatz bei 9. Armee freizubekommen. Die H.Gr. bestimmt, dass die Div. heute nacht in den Raum O Müncheberg hineinzuführen ist, um mit ihr den Durchbruch des Feindes über Seelow zu verhindern.
Im Einzelnen: Kräfte südlich Frankfurt mit etwas weniger Panzerunterstützung. Z.Zt. ist der Feind wieder aus Ober- und Unterlindow (NW Wiesenau) hinausgeworfen, bei Finkenheerd zurückgeworfen. Der Feind erneuerte nördlich von F. westlich vor Brieskow, hart südlich Margarethenschacht seine Angriffe, dort Lage noch ungeklärt. N Margarethenschacht stützpunktartige Linie, Malchow wiedergewonnen, desgleichen die Küstriner Berge. Z.Zt. aus Lossow erneutes Vordringen des Feindes nach SW und W. Nördlich der Küstriner Berge über die Eisenbahn bis auf Exerzierplatz vorgestossen, Kampf im Gange. Die Südfront von Frankfurt steht noch. Hier aber ein weiteres Nachführen von Feindkräften. Zu diesem Abschnitt ist zu sagen, dass aufgrund der aufgebrauchten Reserven die Lage nicht günstig ist.
Ostfront der Festung nur schwach angegriffen. N Frankfurt hat der Feind die Front ein wenig eingedrückt bis an die grosse Strasse nach Westen, Schönfliess haben wir wiedergewonnen. Grosskampf H.K.L. unverändert. Malnow eigener Hand, hier ein sehr starker Angriff mit 40-50 Panzern – abgewiesen. In diesem Abschnitt volle Bewährung der Grosskampf H.K.L.
Feind Art. auf die alte H.K.L. geschossen. Vordere Linie

Notiz über ein Ferngespräch zwischen OKH und dem Ia der Heeresgruppe Weichsel vom 16. April 1945

Pioniere Brücken und Stege geschlagen hatten. Irgendwelche Manöver mit Kraftfahrzeugen und Panzern waren ausgeschlossen: Die Straßen waren verstopft, und Fahrten durch das versumpfte Gelände und die verminten Felder verboten sich von selbst.« (Tschuikow, S. 417f.)

Um die Mittagszeit hatte sich der sowjetische Angriff festgerannt. Tschuikow beschloß daher, nach einer Umgruppierung seiner Verbände, vor allem dem Vorziehen der Artillerie, und einer erneuten Feuervorbereitung um 14.00 Uhr zu wiederholen, um das Tagesziel, die Seelower Höhen, doch noch zu erreichen.

Eben zu diesem Zeitpunkt mußte der Oberbefehlshaber der Front, Shukow, dem aus Moskau anrufenden Stalin gegenüber eingestehen, daß im Schwerpunkt der Offensive die Operation nicht planmäßig ablief. Zugleich erfahrend, daß bei seinem linken Nachbarn, der 1. Ukrainischen Front, die Rechnung aufging, entschloß sich Shukow – nach seiner

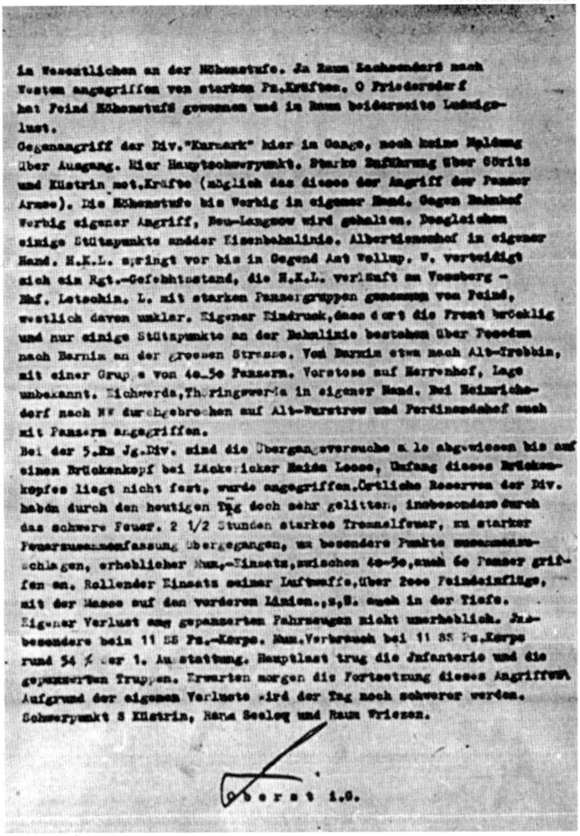

im Wesentlichen an der Höhenstufe. Im Raum Sachsendorf nach Westen angegriffen von starken Pz.Kräften. O Friedersdorf hat Feind Höhenstufe gewonnen und im Raum beiderseits Ludwigslust.
Gegenangriff der Div."Kurmark" hier im Gange, noch keine Meldung über Ausgang. Hier Hauptschwerpunkt. Starke Zuführung über Göritz und Küstrin mot.Kräfte (möglich das dieses der Angriff der Panzer Armee). Die Höhenstufe bis Werbig in eigener Hand. Gegen Bahnhof Werbig eigener Angriff, Neu-Langsow wird gehalten. Desgleichen einige Stützpunkte an der Eisenbahnlinie. Albertinenhof in eigener Hand. H.K.L. springt vor bis in Gegend Ast Wollup. W. verteidigt sich ein Rgt.-Gefechtsstand, die H.K.L. verläuft am Vossberg - Bhf. Letschin. L. mit starken Panzergruppen genommen vom Feind, westlich davon unklar. Eigener Eindruck, dass dort die Front bröcklig und nur einige Stützpunkte an der Bahnlinie bestehen über Posedum nach Barnim an der grossen Strasse. Von Barnim etwa nach Alt-Trebbin, mit einer Gruppe von 40-50 Panzern. Vorstoss auf Herrenhof, Lage unbekannt. Eichwerda, Thöringswerder in eigener Hand. Bei Heinrichsdorf nach NW durchgebrochen auf Alt-Wustrow und Ferdinandshof auch mit Panzern angegriffen.
Bei der 5.Rs Jg.Div. sind die Übergangsversuche alle abgewiesen bis auf einen Brückenkopf bei Zäckericker Neue Loose, Umfang dieses Brückenkopfes liegt nicht fest, wurde angegriffen. Örtliche Reserven der Div. haben durch den heutigen Tag doch sehr gelitten, insbesondere durch das schwere Feuer. 2 1/2 Stunden starkes Trommelfeuer, zu starker Feuerzusammenfassung übergegangen, um besondere Punkte zusammenzuschlagen, erheblicher Mun.-Einsatz, zwischen 40-50, auch 60 Panzer griffen an. Rollender Einsatz seiner Luftwaffe, über 2000 Feindeinflüge, mit der Masse auf den vorderen Linien., z.B. auch in der Tiefe.
Eigener Verlust an gepanzerten Fahrzeugen nicht unerheblich. Insbesondere beim 11 SS Pz.-Korps. Mun.Verbrauch bei 11 SS Pz.Korps rund 54 % der 1. Ausstattung. Hauptlast trug die Infanterie und die gepanzerten Truppen. Erwarten morgen die Fortsetzung dieses Angriffes. Aufgrund der eigenen Verluste wird der Tag noch schwerer werden. Schwerpunkt S Küstrin, Raum Seelow und Raum Wriezen.

Oberst i.G.

Version – »nach Beratung mit den Armeeoberbefehlshabern«, die beiden Panzerarmeen einzusetzen. Von dieser Beratung war der durch diese Maßnahme überraschte Tschuikow offenbar ausgeschlossen gewesen, denn die sich überschneidenden Befehle hatten für die kämpfende Truppe unerwartete Folgen.

Der Befehl, nahezu 1400 Panzer und Selbstfahrlafetten zusammen mit allgemeinen Verbänden zum Erzwingen des taktischen Durchbruchs einzusetzen, widersprach den Erfahrungen des Krieges. Er erging um 14.30 Uhr Ortszeit, so daß die noch auf dem Ostufer befindlichen Panzerarmeen, deren Übersetzen beträchtliche Zeit in Anspruch nahm, nicht geschlossen angreifen konnten. Bei der 2. Gardepanzerarmee waren es das 9. und 12. Korps, von der 1. Gardepanzerarmee Vorhuten ihrer drei Korps, die als erste das Gefecht aufnahmen.

Tschuikow schrieb später: »Da sich die Panzerverbände

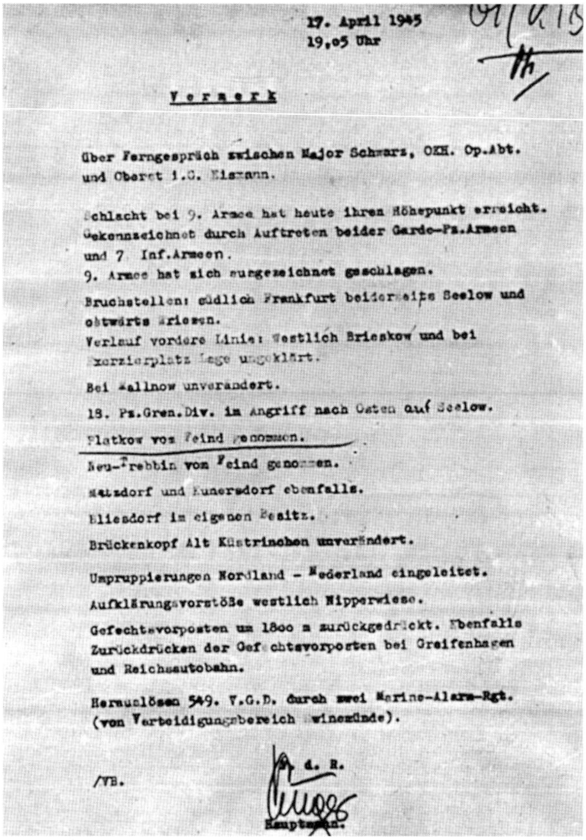

17. April 1945
19,05 Uhr

Vermerk

Über Ferngespräch zwischen Major Schwarz, OKH. Op.Abt. und Oberst i.G. Eismann.

Schlacht bei 9. Armee hat heute ihren Höhepunkt erreicht. Gekennzeichnet durch Auftreten beider Garde-Pz.Armeen und 7 Inf.Armeen.
9. Armee hat sich ausgezeichnet geschlagen.

Bruchstellen: südlich Frankfurt beiderseits Seelow und ostwärts Wriezen.
Verlauf vordere Linie: Westlich Brieskow und bei Exerzierplatz Lage ungeklärt.

Bei Mallnow unverändert.

18. Pz.Gren.Div. im Angriff nach Osten auf Seelow.

Platkow vom Feind genommen.

Neu-Trebbin vom Feind genommen.

Metzdorf und Kunersdorf ebenfalls.

Bliesdorf im eigenen Besitz.

Brückenkopf Alt Küstrinchen unverändert.

Umgruppierungen Nordland – Nederland eingeleitet.

Aufklärungsvorstöße westlich Nipperwiese.

Gefechtsvorposten um 1800 m zurückgedrückt. Ebenfalls Zurückdrücken der Gefechtsvorposten bei Greifenhagen und Reichsautobahn.

Herauslösen 549. V.G.D. durch zwei Marine-Alarm-Rgt. (von Verteidigungsbereich Swinemünde).

/VB.

d. R.
Hauptmann.

Lagebericht über die Kämpfe bei der 9. Armee

nun durch die Gefechtsordnung der 8. Gardearmee nach vorn zu schieben suchten, wurde es auf den Straßen noch enger; es gab keine Ausweichmöglichkeiten. Die Panzer der 1. Gardearmee rammten buchstäblich die Zugmaschinen unserer Artillerie, die gerade neue Stellung bezog, und blockierten dadurch das Manöver der zweiten Staffel unserer Divisionen und Korps. In diesem Zusammenhang muß gesagt werden, daß die 8. Gardearmee erhebliche eigene Panzerkräfte besaß.« (Tschuikow, S. 491) Es behinderten sich nicht allein die vorrückenden Menschenmassen mit ihrer Technik, sondern auch das fehlende Zusammenwirken der kämpfenden Verbände mit den aufmarschierenden verhinderte ein einheitliches Vorgehen.

Als Ergebnis des Tages formulierte General Busse später: »Nirgends war der Feind zum Durchbruch, ja nicht einmal zum entscheidenden Einbruch in die Höhenstufe gekommen.« Im Oderbruch unterhalb der Seelower Höhen lagen nach deutschen Meldungen vom 14. bis zum 16. April 361 abgeschossene Panzer und blockierten zum Teil die Straßen.

Weniger dramatisch, aber ebenso erfolgreich verliefen die Abwehrkämpfe an der rechten Flanke der 9. Armee. Ein tiefer Einbruch im Abschnitt der 303. Infanteriedivision entlang der Straße Dolgelin – Sachsendorf wurde von Teilen der Panzergrenadierdivision »Kurmark« abgeriegelt. Die schwere SS-Panzerabteilung 502 ging mit Truppen von »Kurmark« zum Gegenangriff über und konnte die Krise beseitigen, indem sie die Stellung entlang der Bahnlinie Frankfurt – Seelow wieder herstellte. Einbrüche bei den rechten Nachbarn der 303., der 169. und 712. Infanteriedivision, wurden ebenfalls im Gegenangriff bereinigt.

Vor Frankfurt/Oder blieb die Front relativ ruhig, während südlich der Stadt das V. SS-Gebirgskorps mit seinen schwachen und unbeweglichen Kräften versuchte, die auf die Autobahn Frankfurt – Berlin zielenden Angriffe der zur 33. Armee gehörenden 95. und 339. Schützendivision abzuwehren. Hier entstand im Abschnitt der 286. Infanteriedivision eine Krise, weil sowjetische Angriffsspitzen die Eisenbahnlinie nach Frankfurt überschritten und mittags an die Reichsstraße 87 gelangten. Die Gefahr einer Einschließung Frankfurts war am Abend des Tages nicht gebannt, doch die relativ schwachen Kräfte beider Seiten (vergleicht man sie mit der Konzentration an Menschen und Material um Seelow) ließen keine schnellen, durchschlagenden Entscheidungen zu.

Am Ende des ersten Kampftages war das Fazit für die sowjetische Seite in keiner Weise zufriedenstellend. Trotz hoher Verluste waren die gesteckten Ziele in keinem Abschnitt der Angriffsfront erreicht worden. Am Abend mußte Shukow Stalin telefonisch melden, daß die Höhen um Seelow erst am Ende des nächsten Tages genommen werden würden. Er fügte hinzu, die an der Oder zerschlagenen Truppen könnten nicht in Berlin kämpfen. Stalin, davon offensichtlich nicht überzeugt, teilte Shukow das Eindrehen der 1. Ukrainischen Front auf Berlin mit sowie einen Befehl für die 2. Belorussische Front, den Angriff zu beschleunigen mit dem Ziel, Berlin im Norden zu umfassen. Eine entsprechende Direktive des Hauptquartiers erging am 17. April, wovon der für die Front Rokossowskis gültige Teil wieder aufgehoben wurde.

Der Abwehrerfolg der 9. Armee täuschte weder Heinrici

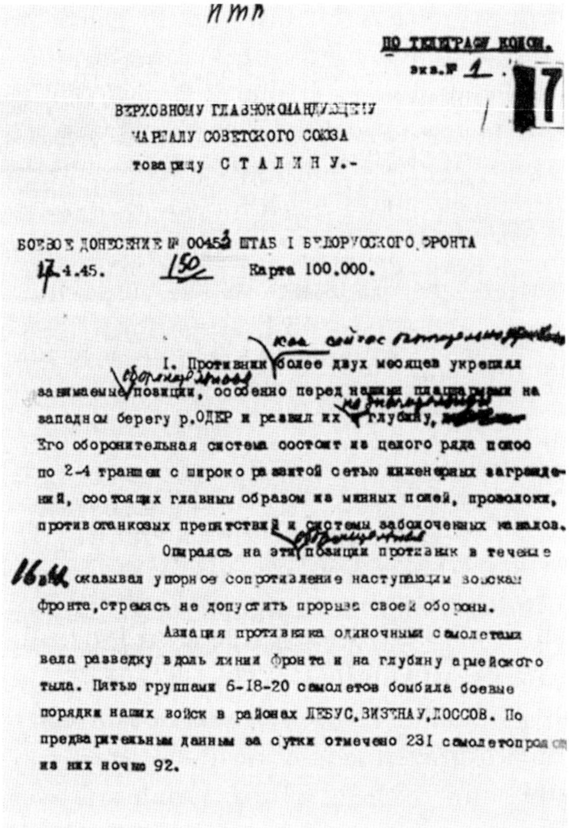

ПО ТЕЛЕГРАФУ КОДОМ.
экз.№ 1

ВЕРХОВНОМУ ГЛАВНОКОМАНДУЮЩЕМУ
МАРШАЛУ СОВЕТСКОГО СОЮЗА
товарищу С Т А Л И Н У.-

БОЕВОЕ ДОНЕСЕНИЕ № 00452 ШТАБ I БЕЛОРУССКОГО ФРОНТА
17.4.45. 150 Карта 100.000.

I. Противник более двух месяцев укреплял занимаемые позиции, особенно перед нашими плацдармами на западном берегу р.ОДЕР и развил их в глубину.
Его оборонительная система состоит из целого ряда полос по 2-4 траншеи с широко развитой сетью инженерных заграждений, состоящих главным образом из минных полей, проволоки, противотанковых препятствий и системы забоченных каналов.
Опираясь на эти позиции противник в течение 16.4 оказывал упорное сопротивление наступающим войскам фронта, стремясь не допустить прорыва своей обороны.
Авиация противника одиночными самолетами вела разведку вдоль линии фронта и на глубину армейского тыла. Пятью группами 6-18-20 самолетов бомбила боевые порядки наших войск в районах ЛЕБУС, ЗИЗТНАУ, ЛОССОВ. По предварительным данным за сутки отмечено 231 самолетопролет из них ночью 92.

Gefechtsmeldung Marschall Shukows über den 16. April 1945 (vollständige Übersetzung s. S. 223 ff.)

noch Busse darüber hinweg, unter welchen eigenen Verlusten er errungen worden war. Alle Reserven befanden sich bereits im Kampf, für die beabsichtigten Gegenangriffe nach dem Durchbruch des Gegners durch die Großkampf – HKL waren keine Truppen mehr verfügbar. Deshalb wurden kurz nach 19.00 Uhr die 18. Panzergrenadierdivision (aus dem Raum Joachimsthal in den Raum Buckow – Müncheberg) und die 25. Panzergrenadierdivision (Verlegung in den Raum nordöstlich Wriezen) zur Unterstützung der 606. Infanteriedivision zum Einsatz bei der 9. Armee freigegeben.

Am zweiten Tag der Schlacht begannen die sowjetischen Angriffe zeitlich versetzt, aber bei Tageslicht. Die Unterschiede waren notwendig, um das Vorgehen der Verbände zu organisieren, zu koordinieren und ihren Führungen die Orientierung im Gelände zu ermöglichen.

An der linken Flanke der Armee begann am 17. April beim CI. Korps im Abschnitt der 606. Infanteriedivision die Front

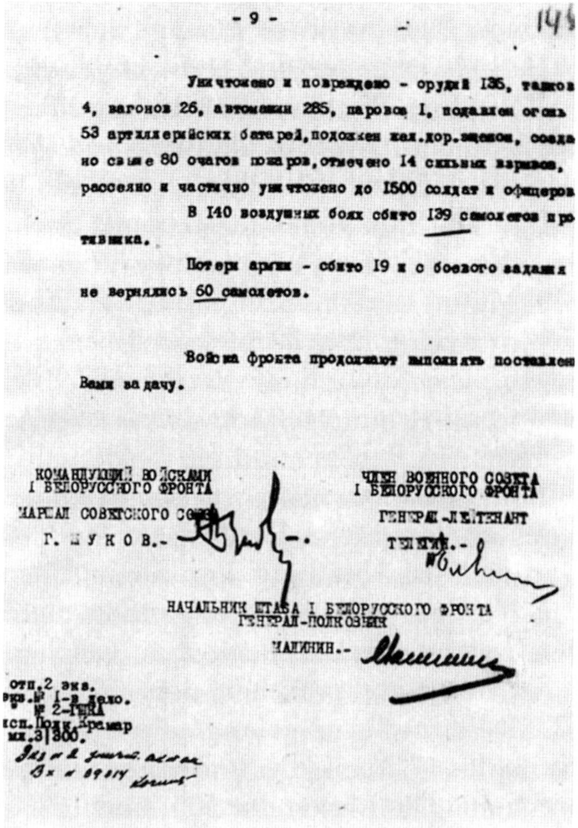

- 9 -

Уничтожено и повреждено – орудий 135, танков 4, вагонов 26, автомашин 285, паровоз 1, подавлен огонь 53 артиллерийских батарей, подожжен жел.дор.эшелон, создано свыше 80 очагов пожаров, отмечено 14 сильных взрывов, рассеяно и частично уничтожено до 1500 солдат и офицеров.

В 140 воздушных боях сбито 139 самолетов противника.

Потери армии – сбито 19 и с боевого задания не вернулось 60 самолетов.

Войска фронта продолжают выполнять поставлен[…] Вами задачу.

КОМАНДУЮЩИЙ ВОЙСКАМИ
I БЕЛОРУССКОГО ФРОНТА
МАРШАЛ СОВЕТСКОГО СОЮЗА
Г. ЖУКОВ.-

ЧЛЕН ВОЕННОГО СОВЕТА
I БЕЛОРУССКОГО ФРОНТА
ГЕНЕРАЛ-ЛЕЙТЕНАНТ
ТЕЛЕГИН.-

НАЧАЛЬНИК ШТАБА I БЕЛОРУССКОГО ФРОНТА
ГЕНЕРАЛ-ПОЛКОВНИК
МАЛИНИН.-

отп. 2 экз.
экз. № 1 – в дело.
" № 2 – ГШКА
исп. Полк. Кремар
мх. 3|300.

zu reißen. Auch die hier hineingeworfene 18. Panzergrenadierdivision, deren Teile nur langsam eintrafen, konnte die Lage nicht retten. Sie wurde südlich Wriezen über die Alte Oder gedrängt, über die die angreifenden Rotarmisten Brükkenköpfe bildeten. Aus diesem Einbruchsraum heraus führten Teile der 47. Armee Stöße gegen die ihre Stellung noch haltende 5. Jägerdivision. Der von weniger steilen Höhen durchzogene Abschnitt des Korps wurde zunehmend zu einem Krisenherd.

Neben der schwierigen Lage am linken Flügel trug die 9. Armee die größte Last im Abschnitt des XI. SS-Panzerkorps beiderseits der Reichsstraße 1. Hier wurde der Widerstand der 9. Fallschirmjägerdivision nördlich Seelow merklich schwächer. Der aus jungem und kampfungewohntem Ersatz bestehende Verband begann, dem Druck des mehrfach überlegenen Gegners nachzugeben. Das 4. Gardeschützenkorps sowie das 11. Panzerkorps drangen in Gusow ein, stießen nach Nordwesten entlang der Alten Oder vor und nahmen Platkow. Eine Gruppe schwenkte gegen 15.00 Uhr nach Südwesten ein und bedrohte das immer noch gehaltene Seelow. Von Platkow stießen Angriffstruppen am Nachmittag in Richtung Neuhardenberg und Wulkow vor. Damit geriet die Höhenrandstellung nördlich Seelow ins Wanken.

Das als Stützpunkt ausgebaute Seelow wurde in seinen östlichen Sektoren »Zernikow« und »Küstrin« von je einer 130 Mann starken Kompanie der 20. Panzergrenadierdivision verteidigt. Nach einem schweren Feuerüberfall gingen gegen diese Stellungen vor: das 172. Regiment der 57. Gardeschützendivision, verstärkt durch zwei Artillerie-, ein Granatwerfer-, ein Panzer- und ein Selbstfahrlafettenregiment und unmittelbar unterstützt von einem Panzerjäger- sowie einem weiteren Granatwerferregiment und einer selbstständigen Gardewerfer-Abteilung. Von dieser Übermacht erdrückt und von Norden umgangen, begannen die Reste der Besatzung des Ortsstützpunktes Seelow zu weichen.

An der Naht zwischen dem LVI. Panzerkorps und dem XI. SS-Panzerkorps gelang es den sowjetischen Truppen im Laufe des 17. April, die Stellungen »in breiter Front zu durchbrechen«. Die Linien der 303. und 169. Infanteriedivision gerieten in Gefahr, während die 712. sich noch behaupten konnte.

Beim V. SS-Gebirgskorps drangen die Angreifer langsam, aber unaufhaltsam vor. Nördlich von Markendorf wurde die Eisenbahnlinie nach Frankfurt erreicht. Entlang des Oder-Spree-Kanals konnte nur noch mühsam die Front behauptet werden. Die schwierige Lage machte die Morgenmeldung der Heeresgruppe Weichsel an das OKH deutlich: »Der zur Wiedergewinnung einer zusammenhängenden Front an der Südgrenze des Festungsbereiches Frankfurt geführte eigene Gegenangriff schlug infolge zähen Feindwiderstandes, zahlreicher bataillonsstarker Gegenangriffe aus Raum Lossower Berge sowie mangels eigner Kräfte nicht durch.«

Am Ende des zweiten Schlachtentages hatte der Angreifer immer noch nicht die ursprünglich für den ersten Operationstag gestellten Aufgaben erfüllt. Die Zeit drängte immer mehr für Stalin, da die Westalliierten inzwischen die Elbe erreicht hatten. Für den mißtrauischen Diktator wurden die strategisch-politischen Auswirkungen der operativen Probleme an der Oder immer weniger kalkulierbar.

Dennoch war die Lage der 9. Armee nahezu aussichtslos. Sie konnte ihre Verluste nicht mehr ersetzen, Reserven waren begrenzt und unmittelbar nicht verfügbar. In der Nacht zum 18. April wurden Marschbataillone aus Berlin in Großstadtbussen an die Front bei Buckow gefahren, doch konnte dies am Kräfteverfall der Divisionen der 9. Armee wenig ändern. Auf Drängen von General Busse wurden die in der Heeresgruppenreserve befindlichen SS-Panzergrenadierdivisionen »Nordland« und »Nederland« von Hitler freigegeben und zum Einsatz bei der 9. Armee in Marsch gesetzt. In das Kampfgeschehen griffen jetzt auch die Panzerjagdbrigaden »Dorn« und »Pirat« ein, in denen überwiegend Hitlerjungen dienten. Im Verlauf des Tages konnten durch den Einsatz der 18. und 25. Panzergrenadierdivision die Lücken nochmals notdürftig gestopft werden. Zu einem entschlossenen Gegenangriff, der die Offensive des Gegners zum Stillstand gebracht hätte, reichten die Kräfte nicht mehr.

Am folgenden Tag, dem 18. April, erreichte die Schlacht den Kulminationspunkt. Während im Abschnitt der 3. Panzerarmee die von Marschall Rokossowski geführte 2. Belorussische Front zur Offensive überging, konnte Shukow am Ende des Tages endlich die Aufgabe als erfüllt melden, die er, entsprechend der Direktive, bereits am ersten Angriffstag hätte erreichen sollen. Die schwersten und entscheidenden Kämpfe entbrannten entlang der Straße Seelow – Müncheberg. Am Abend meldete die Heeresgruppe: »In den Brennpunkten der Schlacht beiderseits Seelow bis südlich Neuhardenberg und südlich Wriezen hat die Entwicklung zur Krise geführt ... gelang es dem Feind, aus dem Raum beiderseits Seelow tiefe Einbrüche nach Südwesten bis Marxdorf, nordostwärts Müncheberg bis Münchehofe zu erzwingen«.

Konkret hieß das, daß durch den Einbruch bei der 9. Fallschirmjägerdivision und an anderen Abschnitten die Höhenrandstufe bis auf geringe Ausnahmen verloren gegangen war. Die in Bewegung gesetzten Reserven waren zu schwach und trafen auf Grund der sich rasch ändernden Lage zu spät an den richtigen Orten ein. Flankenangriffe der herangeführten Reserven, so bei Diedersdorf, an der Teile der hier dislozierten Panzerjagdbrigade beteiligt waren, bereiteten dem Angreifer Schwierigkeiten, konnten das Allerschlimmste für den Augenblick verhüten. Die Front der 9. Armee drohte dennoch zwischen Müncheberg und Wriezen zusammenzubrechen.

Die Entscheidung: Am 19. April meldete die Heeresgruppe Weichsel an das OKH: »In der großen Abwehrschlacht der 9. Armee hat die seit dem gestrigen Tage sich anbahnende krisenhafte Entwicklung in den beiden Schwerpunkträumen Müncheberg und Wriezen eine weitere Verschärfung erfahren. Die Schlacht steht vor der Entscheidung ...«. Der Tag hat sie gebracht.

In der Nacht zum 19. April war der Frankfurter Brückenkopf geräumt worden. Der sowjetische Angriff begann insbesondere an dem vorgesehenen Duchbruchsabschnitt beiderseits der Reichsstraße 1 mit voller Kraft. Für Shukow spitzte sich die Lage zu, da er – entgegen seinen Meldungen an Stalin – noch immer um den operativen Durchbruch kämpfte, während Konews Panzer südlich von Berlin nicht mehr aufzuhalten waren.

Die Truppen an der rechte Flanke der 9. Armee konnten ihre Stellung um Frankfurt halten, doch riß im Zentrum der Front die Verbindung zwischen dem XI. SS-Panzerkorps und LVI. Armeekorps. Letzteres konnte dem Druck nicht mehr standhalten und ging zurück. Am Morgen ging Wriezen verloren. Die Sicherungslinie Prötzel – Ostrand Grunow – Ostrand Bollersdorf – Nordrand Schermützelsee – Alte Mühle – Münchehofe wurde durchbrochen. General Weidlings Vorstellungen, durch Gegenangriffe von »Nordland« und der 18. Panzergrenadierdivision die entstandenen Lücken zu schließen, konnten nicht realisiert werden. Die zerschlagenen Verbände, darunter Teile von »Nordland«, gingen auf das Waldgebiet nördlich Strausberg – Bad Freienwalde zurück. Bei Sternbeck/Prötzel und bei Müncheberg waren nicht mehr aufhaltbare Panzerdurchbrüche erfolgt. Der hart umkämpfte und stark bombardierte Stützpunkt Müncheberg ging am Abend des 19. April verloren.

Damit war im Zentrum der 9. Armee der dritte Verteidigungsstreifen durchbrochen worden. Die Armee war in drei Teile gespalten: im Süden eine Gruppe bestehend aus dem V. SS-Gebirgskorps, der Festung Frankfurt und dem XI. SS-Panzerkorps, im Zentrum das LVI. Panzerkorps und im Norden das CI. Armeekorps. Verstärkungen aus Berlin, fünf Volkssturmbataillone, drei Bataillone der 15. Waffen-Grenadier-Division der SS (lettische Nr. 1) wurden in die Räume Strausberg und Fürstenwalde verlegt, ohne an der bedrohlichen Entwicklung etwas ändern zu können.

Die Schlacht war entschieden, die Oderlinie verloren. Die Vorausangriffe einbezogen, hatte die 9. Armee sechs Tage einem überlegenen Angreifer widerstanden. Jetzt war die Front im Schwerpunkt des Angriffs um 30 km zurückgedrängt und in einer Breite von 70 km, zwischen der Alten Oder und Wüste Kunersdorf, aufgerissen worden.

In dieser Lage faßte General Busse den einzig möglichen Entschluß, das LVI. Panzerkorps sowie »Nordland« und »Nederland« auf eine Linie entlang der Spree westlich Fürstenwalde und östlich Erkner zurückzunehmen, um den noch an der Oder stehenden Verbänden den Rückzug auf die Elbe zu ermöglichen. Den Befehl, an dieser Linie eine Abwehrfront aufzubauen, erhielt die bei Markendorf kämpfende 32. SS-Division »30. Januar«, obwohl es an Ersatz fehlte, der ihre bisherigen Stellungen übernehmen konnte. Hier an der rechten Flanke der 9. Armee blieb die Front zunächst stehen, das sowjetische Vorgehen fesselte die schwachen deutschen Kräfte, konnte sie aber nicht zerschlagen.

Der Entschluß Busses war, wie die folgenden Ereignisse zeigten, vom Geschehen überholt. Am 20. April kämpften seine Verbände in einer Linie nördlich Strausberg – Hasenholz – Dahmsdorf. Ihren Rückzug auf die neue Linie machte das nun nicht mehr aufzuhaltende sowjetische Vordringen unmöglich.

Das Fazit: Die Schlacht um die Seelower Höhen war verloren. Die 9. Armee hatte mit ihren ungefestigten, ungenügend ausgebildeten und ausgerüsteten Verbänden Unerhörtes geleistet, aber erwartungsgemäß keinen Erfolg erringen können. In den 6 Tagen schwersten Kampfes hatte sie einen hohen Blutzoll entrichten müssen. Nach sowjetischen Angaben (deutsche gibt es nicht) verlor sie rund 80 000 Mann, nahezu 300 Panzer und Sturmgeschütze und die Masse der Artillerie. Besonders hoch waren die Verluste der Flak, deren Beweglichkeit unzureichend oder überhaupt nicht vorhanden gewesen war, so daß sie in den verlorenen Stellungen verbleiben mußte.

Mit ihrem Widerstand hatte die 9. Armee den Angriffsplan Shukows durcheinander gebracht. Seine Verbände standen am Ende des 19. April, des vierten Operationstages, dort, wo sie nach den ursprünglichen Vorstellungen am zweiten Tag, dem 17. April, hätten stehen sollen. Aus dem vorgesehenen schnellen Durchbruch durch die Verteidigung und dem Vor-

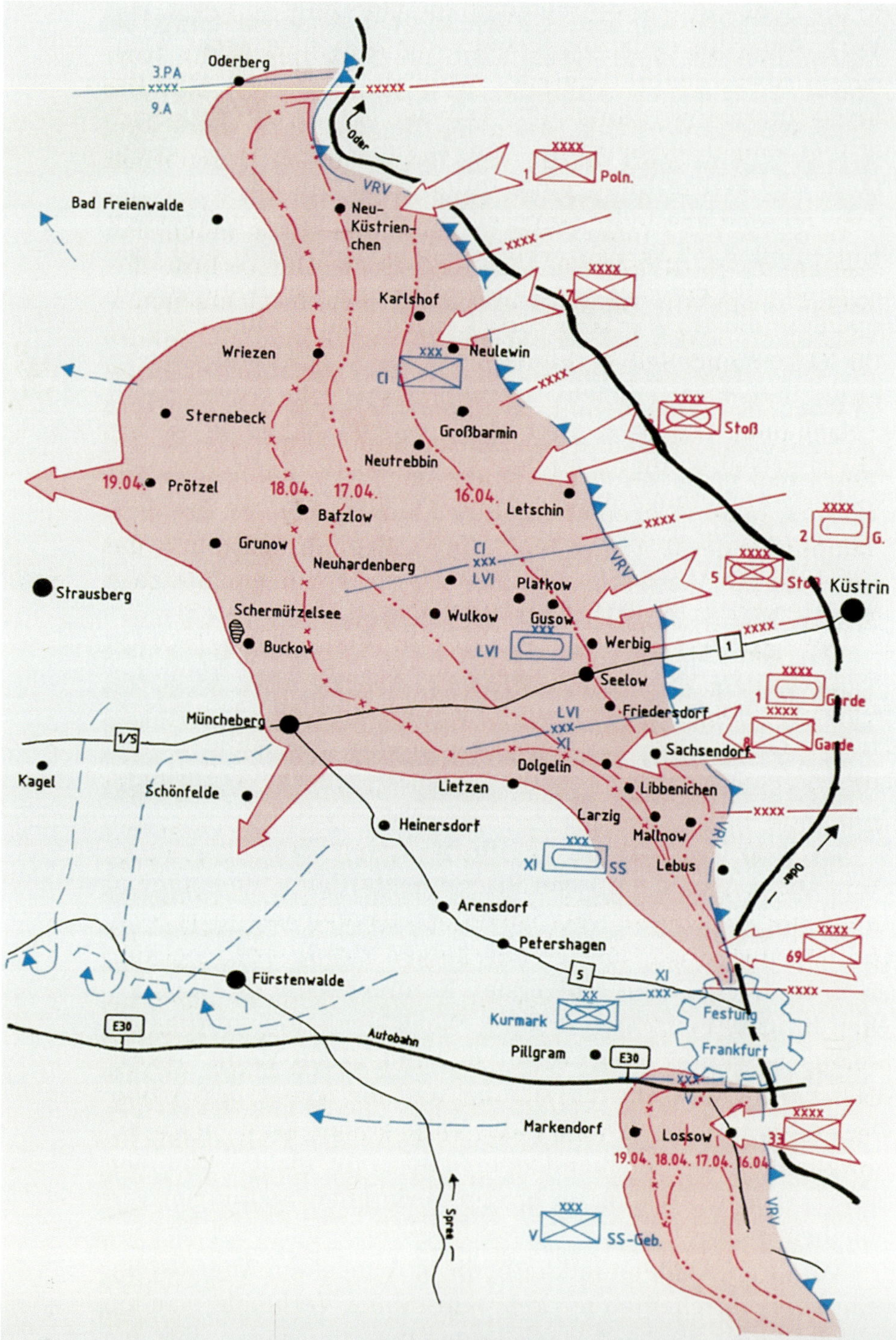

Der sowjetische Angriff an der Oderfront bis zum 19. April 1945

stoß der Panzerarmeen in die Tiefe des verbliebenen deutschen Hinterlandes bei gleichzeitiger Einnahme Berlins war ein mühsames, verlustreiches Durchnagen der deutschen Verteidigung geworden. Völlig ungewöhnlich waren die operativen Panzerkräfte nicht erst nach erfolgtem Durchbruch durch die Front der Verteidigung eingesetzt worden, sondern hatten diese mit durchbrechen helfen. Sie konnten sich erst am 19. April von der Infanterie lösen. Die Verluste der Roten Armee bis zum 19. April waren hoch. Nach eigenen – sicherlich zu niedrigen – Angaben verlor sie 30 000 Mann, 700 Panzer und Selbstfahrlafetten sowie mehrere 100 Flugzeuge.

Nach dem Krieg hatte Shukow in seinen Memoiren ausgeführt, daß er bei den Entscheidungen zur Operation »keine ernsten Fehler« begangen habe. Doch räumte er ein Versäumnis ein, das »die Kämpfe beim Durchbruch durch die taktische Verteidigungszone des Gegners um ein bis zwei Tage hinauszögerte. Bei der Vorbereitung der Operation hatten wir den Charakter des Geländes der Seelower Höhen etwas unterschätzt ... Obwohl wir zur Vorbereitung der Berliner Operation äußerst wenig Zeit hatten, kann das diese Unterlassung nicht rechtfertigen«. (Shukow, S. 296.)

Einen wesentlichen Gesichtspunkt berührt der Marschall nicht, den politisch-strategischen Druck, der seine Planung und die Führung der Schlacht belastete. Im März 1945 ging es in erster Linie nicht um das zweckmäßigste militärische Vorgehen, sondern um die Erringung des Sieges in kürzester Frist, um die schnellste Einnahme Berlins und das Erreichen der Elbelinie auf kürzestem Wege. Hierfür bot sich aus sowjetischer Sicht allein der Angriff aus dem Küstriner Brükkenkopf an. »Im Vordergrund stand eine entscheidende politische Aufgabe, alles Nachfolgende war ihr untergeordnet. Gerade darin bestand eine Besonderheit der Berliner Operation.« (Stich. S. 135.)

5.
Die Niederlage der Wehrmacht in Brandenburg

Der 19. April brachte die Entscheidung, jedoch nicht das Ende der Kämpfe. Der Ausgang der Operation zwischen Ostsee und der Neißemündung war entschieden, die Spanne des Zeitgewinns, für den gekämpft worden war, auf Tage und Stunden zusammengeschrumpft. Zu einer freiwilligen Kapitulation vor der Roten Armee waren jedoch weder die deutsche Führung noch die Mehrzahl der Soldaten bereit. Während im Bunker der Reichskanzlei, weit entfernt von der tatsächlichen Lage, immer neue Hoffnungen genährt wurden, um die eigene Existenz zu verlängern, setzten die Truppen den Kampf vor allem mit dem Ziel fort, sich in die westliche Gefangenschaft zu retten. Am konsequentesten wurde dies bei der 3. Panzerarmee durchgeführt.

Der in der Nacht zum 20. April von Hitler erteilte Befehl, alle noch verfügbaren Truppenteile der Berliner Garnison bei der 9. Armee einzusetzen, war immer noch von dem Gedanken getragen, Berlin im Vorfeld zu verteidigen. Seine Absicht, »eine zusammenhängende Front ostwärts der Reichshauptstadt zu erhalten oder in den feindlichen Einbruchsräumen aufzubauen«, war Wunschdenken.

General Busse, der die sich inzwischen immer deutlicher abzeichnende Einschließungsgefahr für die Südgruppe der 9. Armee erkannt hatte, konnte sich mit seiner Forderung, die Front von der Oder zurückzunehmen, nicht durchsetzen. Die Gefahr vergrößerte sich in dem Maße, wie Konews Panzer auf den südöstlichen Stadtrand vorstießen. In die offene Südflanke der 9. Armee zogen die Reste des geschlagenen V. Armeekorps der Heeresgruppe Mitte, die um Cottbus mit Front nach Süden hilflos den Vorstoß der sowjetischen Panzerarmee beobachteten.

Verbände des mit offenen Flanken kämpfenden LVI. Panzerkorps, darunter die 20. Panzergrenadierdivision, befanden sich am Abend des 20. April im Raum Rüdersdorf–Herzfelde. Seine Verbindung zum linken Nachbarn hatten bereits

Die Frankfurter Allee in Berlin am 2. Mai 1945

die 2. Gardepanzerarmee und die 3. Stoßarmee unterbrochen. Die Bemühungen General Busses, das LVI. Panzerkorps zur 9. Armee zu ziehen, um mit ihm die verbliebenen Verbände südlich um Berlin an die Elbe zu führen, schlugen fehl.

Mit dem Durchbruch der 2. Gardepanzerarmee und der 3. Stoßarmee am 20. April in den Raum Bernau hatte die 1. Belorussische Front den dritten Verteidigungsstreifen überwunden. Am 21. April erreichten sie den Autobahnring bei Bernau, Fredersdorf, Rüdersdorf, Erkner und Königs Wusterhausen. Kanonenbrigaden der 3. Stoßarmee und der 47. Armee hatten schon am Vortage das Feuer auf Berlin eröffnet.

Die Offensive der 2. Belorussischen Front an der Unteroder begann am 20. April. Trotz überlegener Kräfte verlief die sowjetische Offensive anfänglich nicht wie geplant. Die 3. Panzerarmee, weitaus schwächer als die 9. Armee und nahezu unbeweglich, konnte dem Angriff Rokossowskis bis zum 24. April widerstehen. Bei der 49. Armee im Schwerpunkt des Hauptstoßes scheiterte die Brückenkopfbildung, während die 70. und 65. Armee den von ihren Truppen eroberten Boden auf dem Westufer der Oder trotz heftiger deutscher Gegenangriffe halten konnten. Entsprechend der neuen Lage verlegte Rokossowski den Schwerpunkt seines Angriffs in den Streifen der 65. Armee. Bis zum 22. April gelang es ihm, einen 20 km breiten und 3 km tiefen Brückenkopf zwischen Gartz und dem Südrand Stettins zu bilden. Das bei der 65. Armee eingeführte 1. Gardepanzerkorps erreichte bis zum Abend des 23. April die Linie Hohenreinkendorf–Tantow–Pargow. Am folgenden Tage trat die Krise ein, als westlich von Gartz ein Durchbruch erfolgte, den das XXXXVI. Panzerkorps nicht mehr abriegeln konnte. Versuche, den zweiten Verteidigungsstreifen westlich des Randow-Bruchs zu halten, mißlangen. Die Verteidigung ging in einen Rückzug auf die Elbe über.

Bei der südlich Berlins gegenüber der 1. Ukrainischen Front stehenden 4. Panzerarmee hatte sich die Lage gefährlich schnell zuungunsten der deutschen Truppen entwickelt. Konew, der sich aus den Brückenköpfen jenseits der Neiße noch im Februar zurückgezogen hatte, um, wie er später schrieb, Verluste bei deren Behauptung zu vermeiden, griff im Morgengrauen an. Im Schutze der Artillerievorbereitung und Luftangriffe sowie eines über den Fluß gelegten Nebelschleiers begann die Überwindung der Neiße. Der Durchbruch durch die deutsche Verteidigung gelang bereits am ersten Tage der Offensive. Am Abend kämpften die Voraustruppen bereits am zweiten Verteidigungsstreifen der 4. Panzerarmee.

Am Abend des 17. April erhielt Konew aus Moskau die Genehmigung, seine Panzerverbände auf Berlin einzudrehen. Sie drangen 20 bis 25 km vor, überquerten die Spree und gelangten, nur von schwachen Kampfgruppen und Volkssturm behindert, am 19. April bis Zossen und Luckenwalde. Die 3. Gardepanzerarmee drang über Calau, Luckau, Baruth bis Zossen–Wünsdorf vor. Die hier befindliche Befehlszentrale des Generalstabes des Heeres wurde am 20. April besetzt. Die Flucht der Besatzung geschah derart überstürzt, daß in der großzügig ausgebauten Fernmeldezentrale noch die Geräte liefen, als die sowjetischen Soldaten die Räume betraten. Der Stoß der 4. Gardepanzerarmee zielte auf den Raum Beelitz–Michendorf–Potsdam. Konews Panzer gelangten nach zügigem Vormarsch, die Infanterie und die Trosse weit hinter sich lassend, in der Nacht zum 21. April in der Nähe von Stahnsdorf an den südlichen Stadtrand von Berlin.

Die Kampfhandlungen Januar bis Mai 1945

Die 4. Panzerarmee, die ihre Stellungen nicht halten konnte, wurde in drei Teile aufgespalten. Während der nördliche, der 9. Armee unterstellt, mit ihr in den Halbe-Kessel geriet, wurden die im Streifen des Hauptstoßes stehenden Truppen zerschlagen. Der übrigen Gruppierung im Süden gelang noch ein erfolgreicher örtlicher Gegenstoß, der vor allem die 2. Polnische Armee traf. Am Ergebnis der sowjetischen Offensive änderte dies nichts.

Berlin war am 1. Februar zum »Verteidigungsbereich« erklärt worden, d. h. eine noch nicht »voll ausgebaute Festung«. Sie war Teil des seit Ende Januar westlich der Oder ausgebauten befestigen Raumes. Die Hauptstadt umgab eine äußere Sperrzone aus befestigten Stützpunkten. Etwa am äußeren Stadtrand verlief die äußere Verteidigungszone. Um das Stadtinnere zog sich die innere Verteidigungszone, die mit dem S-Bahnring identisch war. Das äußere Stadtgebiet war in acht Sektoren aufgeteilt worden, die die Bezeichnung A bis H trugen; die im Osten liegenden Abschnitte hatten die Buchstaben A bis C. Einen neunten Sektor bildete die Stadtmitte. Er war besonders stark befestigt und erhielt die Bezeichnung Z.

Das sowjetische Oberkommando rechnete in Berlin mit einem Gegner, der über 300 000 Mann, 3 000 Geschütze und Granatwerfer sowie 250 Panzer verfügte. Diese Zahlen waren viel zu hoch angesetzt. Zusammen mit den maximal 20 000 Mann des angeschlagenen LVI. Panzerkorps kämpften in Berlin vermutlich nicht mehr, eher weniger als 90 000 Mann. Die Bewaffnung ist noch schwerer zu bestimmen. Es dürften weniger als 100 Panzer und sicherlich nicht viel mehr Geschütze aller Kaliber zur Verfügung gestanden haben.

Dagegen setzte die sowjetische Seite die gewaltige Übermacht von 464 000 Mann mit über 12 700 Geschützen und Granatwerfern, annähernd 2 100 Geschoßwerfern und 1 500 gepanzerten Fahrzeugen ein. Der Angriff erfolgte nicht konzentrisch, sondern nach Schwerpunkten in einzelnen Richtungen. Eine davon verlief entlang der Frankfurter Allee, die in der Stadt die Reichsstraße 1 bildete und direkt in das Zentrum führte.

Während die Kämpfe bereits in den nördlichen und östlichen Vororten tobten und Konew im Süden angriff, trafen sich die Spitzen der 47. Armee der 1. Belorussischen Front und der 4. Gardepanzerarmee der 1. Ukrainischen Front bei Ketzin westlich von Berlin, damit schloß sich am 25. April der Ring um die Stadt. Am gleichen Tage kam es an der Elbe zur ersten Begegnung zwischen sowjetischen Truppen und Soldaten der Westalliierten. Der verbliebene Rest des »Reiches« war in zwei Hälften geteilt, seine Existenz nur noch eine Frage von Tagen.

In dem südostwärts von Berlin gelegenen Waldgebiet bei Halbe waren am 23. April Teile der 9. Armee der Heeresgruppe Weichsel und Reste der 4. Panzerarmee sowie der Besatzung von Frankfurt/Oder eingeschlossen worden, als sich Truppen der 8. Gardearmee und der 3. Gardepanzerarmee der 1. Belorussischen bzw. der 1. Ukrainischen Front in der Gegend des Flugplatzes Johannisthal sowie westlich Königs Wusterhausen – Wildau trafen. Die 9. Armee hatte noch am 22. April den Befehl bekommen, den Berlin angreifenden sowjetischen Verbänden in die Flanke zu fallen. Doch hierzu waren die deutschen Divisionen nicht mehr in der Lage. Von der Roten Armee selbst hart bedrängt, befanden sich etwa 200 000 Mann mit 2 000 Geschützen und Granatwerfern, 300 Panzern und Sturmgeschützen sowie eine unbekannte Zahl Zivilisten in dem Kessel.

Die Situation der Eingeschlossenen verschlechterte sich ständig, Munition, Treibstoff und Verpflegung wurden immer knapper, die Verwundeten konnten nicht mehr versorgt werden. Versuche, die Eingeschlossenen aus der Luft zu versorgen, blieben erfolglos. Ein Kapitulationsangebot lehnte General Busse ab. Seine Absicht bestand darin, mit allen Kräften nach Westen durchzubrechen. Ein erster Versuch scheiterte am 24. April bei Märkisch-Buchholz. Beim zweiten am 26. April bei Halbe gelang es unter gewaltigen Verlusten fünf deutschen Divisionen, die auf engstem Raum angriffen, eine Lücke in den sowjetischen Einschließungsring zu reißen. Die durchgebrochenen Teile kamen bis nördlich Baruth und wurden hier erneut gestellt. Die Versuche der inzwischen mehrfach aufgespaltenen Gruppierung, nach Westen zu fliehen, gingen weiter. Ihre Reste wurden am 1. Mai bei Beelitz in der Nähe Potsdams von der 12. Armee aufgenommen.

Hitler und seine Umgebung erwarteten in völliger Verkennung der Entwicklung einen Entsatz von außen. Dabei rechneten sie sowohl mit der 9. Armee als auch mit der seit März/

April im Raum Dessau neu formierte 12. Armee. Ursprünglich aufgestellt, um gegen die in das Landesinnere eingedrungenen Kräfte der Westalliierten eingesetzt zu werden, bekam sie jetzt den Auftrag, sich mit der 9. Armee zu vereinigen und die drohende Einschließung der Hauptstadt abzuwehren bzw. aufzubrechen. Die gleiche Aufgabe erhielt die nördlich Berlin stehende, zur 3. Panzerarmee der Heeresgruppe Weichsel gehörende Gruppe Steiner.

Ein von dieser Gruppe am 22./23. April weitgehend improvisierter und halbherzig vorgetragener Angriff südlich von Groß Schönebeck, der von vornherein aussichtslos war, brach nach wenigen Stunden zusammen, ebenso der Angriff vom 27. April. Als sich schließlich in den letzten Apriltagen die 3. Panzerarmee geschlagen von der 2. Belorussischen Front zurückziehen mußte, ging die Gruppe Steiner mit den nach dem sowjetischen Durchbruch bei Seelow nach Norden gedrängten Verbänden der 9. Armee zurück.

Die 12. Armee löste sich befehlsgemäß von dem an der Elbe stehenden britischen und amerikanischen Gegner und griff mit umgekehrter Front die Berlin einschließenden Kräfte der 1. Ukrainischen Front in Richtung Potsdam an. Nach schweren Verlusten erreichten ihre Truppen – es handelte sich in der Mehrheit um Divisionen aus eingezogenen Jahrgängen 1928/29 – die Linie Ferch – Beelitz. Hier blieben sie liegen. Zusammen mit den Überlebenden der 9. Armee sowie den Resten der ausgebrochenen Potsdamer Garnison gingen die Überreste der 12. Armee auf die Elbe zurück, wo sie sich den amerikanischen Truppen gefangengaben.

Auf die Kämpfe in der Stadt hatten die Entsatzversuche keine Auswirkungen. In den Morgenstunden des 22. April verlief die Frontlinie über Lichtenberg – Weißensee – Heinersdorf – Prenzlauer Promenade – Kissingenplatz – Hadlichstraße – Schloßpark Niederschönhausen – Rosenthal – Frohnau – Wilhelmsruh. Im Süden Berlins stand die Rote Armee in breiter Front am Teltow-Kanal. An diesem Tage, dem 22. April, fand bei Hitler die letzte große Lagebesprechung statt. Erstmals erklärte der Diktator, daß er den Krieg für verloren halte und aus diesem Grunde in Berlin zu bleiben gedenke.

Bei der Mittagslage am 29. April hatte der Chef des Generalstabes des Heeres, General Hans Krebs, nichts Erfreuliches mehr zu melden. Am 30. April, um 1.00 Uhr morgens

Das Ende im Kessel von Halbe

schließlich, erfuhren die Insassen des Bunkers der Reichskanzlei, daß alle Entlastungsangriffe gescheitert waren. Kurz nach 6.00 Uhr befahl Hitler den SS-Brigadeführer und Generalmajor Mohnke, Befehlshaber des Sektors Z, zu einer Lagebesprechung. Mohnke gab zu, daß die Reichskanzlei nur noch maximal 24 Stunden gehalten werden könne. Am Nachmittag des 30. April tötete sich Hitler mit seiner Frau. Ihre Leichen wurden von Bediensteten im Garten der Reichskanzlei verbrannt.

Versuche des im Bunker anwesenden Goebbels, des Leiters und Sekretärs der NSDAP, Martin Bormann, und des Generals Krebs, einen separaten Waffenstillstand zu erlangen, scheiterten. Stalin, über Tschuikow und Shukow informiert, verlangte die bedingungslose Kapitulation. Nun begingen auch Goebbels und Krebs Selbstmord. Die in der Reichskanzlei und im Bunker verbliebenen letzten Vertrauten Hitlers bereiteten sich vor, in drei Gruppen den Einschließungsring zu durchbrechen, was am Ende nur sehr wenigen gelang.

General Helmuth Weidling vollzog den unausweichlichen Schritt und kapitulierte am 2. Mai 1945 um 6.30 Uhr.

Auf deutscher Seite waren nach sowjetischen Dokumenten im Abschnitt der 3. Armee, der 5. Stoß- und 8. Gardearmee in der Schlacht um die Seelower Höhen am 16. und 17. April 12 000 Mann gefallen. Die Rote Armee hatte nach eigenen Angaben vor Seelow 33 000 Soldaten verloren.

Während der Gesamtoperation hatte die sowjetische Seite nach neuesten Zahlen in der Zeit vom 14. April bis zum 8. Mai Verluste von insgesamt 352 474 Mann, davon 78 291 Gefallene. Hinzugerechnet werden müssen noch 8 852 Polen, davon 2 825 Gefallene.

Deutsche belegbare Verlustzahlen für die gesamten Kämpfe zwischen Oder und Elbe vom 16. April bis zum 8. Mai 1945 sind gegenwärtig nicht vorhanden.

II.
Routenvorschläge und Aussichtspunkte

Praktische Hinweise

Das Oderbruch ist nicht allein aus militärhistorischen Gründen einen Besuch wert. Bereits Th. Fontane schwärmte vom abwechslungsreichen Charakter der Landschaft an der Oder und meinte, »... daß jeder, der am Rande des Plateaus, etwa von Freienwalde bis Seelow oder selbst bis Frankfurt/Oder hin, diese Fahrt zu machen gedenkt, einer langen Reihe der mannigfachsten und anziehendsten Bilder begegnen wird.« Zur Historie der Gegend meint der Reisende Fontane an anderer Stelle: »... denn ohne das unfruchtbare und mißliche Gebiet der Vergleiche betreten zu wollen, so sei doch das eine hier versichert, daß an den Ufern der Oder hin allerlei Städte und reiche Dörfer liegen, die wohl zum Besuche einladen können, und daß, wenn Sage und Legende schweigen, die Geschichte um so lauter und vernehmlicher spricht.«

Die unberührte Auenlandschaft entlang der Oder, Wasserläufe im Bruch sowie die waldbestandenen Hänge des Seelower Höhenzuges bieten dem Naturfreund eine artenreiche Flora und Fauna.

Bei der Vorbereitung einer Reise, bei der die Geschehnisse der letzten Monate des Zweiten Weltkrieges im Vordergrund stehen, empfiehlt es sich, mit der Gedenkstätte/Museum Seelower Höhen Verbindung aufzunehmen. Deren Mitarbeiter stehen jedem mit Rat und Tat zur Seite und geben auch gerne Auskunft über andere Sehenswürdigkeiten der Gegend. Die Adresse ist: Gedenkstätte/Museum Seelower Höhen, Küstriner Straße 28a, 15306 Seelow, Tel. 03346/597.

In und um Seelow nimmt die Zahl preiswerter Übernachtungsmöglichkeiten und Gaststätten mit gutem Niveau sowie zu erschwinglichen Preisen ständig zu. Einzelheiten sind über den Fremdenverkehrsverein »Märkisch Oderland«, Fremdenverkehrsstelle, Puschkinplatz 12, 15306 Seelow, Tel. 03346/850230, zu erfahren.

Routen

Die folgenden Vorschläge können je nach Gegebenheit und Interesse variiert werden. Zugrunde gelegt wurden die handelsüblichen Autokarten.

Für einen Besuch des ehemaligen Schlachtfeldes an der Oder ist zu beachten, daß die Fahrt durch Berlin zwar interessant, aber wegen der Verkehrsdichte sehr zeitaufwendig ist. Daher sollten sich die Routen stets an der entsprechenden Abfahrt der A 10 orientieren.

1. Anfahrt bis Müncheberg auf der B 1. Ab Müncheberg auf der B 5 Heinersdorf–Treplin–Booßen–Frankfurt/Oder – über die B 112 nach Lebus–Podelzig

Am östlichen Ausgang Münchebergs, die B 1 verlassend, erreicht man, der B 5 folgend, Heinersdorf. Hier befand sich Anfang April 1945 der Gefechtsstand des XI. SS-Panzerkorps. Die Fahrt geht über Arensdorf–Treplin nach Booßen, das ehemals im Gebiet der Festung Frankfurt lag. In Frankfurt an der Oder verläuft die Route in nördliche Richtung auf der B 112 weiter.

Frankfurt: Aus einer Siedlung fränkischer Kaufleute entstanden, bekam F. 1253 das Stadtrecht. Es gehörte von 1368 bis etwa 1450 zur Hanse. Seit 1506 bestand in der Stadt eine Universität (Viadrina), die 1811 nach Breslau verlegt wurde. Frankfurt litt stark an den Folgen des Dreißigjährigen Krieges. Im Siebenjährigen Krieg zeitweilig von Russen und Österreichern besetzt, blühte die Stadt im 19.Jh. auf. Ihre Bedeutung basierte auf der Rolle als Verkehrsknotenpunkt sowie auf den in der Nähe lagernden Braunkohlevorkommen, die ihre industrielle Entwicklung begünstigten.

Vom Standort Oderbrücke in der Nähe des Stadtübergangs zur einstigen Dammvorstadt, dem heutigen Slubice, breitet sich nach Westen der ehemalige Kern der Oderstadt aus.

Frankfurt war am 27.Januar 1945 zur Festung erklärt worden. Während noch am 3.Februar der Rundfunk die Bürger der Stadt zu beruhigen versuchte, begann bereits am 4. Februar, einem Sonntag, und dem folgenden Tage die Räumung der Dammvorstadt, Beresinchens und der Gubener Vorstadt von der Zivilbevölkerung. Ende Februar wurden die Zivilisten aus Frankfurt, entsprechend einem Aufruf der NDSAP-Kreisleitung »zwangsevakuiert«. »Alle Zivilpersonen, die nicht berufstätig sind, Frauen einschließlich Kinder und nicht volkssturmpflichtige Männer, müssen abreisen, ... Wenn am Dienstag, den 27. Februar, in Frankfurt noch Zivilpersonen, die nicht berufstätig sind, angetroffen werden, werden polizeiliche Maßnahmen ergriffen ... Betriebsführer, die nicht benötigte Arbeitskräfte zurückhalten, werden nach deren Zwangsrekrutierung zur Verantwortung gezogen.«

Im Gegensatz zu anderen Festungen blieb der Stadt eine förmliche Belagerung erspart. Die Angriffe der Roten Armee gegen Frankfurt blieben begrenzt, sie hatten nur das Ziel, deutsche Kräfte zu binden. Diese Aufgabe wurde gelöst, nicht zuletzt auf Grund der starren Haltung Hitlers in dieser Frage. Er lehnte wiederholte Anträge der Heeresgruppe zur Aufhebung des Festungscharakters Frankfurts und den Einsatz der frei werdenden Kräfte in der Oderverteidigung ab.

Das sture Festhalten an der Festung Frankfurt bis zum 22. April leistete der Einkesselung der Südgruppe der 9. Armee, und damit der Lösung einer der operativen Ziele der Roten Armee Vorschub. Hier waren nämlich das XI. SS-Panzerkorps und das V. SS-Gebirgskorps südlich der Stadt an der Oder gebunden (vgl. S. 90).

Die Nordflanke des XI. SS-Panzerkorps, westlich Fürstenwalde war es nur ein dünner Sicherungsschleier, reichte am 21. April vom Raum nördlich von Frankfurt bis an den Stadtrand von Berlin und wurde von den Einheiten der 8. Gardearmee und der 69. Armee schnell durchbrochen. An diesem Tag bildeten sie bei Hartmannsdorf einen Brückenkopf über die Spree. Zugleich riß die deutsche Front südlich Frankfurt, die Dörfer Biegen und Jakobsdorf gingen verloren. Am folgenden Tag zerbrachen die Linien der 286. Infanteriedivision durch einen sowjetischen Angriff aus dem Raum Biegen. Er gelangte bis zur Autobahn, wodurch Frankfurt vorübergehend eingeschlossen war.

Das Gebiet westlich Frankfurt/Oder zwischen der B 5 und der Autobahn war in den Tagen vom 21. bis zum 22. April Schauplatz dieser Kämpfe, die um die Rücknahme der noch

Gefallen beim Angriff auf die Seelower Höhen

an der Oder stehenden Teile der 9. Armee geführt wurden. Im Raum Arensdorf – Hasenfelde sicherten Teile der schweren SS-Panzerabteilung 502 und von »Kurmark« die Autobahn Frankfurt – Berlin. Bei Petershagen und Treplin standen die Reste der 712. und 169. Infanteriedivision. Obwohl es bereits in dem Waldgebiet zwischen Fürstenwalde und Frankfurt/Oder zu Gefechten mit dem nach Westen einsikkernden Gegner kam, gelang der SS-Jagd-Panzerabteilung 561 aus dem Raum Biegen – Pillgram ein Gegenangriff bis Rosengarten. Damit wurde ein Weg aus der bereits eingeschlossenen Festung freigekämpft. Zu diesem Zeitpunkt hatte der Oberbefehlshaber der Heeresgruppe von Hitler endlich die Zurücknahme der Verbände aus Frankfurt und von der Oder erreicht.

Nachdem bereits am 20. und 21. April die zivilen Dienststellen die Stadt verlassen hatten, begann in der Nacht vom 22. zum 23. April der Abzug der Besatzung. Am Morgen rückten die ersten sowjetischen Einheiten nach und hatten bis zum Mittag Frankfurt besetzt. Die von ihrer Bevölkerung fast völlig verlassene Stadt an der Oder, deren Bausubstanz bis dahin den Umständen entsprechend relativ gut erhalten geblieben war, wurde nun Opfer von sich schnell ausbreitenden Bränden, über deren Ursache nur spekuliert werden kann.

Während der Fahrt von Frankfurt nach Lebus wird eine von der letzten Eiszeit geformte Landschaft passiert. Hier liegt, südlich Lebus, das Naturschutzgebiet Adonishänge. An den Hängen des Odertales hat sich eine besondere Flora erhalten, die man vor allem im Frühjahr bewundern kann.

Lebus: Bis zur Gründung von Frankfurt an der Oder Mittelpunkt des zwischen Oder, Schlaube, Spree, Löcknitz und Stobberow gelegenen gleichnamigen Landes. Auf dem nahe der Oder befindlichen, durch drei Querrinnen in ebensoviele Abschnitte geteilten Bergrücken hatte bereits um 1000 v. Chr. eine Fluchtburg bestanden. Nach der slawischen Besiedlung erneuert, wurde sie nach der polnischen Inbesitznahme zu einer gut befestigten Wehranlage ausgebaut. Burg und die bald entstehende Stadt kontrollierten die sich hier kreuzenden Nordsüd- und Westost- Verkehrswege. Über die Einzelheiten der Burg- und Stadtgeschichte ist wenig bekannt. In einem der zahlreichen Kämpfe um den Besitz des strategisch bedeutsamen Ortes wurde die Burg zerstört. 1249 in den Besitz der Askanier gelangt, wurde die Stadt ein Teil Brandenburgs. Seit der Neugründung Frankfurts an der Oder sank die Bedeutung von L. Nach Verlegung des Bischofsitzes von Lebus nach Fürstenwalde im Jahre 1385 und der Säkularisierung 1555 erhielt das Städtchen dörflichen Charakter. Über seine bedeutendere Vergangenheit legen Ausgrabungen der frühmittelalterlichen Burganlage auf dem Turmberg Zeugnis ab.

Vom Turmberg aus gesehen, der sich im Norden der Stadt erhebt, liegt zwischen Oder und eigenem Standort Lebus. Ostwärts reicht der Blick in das heute zu Polen gehörende Brandenburg.

Lebus gehörte zu den Ortschaften, die 1945 für die Verteidigung an der Oder von entscheidender Bedeutung waren. Von Frankfurt erstreckt sich über Lebus, Klessin und Wuhden am Westufer der Oder die allmählich nach Norden ansteigende Reitweiner Höhe. Ihre operative und taktische Bedeutung für beide Seiten lag auf der Hand (vgl. S. 38).

Die Versuche der 8. Gardearmee, die bei Reitwein in den ersten Februartagen einen Brückenkopf gebildet hatte, über Klessin und Wuhden Podelzig zu nehmen, scheiterten. Daraufhin gingen Truppen der 370. Schützendivision der 69. Armee in den folgenden Tagen überraschend bei Lebus über die Oder. Die zur Sicherung der Oder eingesetzten Kräfte, darunter das Volkssturmbataillon 108 »Franken«, konnten das nicht verhindern. Die Stellung des schlecht bewaffneten Bataillons erstreckte sich ursprünglich vom Raum nördlich Frankfurt bis südlich Lebus. Die »Franken«, ursprünglich zur Festung gehörend, wurden etwa am 7. Februar der vor dem Reitweiner Brückenkopf eingesetzten Panzergrenadierdivision »Kurmark« unterstellt. In den ungefähr am 10. Februar einsetzenden Kämpfen mußte das Bataillon seine linke Flanke zurücknehmen und nach hartem Kampf eine neue HKL beziehen. Sie reichte vom Burgwall nördlich Frankfurt, passierte südlich Wüste Kunersdorf die B 112 und gewann östlich des Ortes den Anschluß an die Eisenbahnlinie nach Küstrin. Dies blieb im wesentlichen der Verlauf der vordersten Front bis zum Beginn der April-Offensive.

Die Sowjets griffen mit überlegenen Kräften am 14. Februar an und gelangten am Ende des Tages an die Eisenbahn Frankfurt–Küstrin, die sie an einigen Stellen überschritten. Zwischen Lebus und Klessin klaffte eine etwa 2 Kilometer breite Lücke. Bei Erweiterung dieses Durchbruchs bestand die Gefahr, daß die Verteidigung auf den Seelower Höhen aus den Angeln gehoben wurde. Ein Gegenangriff des II. Panzergrenadierregiment »Kurmark« entlang der Bahnlinie konnte den durchgebrochenen Gegner zurückwerfen, die Front stabilisierte sich nahezu auf dieser Linie bis zum Beginn der Vorausangriffe.

Etwa 1 000 m westlich der Kreuzung zwischen der B 112 und der B 167 liegen der Lindenhof und der Schäfergrund, Orte heftigster Gefechte in jenen Tagen. Am 18. Februar gelang es den Sowjets, an der heutigen B 112 und westlich davon, in die dortigen Stellungen des zu »Kurmark« gehörenden Infanterieregiments der Kriegsschule Wetzlar einzubrechen und bis Lindenhof vorzudringen. Ein Gegenstoß aus Podelzig warf den Angreifer bis zu der erwähnten Straßenkreuzung zurück.

Das Straßenkreuz westlich von Lebus spielte naturgemäß bei den anhaltenden Gefechten um den Brückenkopf Lebus für beide Seiten eine wichtige Rolle. Ein am 18. Februar durchgeführter deutscher Angriff, dessen Gegenreaktion die oben geschilderte Aktion bildete, zielte auch auf das Straßenkreuz. Der Auftrag lautete, beiderseits der Straße Podelzig –

Reste deutscher Stellungen im Abschnitt der 303. Infanteriedivision

Lebus mit Schwerpunkt ostwärts derselben bis zur Straßenkreuzung anzugreifen und den Brückenkopf Lebus zu spalten. Endziel war seine Liquidierung. Von der Infanterie durch das heftige Abwehrfeuer bald getrennt, kam die II. Abt. Panzerregiment »Kurmark« bis auf 1 500 m an den Nordrand von Lebus heran. Hier blieb es im Feuer eines Pak-Riegels liegen und wurde schließlich zurückgenommen.

Eine Wiederholung des Angriffs am 22. Februar führte ebenfalls entlang der B 112 aus Podelzig auf Lebus. Unter Oberst Langkeit traten das II. Btl. Panzergrenadieregiment, das Panzerregiment und das Panzerartillerieregiment »Kurmark« an. Bereitstellungsraum der gepanzerten Teile bildete der etwa 2 500 Meter von der Straßenkreuzung in Lebus entfernte Schäfergrund westlich der Straße Lebus – Podelzig. Erneut war das Ziel Lebus, um gegen die sowjetischen Übersetzstellen vorzugehen. Noch vor dem eigenen Angriff mußten sowjetische abgewehrt werden. Dann rollten die Panzer vor. Der Schwerpunkt lag ostwärts der Straße, führte über den Haaker Grund zu dem gerade verlorenen Punkt 55 und schließlich südlich auf Lebus. Punkt 55 konnte genommen und gehalten werden, alle weiteren Ziele waren durch sich steigerndes Abwehrfeuer der Sowjets nicht zu gewinnen. Schließlich mußte die Truppe zurückgenommen werden.

Das nach Lebus erreichte Podelzig bildete die südlichste und letzte der Stellungen, die eine Aushebelung der Höhenrandstellung der 9. Armee verhindern sollten. Neben den Angriffen von hier auf Lebus war Podelzig vor allem die Ausgangsbasis für die Kämpfe um den Reitweiner Sporn.

Am 10. Februar trat befehlsgemäß das I. Btl. Infanterieregiment Kriegsschule Potsdam nordwestlich des Weges Podelzig – Reitwein an. Es sollte die Höhe vom Gegner säubern und den Brückenkopf beseitigen. Zur Unterstützung der Kriegsschüler ging die II. Abt. Panzerregiment »Kurmark« in das Gefecht. Der Angriff erfolgte überhastet und schlecht vorbereitet. Nach Erreichen des Gebietes Mooshütte auf dem bewaldeten Teil der Höhe gingen die Sowjets ihrerseits zum Gegenangriff über. Die Oberfähnriche mußten sich unter Verlust von 350 Mann auf Podelzig zurückziehen.

Podelzig blieb bis Ende März in deutscher Hand, dann wurden die Stellungen der hier inzwischen verteidigenden 169. und 303. Infanteriedivision überrannt. Das Dorf ging verloren, eine Frontlinie hart westlich Podelzig konnte gehalten werden. Bis zum Beginn der Apriloffensive trat dann an diesem Abschnitt der Oderfront relative Ruhe ein.

2. Anfahrt bis Podelzig wie bei Route 1, vor Ortseingang Podelzig in südöstlicher Richtung nach Klessin, den Höhenweg in nördlicher Richtung nach Wuhden

Klessin und Wuhden sind zwei idyllisch am Ostrand des Reitweiner Sporns gelegene Dörfer. Ersteres erreicht man auf der von Podelzig ausgehenden untergeordneten Straße am südlichsten Ortsausgang. Von Klessin aus reicht der Blick weit in das Odertal und die ehemalige Neumark. Auf einem Flußdampfer reisend, beschrieb Fontane die Landschaft mit den Worten: »Das linke Oderufer ist hügliger und malerisch, das rechte flach und reizlos ... Fluß, Ufer, Fahrt, alles hat norddeutschen Charakter«.

Im Winter 1945 erhielten die hier gelegenen Dörfer eine außerordentliche militärische Bedeutung. Wie der Krieg nach Klessin kam, hielt der damalige Besitzer des Gutes, Otto von Albedyll, in seinem Tagebuch fest:

»... Wir waren jede Nacht unten an der Oder, wo zurückflutende Soldaten in Haufen über das Eis kamen. Sehr oft hatten sie schon keine Waffen mehr. Ein furchtbares Bild. Am Abend des 1. Februar meldete sich ein Major aus Podelzig, der den Auftrag hatte, an der Oder eine Front aufzubauen. Er ließ sich von mir über die Lage orientieren ... Am 3. Februar nachmittags kam mein Schwiegersohn aus Plötzenhof, um sich zu orientieren. Nachts waren schon Panzer durch Wuhden gefahren. Reitwein war bereits von den Russen besetzt und teils auch die Wuhdener Loose. Unsere Nebelwerfer beschossen von der Bahn zwischen Wuhden und Reitwein die Übergänge bei Göritz. Der Versuch, die Russen aus Reitwein wieder hinauszuwerfen, mißglückte.

Abends kamen die ersten Truppen der Division Kurmark in Clessin an. Sie sollten mit Panzern zwischen Clessin und Reitwein das Bruch säubern. Ich warnte davor, da es bereits auf 10 bis 15 cm durchgetaut hatte und die Gleisketten rutschen würden. Die Panzer blieben dann auch stecken. Das Unternehmen mißglückte mit hohen Verlusten ... Es kam ein Bataillon Volkssturm aus München, alte Leute, kaum Waffen und gar nicht ausgebildet. Sie hatten sehr schnell durch Artilleriebeschuß die ersten Verluste am Hang über dem Kirchhof ... In der Nacht fanden im Keller unseres Hauses in Clessin schwere Kämpfe statt. Die Soldaten hatten den Weinkeller geplündert und sich betrunken, so daß die Russen sie überwältigen konnten. Erst Ersatz konnte die Russen herauswerfen, aber die lagen rund um das Gehöft und den Park. Wir konnten von Plötzenhof aus die Kämpfe um Clessin verfolgen ...

23. März, ein herrlicher Frühlingstag. Rege Fliegertätigkeit. 24. März, Clessin wurde endlich aufgegeben. Die restlichen 64 Mann kämpfen sich nachts rückwärts durch. Durch den wiederholten, energischen Einsatz des Oberst Langkeit sind sie gerettet worden ...« (Kreis Lebus. Ein leidgeprüftes Land)

Klessin bildete neben Wuhden eines der Dörfer auf dem Reitweiner Sporn, dessen Besitz für die Behauptung der Höhenrandstellung von größter Wichtigkeit war.

Zu Beginn der Kämpfe sicherte das Volkssturmbataillon Potsdam den Ostrand der Höhe. Da auf diese Weise das Dorf und der Reitweiner Sporn nahezu unverteidigt waren, konnten die ersten Russen bereits am 5. Februar in Klessin eindringen. Vom I. Btl. Panzergrenadierregiment »Kurmark« nochmals zurückgeschlagen, hatten sie dennoch auf der Höhe Fuß gefaßt. In der nächsten Zeit folgten auf Wuhden und Klessin sowjetische Nachtangriffe in Kompanie- und Bataillonsstärke, deutliches Anzeichen für die relative Schwäche des Angreifers, dessen Panzerarmeen nach Pommern in Marsch gesetzt worden waren und dessen übrige Verbände erst zur Oder aufschließen mußten. Zunächst änderte sich der Frontverlauf um die beiden Dörfer wenig. In sowjeti-

Die Oder im Winter

schem Besitz befanden sich der Nordteil des Reitweiner Sporns und ein Teil des Ostrandes.

Das Schloß Klessin, von dem nichts mehr erhalten geblieben ist, befand sich auf einem Plateau unmittelbar am Abhang zum Odertal gelegen, Besitzer war die Familie von Albedyll. Seine exponierte Lage machte es zu einer Schlüsselposition bei den Kämpfen auf dem Reitweiner Sporn. Von hier aus konnten die sowjetischen Übersetzstellen eingesehen werden, daher lenkten vorgeschobene Beobachter von dieser Stelle aus das Feuer der Artillerie. Zu seiner Verteidigung hatten sich Teile des II. Btl. Panzergrenadierregiment »Kurmark« im Schloß eingerichtet. Seine Bedeutung hatte auch die sowjetische Seite erkannt. Sie richtete deshalb alle Anstrengungen darauf, in den Besitz dieser beherrschenden Stellung zu gelangen. Das Gut und Dorf Klessin selbst hielt der rechte Flügel des I. Btl. Panzergrenadierregiment.

Erst zu Märzbeginn, nach dem Verlust von Wuhden, konzentrierten sich die sowjetischen Angriffe völlig auf Klessin. Nach 18tägigem Gefecht, Klessin war bereits zum ersten

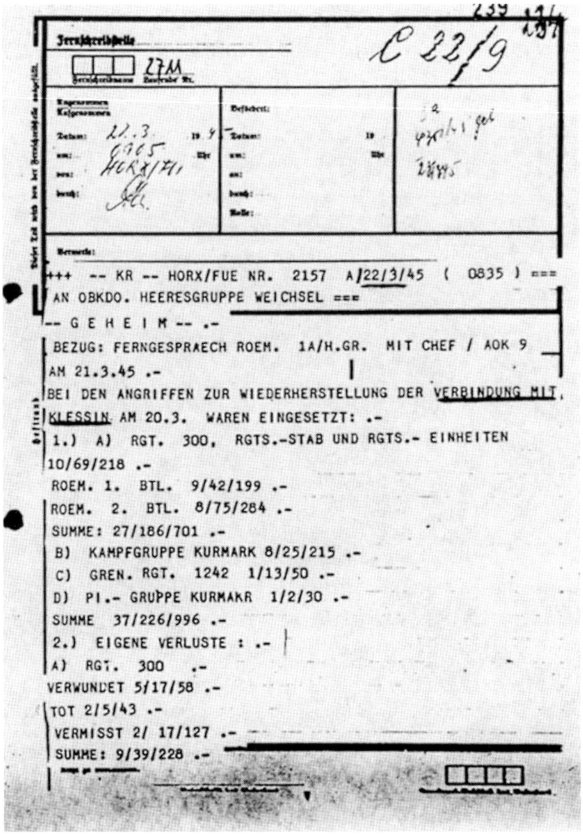

+++ -- KR -- HORX/FUE NR. 2157 A/22/3/45 (0835) ===
AN OBKDO. HEERESGRUPPE WEICHSEL ===
-- G E H E I M -- .-
BEZUG: FERNGESPRAECH ROEM. 1A/H.GR. MIT CHEF / AOK 9
AM 21.3.45 .-
BEI DEN ANGRIFFEN ZUR WIEDERHERSTELLUNG DER VERBINDUNG MIT
KLESSIN AM 20.3. WAREN EINGESETZT: .-
1.) A) RGT. 300, RGTS.-STAB UND RGTS.- EINHEITEN
10/69/218 .-
ROEM. 1. BTL. 9/42/199 .-
ROEM. 2. BTL. 8/75/284 .-
SUMME: 27/186/701 .-
B) KAMPFGRUPPE KURMARK 8/25/215 .-
C) GREN. RGT. 1242 1/13/50 .-
D) PI.- GRUPPE KURMAKR 1/2/30 .-
SUMME 37/226/996 .-
2.) EIGENE VERLUSTE : .-
A) RGT. 300 .-
VERWUNDET 5/17/58 .-
TOT 2/5/43 .-
VERMISST 2/ 17/127 .-
SUMME: 9/39/228 .-

Einsatz- und Verlustzahlen von »Kurmark«

Male eingekreist, gelang einer Kompanie des Infanterieregiments der Kriegsschule Wetzlar der Durchbruch entlang der Straße von Podelzig. Zunächst wurden die nahezu ausgebrannten Verteidiger durch ein Bataillon des Regiments der Kriegsschule Wetzlar abgelöst. Bereits am 7. März wurde das Dorf endgültig von den eigenen Linien abgeschnitten. Von Hitler zur Festung erklärt, sollte es bis zum letzten Mann verteidigt werden. Dank dem Verantwortungsbewußtsein von Oberst Langkeit wurde der Ausbruch befohlen, bevor die Genehmigung hierfür im letzten Augenblick schließlich doch noch kam. Der Rest der Verteidiger, zwischen 70 bis 80 Mann von ursprünglich 400, schlug sich in der Nacht vom 21. zum 22. März zu den eigenen Linien durch. Sie wurden von etwa 40 Soldaten erreicht. Hinter ihnen blieb ein völlig zerstörtes Dorf.

Wuhden wurde wie Klessin infolge der Kämpfe völlig zerstört. Seine Reste sind über den nordwärts aus Klessin füh-

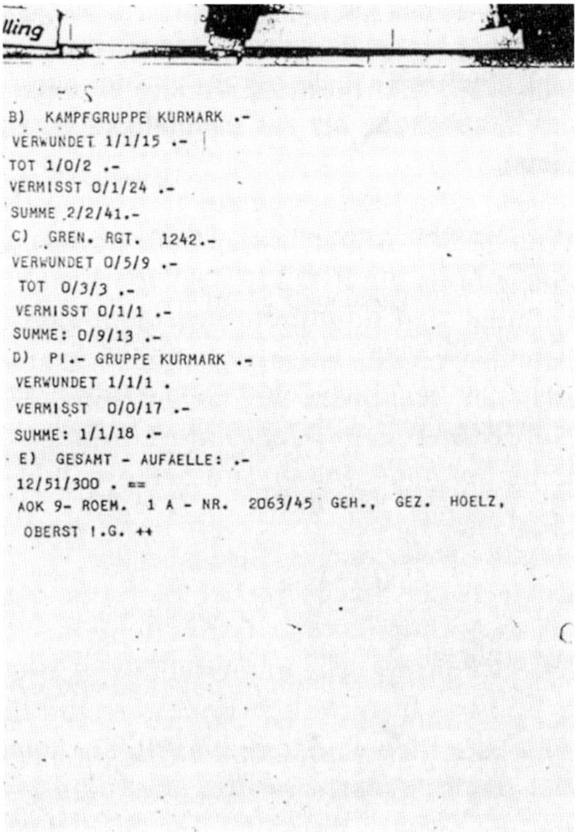

B) KAMPFGRUPPE KURMARK .-
VERWUNDET 1/1/15 .-
TOT 1/0/2 .-
VERMISST 0/1/24 .-
SUMME 2/2/41.-
C) GREN. RGT. 1242.-
VERWUNDET 0/5/9 .-
TOT 0/3/3 .-
VERMISST 0/1/1 .-
SUMME: 0/9/13 .-
D) PI.- GRUPPE KURMARK .-
VERWUNDET 1/1/1 .
VERMISST 0/0/17 .-
SUMME: 1/1/18 .-
E) GESAMT - AUFAELLE: .-
12/51/300 . ==
AOK 9- ROEM. 1 A - NR. 2063/45 GEH., GEZ. HOELZ,
OBERST I.G. ++

renden Wege zu erreichen. Verteidigt vom Feldersatzbataillon »Feldherrnhalle« und Teilen des Regiments der Kriegsschule Wetzlar konnte das Dorf den Februar über gehalten werden. Anfang März hatten die täglichen sowjetischen Angriffe insoweit Erfolg, als die ersten Gehöfte aufgegeben werden mußten. Am 3. März schließlich war das Dorf eingekreist. Ein kurzzeitiges Aufbrechen der Einkreisung änderte wenig an dem weiteren Verlauf der Ereignisse. Wuhden ging am 10. März verloren, die Reste der Verteidiger schlugen sich zu den deutschen Linien durch.

3. Anfahrt wie bei Route 1 und 2, in Podelzig auf der B 112 bleibend, bis hinter Hathenow. Unmittelbar vor Rathstock verläuft in südostwärtiger Richtung die Straße nach Reitwein. Im Dorf auf der Hauptstraße bis zur ehemaligen Wagenfähre vor dem Oderdamm

Wenige 100 Meter hinter dem nördlichen Ausgang von Podelzig führt die B 112 in das Oderbruch. Der eigene Standort befindet sich unmittelbar an dem Punkt, wo die Straße das Bruch erreicht. Etwa von Südost nach Nordwest erstreckt sich der Hang der Seelower Höhe. Rund 5000 Meter im Nordwesten liegt Sachsendorf, in mehr als doppelter Entfernung auf dem Höhenrand Seelow. Von Nordsüd nach Nordost verläuft der Reitweiner Sporn, vor dem Standort erstreckt sich nach Norden das Oderbruch. Unmittelbar ostwärts der Straße verlief bis Rathstock die vorderste Front bis zum Beginn der Großoffensive. Hier hatten die dem XI. SS-Panzerkorps unterstellte 169. Infanteriedivision (nördlich Lebus bis nördlich Podelzig) und die 303. Infanteriedivision (nördlich Podelzig bis Alt Tucheband) ihre Abschnitte. Auf der Gegenseite verlief entlang der Linie Podelzig – Lietzen die Grenze zwischen der 69. Armee und der 8. Gardearmee.

Während der Fahrt von der B 112 in Richtung Reitwein erhebt sich in südostwärtiger Richtung der Reitweiner Sporn mit der Höhe 81. Der Anblick des Höhenzuges, an dessen Fuße und ostwärtigem Abhang Reitwein liegt, vermittelt einen unmittelbaren Eindruck von der beherrschenden Position dieser Erhebung gegenüber dem Bruchgebiet.

Reitwein: Erste schriftliche Erwähnung 1316 als Rutewyn. Auf halber Höhe die von August Stüler, einem Schinkel-Schüler, 1858 erbaute Dorfkirche. Sie wurde während der Kämpfe 1945 zerstört. Nach Sicherungsarbeiten 1988 erfolgt jetzt ihr Wiederaufbau. Auf dem sowjetischen Soldatenfriedhof im Dorf sind 3 000 Gefallene bestattet.

Die durch Reitwein nach Südosten führende Straße endet am Oderufer gegenüber dem ehemaligen Göritz an einer einstigen Wagenfähre. Es ist ein Ort, der mit der preußisch-deutschen Geschichte eng verknüpft ist. An einem Sonntag, es war der 29. Juli 1759, erschienen die mit den Österreichern verbündete Russen vor Frankfurt und bedrohten damit Berlin. Am 10. August schon war Friedrich der Große mit seinem Heer an der Oder. Lassen wir erneut Fontane, den besten Gewährsmann der Geschichte der Mark, sprechen:

»In Reitwein erschien am 10. August die Avantgarde des Königs um eine Schiffsbrücke vom linken auf das rechte Oderufer zu schlagen. Man wählte dazu die Schmälung des Flusses, wo die alte Stadt Göritz, malerisch am Hügelabhang, dem Dorf Reitwein gegenüberliegt. Am 10. abends erschien der König selbst und führte seine Bataillone (sechzig an der Zahl) ans andere Ufer; die Kavallerie ging durch eine Furt. In Göritz aber blieb General Flemming zurück. Zwei Tage später, am Abend des 12., befanden sich die Trümmer der (bei Kunersdorf, d. Verf.) geschlagenen Armee an derselben Furt, an derselben Schiffsbrücke. Aber das Spiel war vertauscht; statt von links nach rechts ging es jetzt von rechts nach links. Die Brücke, die am Abend des 10. von Reitwein nach Göritz vorwärts geführt hatte, führte jetzt, am Abend des 12., von Göritz nach Reitwein zurück.

Der König verbrachte die Nacht, eine Viertelmeile südlich der Schiffsbrücke, im Dorf Ötscher; er schlief auf Stroh in einer verödeten Bauernhütte. Auf dem Rücken des Rittmeisters von Prittwitz, der ihn gerettet, schrieb er mit Bleistift die Worte an den Minister Finckenstein: Alles verloren, retten Sie die königliche Familie; Adieu für immer. Anderntags nahm er Quartier in Reitwein, damals noch den Burgsdorfs gehörig. Hier war es, wo er die berühmte, an den General Finck gerichtete Instruktion aufsetzte, in der er den Prinzen Heinrich zum Generalissimus ernannte und den Willen aussprach, daß die Armee seinem Neffen schwören sollte.«

Anfang 1945 erlangte die »Schmälung des Flusses« bei Reitwein, zu dieser Zeit befand sich dort eine Wagenfähre, erneut militärische Bedeutung (vgl. S. 37). Das hohe Vormarschtempo seiner Truppen nach ihrem Antreten an der Weichsel ausnutzend, befahl Shukow in den letzten Januartagen, bis zur Oder vorzustoßen und diese aus der Bewegung zu nehmen. Es sollten in der Zeit vom 4. bis zum 8. Februar nördlich und südlich Küstrin Brückenköpfe gebildet und vereinigt werden. Infolge des Raumgewinns auf der Westseite der Oder ergab sich die Möglichkeit, den Angriff in Richtung Berlin zu führen und die Stadt bis Mitte des Monats zu nehmen.

Um die Oder schnell zu erreichen, bildeten die sowjetischen Panzerarmeen Vorausabteilungen aus verstärkten Panzerbrigaden, die 30 bis 40 Kilometer vor den Hauptkräften kämpften. Die Vorausabteilungen der allgemeinen Ar-

Blick auf den Reitweiner Sporn von Seelow aus

meen bestanden aus verstärkten motorisierten und gepanzerten Truppen, die bis 60 Kilometer vor den Hauptkräften operierten. Der Vormarsch zielte in der Regel auf Flußabschnitte, an denen Übersetzstellen vorhanden waren. Insofern war ihr Erscheinen bei Göritz kein Zufall.

Nach der Überwindung der Befestigungsanlagen bei Meseritz am 31. Januar erteilte Tschuikow seinem 4. und 28. Gardeschützenkorps den Befehl, im Abschnitt Kietz – Manschnow – Rathstock – Podelzig – Klessin über die Oder zu gehen. Am 2. Februar standen die ersten Soldaten der 8. Gardearmee am östlichen Oderufer zwischen Reitwein und Kietz. Heftige Angriffe der deutschen Luftwaffe und das Fehlen der eignen Luftabwehr zwangen zum Abbruch des Übersetzens. In der Nacht zum 3. Februar konnten dann drei Divisionen (35., 47. und 79. Gardeschützendivision) ohne größere Verluste die Oder überschreiten.

Während die 35. Gardeschützendivision den südlichen Teil von Kietz und das Gelände südwestlich der Küstriner Vorstadt besetzen konnte, gelang es der 47. Gardeschützendivision bis Mittag, fast widerstandslos Neu Manschnow einzunehmen. Als folgenschwer erwies sich ihr unmittelbar anschließendes Vordringen über die Reichsstraße 1 und die Eisenbahnstrecke Küstrin – Seelow, wodurch die Festung von ihren wichtigsten Verbindungen zum eignen Hinterland abgeschnitten wurde. Alle deutschen Versuche Straße und Eisenbahn wieder freizukämpfen schlugen fehl. Bei Reitwein gingen Teile der 57. Gardeschützendivision und des 11. Gardepanzerkorps über den Fluß. Weiter südlich, gegenüber Klessin, bildeten ebenfalls Teile des Panzerkorps sowie die 79. Gardeschützendivision einen Brückenkopf.

Die Führung der 9. Armee hatte dieser Entwicklung im Raum Reitwein zunächst wenig entgegenzusetzen. Die bereits genannten deutschen Verbände in diesem Gebiet waren stützpunktartig verteilt und wurden von einem provisorischen Führungsstab (Divison Raegner) ohne Nachrichtenmittel und andere wesentliche Voraussetzungen geführt. Unter diesen Umständen konnten weder das Reichsarbeitsdienst-Bataillon westlich Göritz, noch das Alarmbataillon in Wuhden das Übersetzen der 8. Gardearmee verhindern.

Das V. SS-Gebirgsarmeekorps, dem der Abschnitt zwischen Frankfurt und Küstrin direkt unterstand, verfügte als einzige Reserve über das I. Btl. Panzergrenadierregiment »Kurmark« und die II. Abt. Panzerregiment »Kurmark«. Zusammen mit den erwähnten Truppen der Division Raegner sollten sie am 4. Februar den Brückenkopf bei Reitwein zerschlagen. Da das Grenadierbataillon und die Panzerabteilung aus Frankfurt herangebracht werden mußten, konnten sie erst Stunden später als die Alarmverbände antreten. Dennoch gelang es, bis auf 2 000 m an den Brückenkopf heranzukommen, dann blieb der gestaffelt geführte, in die Nachtstunden reichende Angriff stecken. Auch der im Bruchgebiet nördlich der Reitweiner Höhe angesetzte Panzerangriff hatte keinen Erfolg. Die Panzer blieben nordwestlich des Dorfes, am Fuße der Höhe (ehemals Gut Reitwein), liegen.

Der mißlungene Angriff am 4. Februar weist auf die verworrenen Befehlsverhältnisse zu dieser Zeit an der Oderfront hin und macht gleichzeitig deutlich, mit welcher Geschwindigkeit sich die sowjetische Seite im Brückenkopf verstärkte. Noch am Vortag war es deutschen Truppen gelungen, bis nach Reitwein vorzustoßen und das Dorf für einen halben Tag zu halten. Allein diese Zeit genügte, um den überrollten Flüchtlingstrecks und den Dorfbewohnern die Flucht hinter die eigenen Linien zu ermöglichen. Dann wurde Reitwein erneut und endgültig von den Truppen Tschuikows genommen.

Unmittelbar nach dem fehlgeschlagenen ersten Angriff übernahm das XI. SS-Panzerkorps unter dem SS-Obergruppenführer und General der Waffen-SS Kleinheisterkamp den Abschnitt vor dem Reitweiner Brückenkopf. Die Befehlsverhältnisse ordneten sich, und so konnte zum Einsatz gegen den Brückenkopf der 8. Gardearmee die gesamte Panzergrenadierdivision »Kurmark« zusammengezogen werden.

In den folgenden Wochen verlagerte sich der Schwerpunkt der Kämpfe auf die Reitweiner Höhe bei Wuhden, Klessin, Podelzig und in den Raum Lebus (vgl. Route 2). Erst Anfang März begannen in der Bruchniederung vor Reitwein erneut verstärkte Kämpfe. Am 2. März griffen die Sowjets nordwestlich Reitwein an. Hier verlief zu diesem Zeitpunkt die Front entlang der Bahnlinie Frankfurt – Küstrin, die kurz vor dem Ortseingang Reitwein passiert wird. Aus einem Nebelschleier heraus führte eine Infanteriedivision, unterstützt von einer Panzerbrigade, das Gefecht. Der südliche Angriffsflügel blieb auf der Ebene ostwärts Hathenow liegen. Hier waren die deutschen Stellungen durch einen Minengürtel derart verstärkt, daß der Angriff stecken blieb. Im Schwerpunkt südostwärts Rathstock gelang es der von Panzern unterstützten sowjetischen Infanterie, die B 112 zu überschreiten und Rathstock zu nehmen. Deutsche Abriegelungsversuche hatten erst ostwärts der Sachsendorfer Loose Erfolg. Hier konnten die gegnerischen Panzer aufgehalten werden. Etwa 800 m südostwärts von Alt Tucheband verlief die neue vorderste Linie. Der nördlichste Flügel des Angriffs erreichte die Brücke über die Alte Oder nordostwärts Herzershof. Auf dieser Linie blieb die Front im wesentlichen bis zu den Vorausangriffen am 14. April stehen.

Die 9. Armee hatte in dem schwierigen Gelände und bei der angespannten Kräftelage die Hauptaufgabe für die Monate Februar/März nicht erfüllen können. Die Sowjets konnten ihre Brückenköpfe halten, sie vergrößern und zu einem einheitlichen Aufmarschraum operativen Ausmaßes ausbauen. Dennoch war es gelungen, die terminlichen Zielvor-

Sowjetische Beobachtungsstelle auf dem Reitweiner Sporn. Blick nach Norden

stellungen des Gegners über den Haufen zu werfen. Erst Ende März hatten die sowjetischen Truppen erreicht, was eigentlich Anfang Februar hätte durchgesetzt werden sollen (vgl. S. 35–44).

4. Anfahrt über Seelow der B 1 folgend bis Manschnow–Küstrin-Kietz–Bleyen–Genschmar–Golzow (wobei der Oderdamm jedoch nur mit Kraftfahrzeugen bis zu 3,5 t befahren werden darf)

Der B 1 folgend wird Küstrin-Kietz erreicht, das bis 1945 ein Teil der Langen Vorstadt des auf dem östlichen Oderufer gelegenen Küstrins war. In der Umgebung befinden sich ehemalige, heute aus Sicherheitsgründen nicht mehr zugängliche Außenforts der bereits vor dem Ersten Weltkrieg aufgehobenen Festung. Die Straßenbrücke ist seit dem November 1992 für PKW und Fußgänger geöffnet und führt in das nunmehr polnische Kostrzyn. Die Lange Vorstadt gehört zu Deutschland, ist aber beiderseits der Grenzübergangsstelle für den Publikumsverkehr nicht freigegeben. Näheres ist in der Gedenkstätte/Museum Seelower Höhen zu erfahren. (Zur Geschichte Küstrins siehe Seite 182f.)

Der Parkplatz vor der Straßenbrücke zum Grenzübergang als Standort ermöglicht einen kleinen Überblick über die örtlichen Gegebenheiten. Unmittelbar nach Osten führend, überquert die B 1 den Vorflutgraben. Parallel zur Straße verläuft die Eisenbahntrasse, nordöstlich sichtbar und bereits auf polnischer Seite der Oder die Schornsteine des Küstriner Zellulosewerkes. In nördlicher Richtung führt, die Eisenbahnlinie überquerend, die Straße nach Bleyen und Kuhbrücken bereits auf dem Oderdamm. Dem aufmerksamen Beobachter entgehen nicht die Reste ehemaliger sowjetischer Behelfsbrücken aus dem Jahre 1945 im Vorflutkanal.

Der in einem Halbkreis zur Oder verlaufende Vorflutgraben macht aus der Langen Vorstadt eine Oderinsel, von deren ehemaligem städtischen Charakter durch die Kriegseinwirkungen nichts mehr zu erkennen ist. Eine Ausnahme bildet die auf dem südlichen Teil gelegene ehemalige Artillerie-Kaserne samt dazu gehörenden Gebäuden. In ihrem Keller befanden sich während der Kämpfe 1945 ein Verbandplatz sowie der letzte Gefechtstand des Festungskommandanten.

Unmittelbar vor der Straßen- und Eisenbahnbrücke verläuft in nördliche Richtung die Route auf dem Oderdamm. Hier verlief 1945 die letzte Stellungslinie der Verteidiger Küstrins, und hier sammelten sie sich zu dem nur zum Teil gelungenen Ausbruch.

Durch einen Angriff der 8. Gardearmee nach Norden und der 5. Stoßarmee nach Süden wurde am 4. Februar Küstrin erstmals eingeschlossen. Der 21. Panzerdivision gelang es in den Kämpfen vom 7. bis zum 9. Februar, den Ring um Küstrin zu sprengen und einen etwa 6 Kilometer langen Weg in die Stadt zu öffnen. Der 2 bis 3 Kilometer breite Korridor begann in seinem Südabschnitt bei Gorgast und reichte bis Kietz. Über ihn erfolgte zwischen dem 19. und 23. Februar die Evakuierung der Küstriner Bevölkerung. Bemühungen der sowjetischen Seite, die Straße zu sperren, schlugen anfänglich fehl. Ein Angriff von drei Regimentern der 8. Gardearmee am 6. März auf Kietz führte zur Einnahme des Küstriner Vorortes. Die Vorflutbrücke in die Lange Vorstadt konnte jedoch gehalten werden. Eine bedrohliche Lageentwicklung am 10. und 11. März wurde durch deutsche Gegenangriffe bereinigt.

Am 22. März begann der Sturm auf Küstrin mit Kräften der beiden vor der Stadt aufmarschierten sowjetischen Ar-

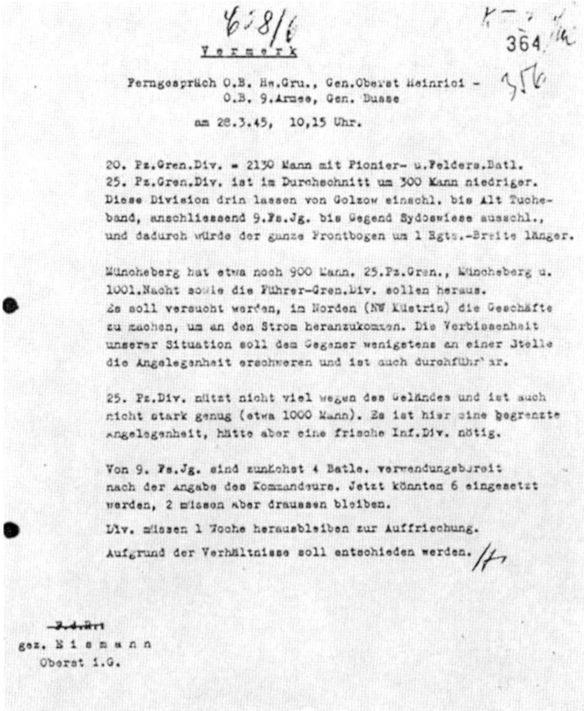

6/8/6 364 356

Vermerk

Ferngespräch O.B. Hs.Gru., Gen.Oberst Heinrici – O.B. 9.Armee, Gen. Busse

am 28.3.45, 10,15 Uhr.

20. Pz.Gren.Div. = 2130 Mann mit Pionier- u.Felders.Batl.
25. Pz.Gren.Div. ist im Durchschnitt um 300 Mann niedriger. Diese Division drin lassen von Golzow einschl. bis Alt Tucheband, anschliessend 9.Fs.Jg. bis Gegend Sydowswiese ausschl., und dadurch würde der ganze Frontbogen um 1 Rgts.-Breite länger.

Müncheberg hat etwa noch 900 Mann. 25.Pz.Gren., Müncheberg u. 1001.Nacht sowie die Führer-Gren.Div. sollen heraus.
Es soll versucht werden, im Norden (NW Küstrin) die Geschäfte zu machen, um an den Strom heranzukommen. Die Verbissenheit unserer Situation soll dem Gegner wenigstens an einer Stelle die Angelegenheit erschweren und ist auch durchführbar.

25. Pz.Div. nützt nicht viel wegen des Geländes und ist auch nicht stark genug (etwa 1000 Mann). Es ist hier eine begrenzte Angelegenheit, hätte aber eine frische Inf.Div. nötig.

Von 9. Fs.Jg. sind zunächst 4 Batle. verwendungsbereit nach der Angabe des Kommandeurs. Jetzt könnten 6 eingesetzt werden, 2 müssen aber draussen bleiben.

Div. müssen 1 Woche herausbleiben zur Auffrischung.

Aufgrund der Verhältnisse soll entschieden werden.

gez. Eismann
Oberst i.G.

Eingesetzte Verbände beim Entsatzversuch von Küstrin

meen (vgl. S. 39 f.). Die 5. Stoßarmee griff aus Norden mit der verstärkten 60. und 295. Schützendivision des 32. Schützenkorps mit Schwerpunkt Golzow an. Ein Nebenangriff des 1373. Schützenregiments (416. Schützendivision) zielte aus dem Raum Alt Bleyen auf Gorgast und auf die Einnahme des Abschnitts Genschmar – Kuhbrückenvorstadt.

Im Schwerpunkt des aus Süden vorgetragenen Angriffs der 8. Gardearmee trat das 4. Gardeschützenkorps (47. und 57. Gardeschützendivision) mit dem Schwerpunkt Golzow an. In der Nebenrichtung zielte der Angriff auf die völlige Inbesitznahme von Kietz und den Vorflutgraben. Am Nachmittag des 22. vereinigten sich die 295. Schützendivision und die 47. Gardeschützendivision an der Försterbrücke nördlich Gorgast. Küstrin war endgültig eingeschlossen.

Die Kämpfe in und um die Schlauchstellung bzw. um die Öffnung eines Zuganges nach Küstrin hielten bis zum 27. März an. Eine gepanzerte Kampfgruppe der 25. Panzergrenadierdivision konnte in der Nacht vom 23. zum 24. bis nach Gorgast vordringen und näherte sich damit Küstrin bis auf 3 km, die Stadt erreichte sie nicht. Weitere Versuche, die

Kaserne des I. Artillerieregiments 39 in Küstrin-Kietz. Aufnahme vom September 1991

Eingeschlossenen zu entsetzen, hatten ebenso wenig Erfolg. Die Altstadt von Küstrin wurde am 29. März nach der am Vortag erfolgten überhasteten Räumung gestürmt. Im Keller der vom Oderdamm gut sichtbaren Artilleriekaserne beschloß der Festungskommandant – entgegen dem »Führerbefehl« – auszubrechen.

Das Ende in Küstrin und den Ausbruchsversuch schildert ein ROB-Gefreiter des Füsilierbataillons 303 der 303. Infanteriedivision:

»Wir lösten Einheiten der 25. Panzergrenadierdivision ab und bezogen (in der Nacht vom 19. zum 20. März, d. Vf.) im Raum des Gutes Alt Bleyen Stelllung. Bataillonsgefechtsstand und Verbandsplatz wurden im Gut eingerichtet. ... Die Kompanie selbst übernahm die ausgebauten Schützengräben direkt vor dem Gut mit Schußrichtung Schäferei – Alt Bleyen. ... Vor den Stellungen begann die Ackerfläche, die sich bis zur Schäferei im Westen und bis nach Gorgast im Südwesten hinzog. Weit im Süden, in Richtung auf die Bahnlinie, begrenzte eine Baumreihe unseren Blick. Das Gelände war völlig eben und gut einzusehen. ... Am Morgen des Donnerstag, dem 22. März 1945, begann dann auch der zweite russische Großangriff auf Küstrin mit einer starken Artillerievorbereitung. ... Bei uns fiel kein Schuß. Wir hatten Feuerverbot erhalten. Das Zentrum der Schlauchstellung sollte solange als möglich Schweigestellung bleiben. ...Erst am Freitagnachmittag traten die Russen ohne Aufklärung und ohne Artillerie- oder Panzerunterstützung gegen uns zum Angriff an. Sie kamen aus der Richtung Bahnlinie Gorgast – Kietz in breiter Schützenkette, von Mann zu Mann einige Metern Abstand, das Gewehr oder die Maschinenpistole im Arm haltend. ... Doch die sowjetische Infanterie begann erst dann sprungweise vorzugehen, als unsere im Raum Seelow stationierte Festungsartillerie in den Kampf eingriff. Lediglich vor uns grub sie sich sofort ein, als sie unter den direkten Beschuß der Achtacht geriet. ... In der Nacht zum Sonnabend leuchteten von Küstrin her wieder Brände. Im Südwesten versuchten deutsche Truppen, den Einschließungsring aufzubrechen. Hinter einer starken Feuerwalze drängten sie die sowjetische Front zurück und begannen in den tiefen Nachtstunden

Sowjetische Karte zu den Kämpfen um Küstrin

den Kampf um Gorgast. Hier aber wurden sie zum Stehen gebracht und kurze Zeit darauf von der Roten Armee wieder nach Westen zurückgeworfen.

Für meine Kameraden und mich bildete dieser Fehlschlag eine große Enttäuschung. Ich hatte mit meiner Gruppe die südwestliche Spitze des Küstriner Kessel markiert und in ungefähr drei Kilometer Entfernung das Feuer unserer Entsatztruppen gesehen. ... An diesem Montagmorgen setzten die Einheiten der Roten Armee zum konzentrischen Angriff auf den Gutsbereich Alt Bleyen an. Katjuschas eröffneten das Feuer, in das Geschütze und Granatwerfer einfielen. Der Feuerschlag war so stark, daß wir die nur 75 m entfernte Flakstellung nicht mehr sehen konnten. ... Die gegen die Flakstellung antretenden Angreifer wurden von der 8,8-cm-Flak aus kürzester Entfernung im direkten Richten niedergehalten. Außerdem schickte uns der Bataillonskommandeur die drei Sturmgeschütze zur Unterstützung. Sie fuhren bis in die sowjetischen Schützenmulden und drehten dort. Wer unter ihnen lag wurde zermalmt. ... Hier, zwischen den parallelen Dammstraßen bis zur südlichen Ortslage Alt Bleyen verteidigten sich ein Panzergrenadierbataillon der Panzerdivision Müncheberg und eine ROB-Kompanie mit einer weiteren zum Erdkampf eingebauten 8,8-cm-Flak gegen von Norden mit Panzerunterstützung geführte Angriffe des Gegners. Am Nachmittag gelang den Angreifern der Durchbruch zum Südrand von Neu Bleyen. Am Abend standen neun abgeschossene Feindpanzer im Gelände, die ROB zählten nur noch wenige Mann, die Achtacht unbrauchbar geworden, und die Russen hatten die Nordseite der Dammstraße vom Gut nach Kuhbrücken erreicht. ... Eine halbe Stunde später erhielt ich bei einem kurzem Feuerwechsel einen Bruststeckschuß. ... Es gelang den Resten des Füsilierbataillons 303, sich in der Nacht auf Kuhbrücken zurückzuziehen, allerdings unter Zurücklassung der schweren Waffen einschließlich der drei Sturmgeschütze. Zusammen mit den Resten anderer Einheiten bezogen sie hier als Kampfgruppe Quetz neue Stellungen. ... Um die Angreifer von der Dammstraße fernzuhalten, mußte sich Nachts der Gruppenführer mit seiner Gruppe auf der dem Gegner zugewandten Dammseite eingraben; ohne Verbindung nach hinten. Als die Russen sie am nächsten Tag entdeckten, nahmen sie jedes einzelne Panzerdeckungsloch mit einer Pak so lange unter direkten Beschuß, bis es eingeebnet war. ... Am Morgen des Gründonnerstag begann erneut der sowjetische Beschuß und dauerte bis zum späten Nachmittag.

Dann erfolgte der stundenlang erwartete russische Sturmangriff. ... Noch einmal erwies sich eine verzweifelte deutsche Abwehr als stärker und warf die Angreifer zurück, teilweise jedoch nur bis zur anderen Dammseite. ... In der Nacht hieß es plötzlich: Raustreten zum Durchbruch! Es war stockfinster. ... Der Gegner bemerkte sofort, daß man sich deutscherseits an der Dammstraße zum Ausbruch formierte, und begann einen pausenlosen Beschuß, vor allem mit Granatwerfern. ... Als Heinz Buder und ich die Ausbruchsstelle erreichten, war gerade der zweite Durchbruchsversuch fehlgeschlagen.« (siehe Karte S. 262/263)

Haus ostwärts Golzow, in dem sich der Gefechtsstand des Panzergrenadierregiments 90 befand

Die Fahrt auf dem Oderdamm bietet die Aussicht auf die Oderlandschaft mit ihrer vielfältigen Flora und Fauna. An dem Wegweiser nach Genschmar verlassen Sie den Oderdamm und begeben sich über Genschmar nach Golzow.

Jetzt durchqueren Sie ein Gelände, daß Schauplatz der letzten Entsatzversuche der Festung Küstrin durch die 9. Armee gewesen war. Nach der Einschließung der Festung bestanden gegensätzliche Auffassungen über das weitere Vorgehen zwischen der Front (Heeresgruppe und AOK) und der Führung in Berlin. Heinrici war dafür, den Ausbruch der Festungbesatzung zu erleichtern und einen begrenzten Angriff gegen den Brückenkopf im Abschnitt Kienitz – Groß Neuendorf zu führen. Hitler, noch immer auf ein offensives Vorgehen auf dem Ostufer der Oder hoffend, bestand auf dem Entsatz Küstrins, da die Festung das Ziel des vorgesehenen Angriffs aus dem Brückenkopf Frankfurt bildete.

Den Entsatz Küstrins sollte das XXXIX. Panzerkorps mit der Panzerdivision »Müncheberg«, der Führer-Grenadierdivision, der Kampfgruppe »1001 Nacht« sowie der 20. und 25. Panzergrenadierdivision vornehmen. Die im Zentrum stehende 20. Panzergrenadierdivision und die Führer-Grenadierdivision hatten die Aufgabe, bis zur Festung durchzustoßen. Die links und rechts eingesetzten Kräfte sollten den

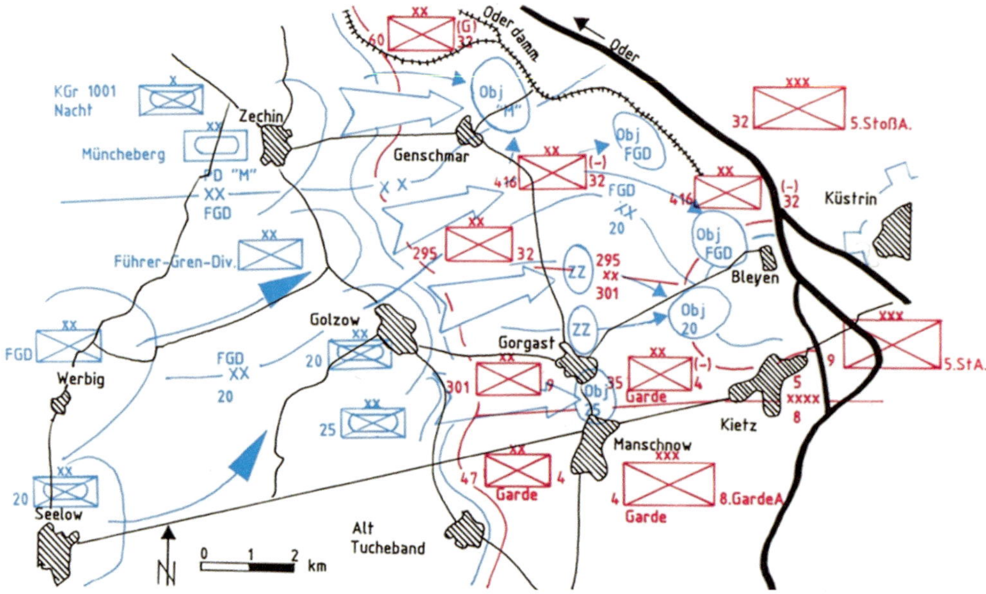

Plan des Entsatzes Küstrins durch das XXXIX. Panzerkorps am 26. März 1945

gewonnenen Raum bis zur Linie Kalenziger Wiesen – Kalenziger Bunst – Oderdamm – Neu Bleyen sowie Küstrin – Eisenbahnlinie Küstrin – Werbig erweitern. Eine Aufgabenstellung, welche die vorhandenen Kräfte bei weitem überstieg, wie die folgenden Gefechte zeigen sollten.

Auf sowjetischer Seite verteidigten die 47. Gardeschützendivision (4. Gardeschützenkorps) sowie die 295. und die 60. Schützendivision (32. Schützenkorps).

Zwischen dem Punkt westlich Wilhelminenhof, wo die Straße nach Golzow in südlicher Richtung abbiegt, liegt vorwärts des Genschmaer Sees, in dem Dreieck zwischen Henriettenhof – Genschmar, das Gefechtsfeld der Kampfgruppe »1001 Nacht«. Sie trat hier am 27. März, morgens um 2.00 Uhr, mit drei Schützenkompanien des Marschregiments 2 (Gefechtsstärke 390 Mann) und 49 Jagdpanzern 38 der SS-Panzerjägerabteilung 560 mit dem Ziel Genschmar an. Zunächst fielen die Funkgeräte bei den Schützenkompanien aus. Die Verbindung mußte durch Melder aufrechterhalten werden. Starke Widerstandsnester in Gehöften südlich und südöstlich der Genschmarer Loose mußten ausgespart werden. Dann gerieten die vorgehenden Schützen in Abwehrfeuer des Gegners aus Henriettenhof, Wilhelminenhof sowie von der Südspitze des Genschmarer Sees. Das schwere Gelände behinderte die Jagdpanzer so stark, daß die Infanterie die Hauptlast des Gefechts ohne ihre Unterstützung tragen mußte. Bis zur Morgendämmerung war der Angriff über den Bach westlich Genschmar bis an den Ortsrand gedrungen. Doch nun feuerten sowjetische Panzer aus dem Dorf und Henriettenhof auf die im deckungslosen Gelände befindlichen Soldaten. Der Rest der bis hier vorgedrungenen Infanterie, 15 Mann, mußte sich schließlich über den Bach zurückziehen. Dem nun einsetzenden flankierenden Feuer von Artillerie und aus gepanzerten Fahrzeugen hatte die Kampfgruppe nichts entgegenzusetzen. Am Ende des Gefechts betrug die Kampfstärke der Kompanien noch 40 Mann. Neun Offiziere sowie 378 Unteroffiziere und Soldaten waren tot oder verwundet. Von den im Gefecht eingesetzten Jagdpanzern waren 5 total und 20 beschädigt ausgefallen.

An der von Golzow über Wilhelminenhof nach Genschmar verlaufenden Straße westlich der Alten Oder führte in jener Nacht das Pz. Gren. Rgt. 90 (s. Karte S. 261) einen Angriff zum Entsatz von Küstrin. Unmittelbar westlich der Brücke über die Alte Oder und südlich der Straße liegt vor

Feldpost-Einschreibebrief vom I. Grenadierregiment 745 der 712. Infanteriedivision

dem Auge des Betrachters das Gefechtsfeld. Es wird im Norden von der Alten Oder begrenzt, im Südosten liegt Gorgast, im Westen stehen die ersten Häuser von Golzow. Wie F.R. Averdieck schildert, hatte das Regiment die Aufgabe, aus Golzow hart westlich der Alten Oder vorzugehen, 1 Kilometer nordwestlich Gorgast nach Süden einzudrehen und das Dorf einzunehmen. Den Hauptstoß sollte das II. Bataillon führen. Es hatte westlich der Brücke über die Alte Oder bis etwa 500 Meter nordöstlich Golzow vorzugehen und sich dann zur Fortsetzung des Angriffs nach Südosten auf Gorgast neu zu gliedern. Das I. Bataillon folgte rechts gestaffelt. Das III. Bataillon, durch einen vorhergehenden Angriff südlich Seelow stark mitgenommen, blieb westlich Golzow in Reserve. Dem Regiment wurde die II. Abteilung des Artillerieregiments 20 zugeteilt, ebenso kam eine Abteilung »Tiger« in seinem Abschnitt zum Einsatz. Für die Vorbereitung des Angriffs waren 1 000 Schuß der kostbaren Artilleriemunition freigegeben. Er erfolgte wegen der gegnerischen Luftherrschaft nachts. Der Regimentsgefechtsstand befand sich im Keller des noch heute stehenden Hauses an der nördlichen Straßenseite des östlichen Ortsausganges von Golzow.

Um 24.00 Uhr waren die Bereitstellungsräume eingenommen. Am 27. März um 3.00 Uhr begann eine etwa einstündige Artillerievorbereitung. Der Angriff der Panzer und Grenadiere überschritt relativ rasch die erste Linie, geriet jedoch am Punkt 11,5 ins Stocken. Kompliziert war auch die Lage der links vorgehenden Kompanien, da sie starkes Flankenfeuer von jenseits der Alten Oder erhielten. Von den »Tigern« fuhren drei auf Minen, andere hatten sich in dem weichen Untergrund festgefahren. Im heftigen Sperrfeuer des Gegners blieb der Angriff liegen. Bis in die Morgenstunden wechselten Angriff mit Gegenangriff. Bei Hellwerden griff die Rote Luftwaffe in die Kämpfe ein. Die steckengebliebenen Panzer zogen das gegnerische Artilleriefeuer auf sich, worunter die auf der deckungslosen Fläche ausharrende Infanterie besonders zu leiden hatte. Nach einem Bombenangriff gerieten die auf dem Feld nur dürftig eingegrabenen Grenadiere in Panik. Sie erhoben sich und verließen die Stellungen. Auf der Höhe des Gefechtsstandes aufgehalten, führte sie der Regimentskommandeur persönlich wieder nach vorn. Da der Gegner nicht nachgestoßen war, konnten die alten Linien wieder eingenommen werden. Heftige Bom-

Abschrift aus meinem Notizbuch über die Verluste
der 11.Kp./Pz.Gren.Rgt.76 am 27.3.1945 ostwärts Golzow

Uffz.	Lenz	IG Kopf gefallen
Ogefr.	Blender	IG Kopf "
Gren.	Matthes	IG Kopf "
Gefr.	Lohmann	?
Gefr.	Brüchmann	?
Gren.	Wolff	Bombensplitter re.Oberarm
Gefr.	Henker	AG Kopf - gefallen ? -
Gefr.	Graul	IG Kopf Tr.
Uffz.	Funke	AG li.Brust, Lunge, Rippen
Gefr.	Ebert	IG Kopf - gefallen -
Gren.	Greulich	IG re.Lunge
Gren.	Stauffer	IG Bauch - gefallen ? -
Gefr.	Koslowski	AG li.Hand
Gefr.	Merkel	?
Fw.	Otto	AG li.Oberschenkel, li.Schulter TR.
Uffz.	Hartkopf	IG Lippe Tr.
Ogefr.	Lange	AG re.Hand

17

Kopie einer Originalskizze im Notizbuch
an Ort und Stelle angefertigt:

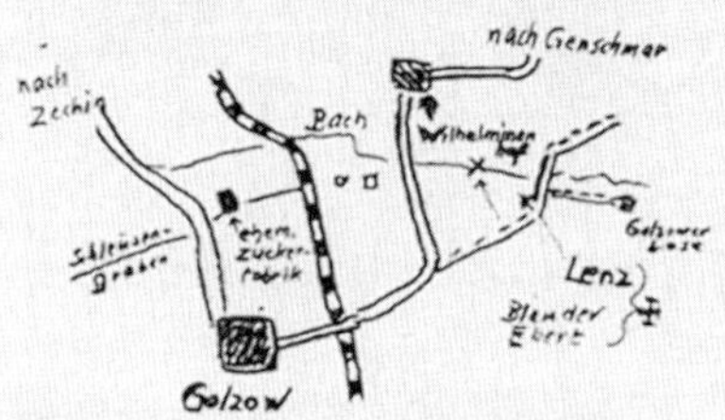

IG = Infanteriegeschioß
AG = Artilleriegeschoß
Tr. = bei der Truppe verblieben

rot unterstrichen = siehe Briefe von Angehörigen

Verlustliste und Gefechtsskizze zu den Kämpfen bei Golzow aus dem Besitz des ehemaligen Hauptfeldwebels Römer im Panzergrenadierregiment 76

benangriffe auf Golzow zwangen zur Zurückverlegung des Regimentsgefechtsstandes um 1 Kilometer.

In der Nacht vom 28. zum 29. März konnten die »Tiger« geborgen werden. Damit war ein weiterer Teil des Entsatzversuchs von Küstrin beendet. Hohe Verluste und eine angeschlagene Moral im Regiment waren die Folge.

Während die Ausfälle des Panzergrenadierregiments 90 nicht überliefert sind, ist vom Schwesterregiment bekannt, daß es, ebenfalls an den Nachtangriffen beteiligt, hierbei allein 800 Mann verlor. Unersetzlich waren die Ausfälle an Führungspersonal.

Das Panzergrenadierregiment 90 bekam nach den gescheiterten Entsatzversuchen seinem Kommandeur von Lösecke zufolge (zit. nach: F. R. Averdieck) »den Auftrag, die Stellung auszubauen. Mit dem rechten Flügel liegen wir hart nordwestlich der Heimstättensiedlung. Nordostwärts führend, lehnt sie sich an die Gehöfte, die in der Angriffsnacht

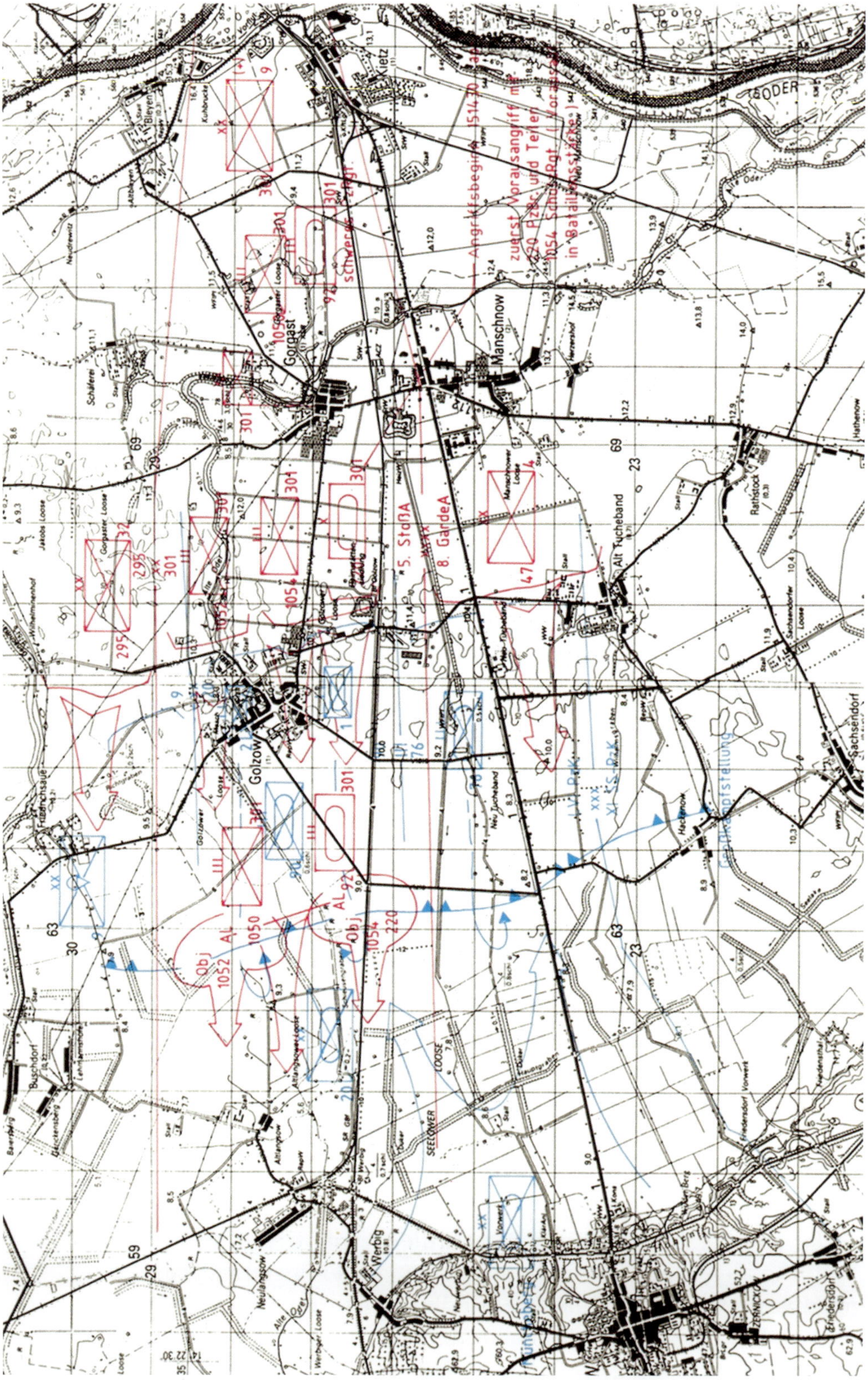

Vorausangriffe im Raum Seelow

so hart umkämpft waren, aus denen der Feind aber dann schließlich weichen mußte. Dann springt sie in nordwestlicher Richtung auf das Gehöft an der Brücke (500 m nordostwärts Haltepunkt Golzow) zurück. Das I. Bataillon liegt im rechten, das II. im linken Teil des Abschnitts.« Es blieb jedoch nicht die letzte Stellung des Regiments 90 vor Beginn der Großoffensive.

Der Hauptstraße durch Golzow in südlicher Richtung folgend, überquert die Route die Eisenbahnlinie nach Küstrin und erreicht die B 1. Hier befand sich der Abschnitt der bei den Entsatzversuchen eingesetzten 25. Panzergrenadierdivision. Bereits am 22. März alarmiert, griff das Regiment 35 gegen 18.00 Uhr beiderseits der ehemaligen Reichsstraße 1 auf Tucheband und das Regiment 119 beiderseits der Eisenbahnlinie auf den Bahnhof Golzow an. Obwohl das Tagesziel erreicht wurde, war die Division gezwungen, am folgenden Tag heftige Gegenangriffe der Sowjets abzuschlagen. Ein erneuter Versuch der gepanzerten Kampfgruppe in der ersten Stunde des 24. März auf Gorgast mußte abgebrochen werden.

Die vom Oderbruch auf den Höhenrand führende Straße lag 1945 in dem von der 20. Panzergrenadierdivision verteidigten Abschnitt der 9. Armee. Rechts lag (vom Verteidiger aus gesehen) das hamburgische Panzergrenadierregiment 76, links das Schwesterregiment 90. Etwa 2500 Meter vor dem Anstieg der B 1 wird der Hauptgraben passiert. An ihm scheiterte der Angriff der 8. Gardearmee am 16. April 1945. Unmittelbar am Fuße des Höhenrandes liegt die als Panzergraben wirkende Eisenbahnlinie Frankfurt a. O. – Bad Freienwalde.

5. Anfahrt bis Seelow auf der B 1. Der Straße bis Manschnow folgend, hier auf die B 112 nach Rathstock abbiegen. In Rathstock führt eine untergeordnete Straße in westlicher Richtung nach Sachsendorf – Dolgelin – Lietzen

Bei der Einfahrt nach Seelow passieren Sie die Stelle, an der sich bei Kriegsende der Gutshof befand. Hier hatte das Panzergrenadierregiment 76 seinen Gefechtsstand. Unmittelbar nach den ersten Häusern der westlichen Stadteinfahrt gelangt man über eine nordwestlich führende Nebenstraße (Görlsdorfer Weg) auf den Seelower Stadtfriedhof. Dort sind mehr als 750 gefallene deutsche Soldaten beigesetzt, vorwiegend aus den Wochen vor Beginn der Offensive am 16. April. Am östlichen Stadtausgang überquert die B 1 die durch einen Hohlweg führende Eisenbahnlinie Frankfurt – Bad Freienwalde. Sie bildete, wie erwähnt, im April 1945, nachdem die Brücke von den Verteidigern gesprengt worden war, ein nicht passierbares Panzerhindernis. Nördlich der Straße, bereits am Fuße des Höhenzuges, befindet sich der Bahnhof Seelow. Er und die nordöstlich gelegenen Häuser der Stadt waren die ersten von der Roten Armee eingenommenen Teile Seelows. Südlich der B 1, auf dem ehemaligen Verschönerungsberg, die Gedenkstätte/Museum Seelower Höhen.

Etwa 2 500 m vom Stadtrand enfernt verläuft links und rechts der B 1 der Hauptgraben. Es ist jener Wasserlauf, vor dem am 16. April die Divisionen des 4. Gardeschützen- und 11. Panzerkorps der 8. Gardearmee Tschuikows sowie das 11. Gardepanzerkorps liegen geblieben waren. Auf der nach Manschnow führenden Straße ereignete sich als Folge des vorzeitigen Einführens von Teilen der Panzerarmee das bekannte Desaster für den Angreifer (vgl. S. 78 f.). An die wenigen festen Straßen in Richtung Höhe gebunden, bildeten sie massenweise Ziele für die deutsche Panzerabwehr, vor allem für die 8,8-cm-Flak und erlitten außerordentlich hohe Verluste.

Manschnow, erstmals 1336 urkundlich erwähnt, befand sich Ende März 1945 in sowjetischer Hand. Vor Beginn der Offensive verlief die HKL, von Rathstock nordwestlich abbiegend, einige 100 Meter westlich des Dorfes zwischen Gorgast und Golzow.

In Manschnow wird die B 1 in südlicher Richtung auf der B 112 verlassen. Dieses Stück der Straße befand sich bereits hinter der sowjetischen Front. Rathstock, in dem die Route in westlicher Richtung abbiegt und nach Sachsendorf führt, befand sich seit dem März-Angriff in sowjetischem Besitz. Von hier aus verläuft der Weg in Richtung des Angriffs der 8. Gardearmee. Wir befinden uns auf dem linken Flügel der Armee Tschuikows, die Grenze zur benachbarten 69. Armee erstreckte sich entlang der Linie Podelzig – Lietzen.

Daher hatte die 169. Infanteriedivision bei Beginn der Vorangriffe gegen die Truppen des rechten Flügels der 69. Armee (25. Schützenkorps mit 4. und 77. Schützendivision) und des äußersten linken der 8. Gardearmee (88. Gardeschützen-

Reste deutscher Stellungen im Abschnitt der 169. Infanteriedivision

division des 28. Gardeschützenkorps) zu kämpfen. Der deutschen 303. Infanteriedivision, deren Abschnitt wir uns auf der Straße nach Sachsendorf nähern, standen Teile des 28. Gardeschützenkorps sowie Teile des 29. Gardeschützen- und 11. Gardepanzerkorps gegenüber.

Während der Vorausangriffe am 14. April gingen Bataillone und Kompanien beider deutscher Divisionen von Panzern unterstützt zu Gegenangriffen vor und konnten einzelne Stellungsabschnitte wieder zurückgewinnen. (Vgl. Shukows Gefechtsbericht vom 17. April, im Anhang S. 223ff.) Doch verlor die 303. Infanteriedivision, die dem stärkeren Druck ausgesetzt war, das Lehngut Hathenow. Alt Tucheband wurde von den deutschen Vorposten geräumt.

Am 16. April gehörte der Raum Sachsendorf – Dolgelin zu den Brennpunkten des Kampfes. Vom Standort südlich der Straße Dolgelin – Sachsendorf eröffnet sich vom Hang der Seelower Höhe ein Blick auf das Gefechtsfeld im Bruch.

Deutscher Soldatenfriedhof bei Lietzen

Während im Schwerpunkt des Angriffs der 8. Gardearmee beiderseits der Reichsstraße 1 an diesem Tage die sowjetischen Verbände vor dem Hauptgraben liegen blieben, erzielte der Angreifer entlang der Straße nach Dolgelin Geländegewinne. Nach Einnahme des Bahnhofs Dolgelin schwenkten die sowjetischen Panzer nach Norden ein, um die Höhenstellung entlang der Eisenbahn Frankfurt – Bad Freienwalde aufzurollen. Teile des Panzergrenadierregiments »Kurmark« und die 1. SS-Panzerabteilung 502 traten, eilig herbeigerufen, zum Gegenangriff an. Der Einbruch wurde bereinigt und die ernsthafte Krise gemeistert. Nach Tieke drang der Gegenangriff sogar bis an die Eisenbahnlinie Seelow – Küstrin vor. Gemeint ist vermutlich eine heute nicht mehr existierende Nebenstrecke, die über Dolgelin – Sachsendorf – Alt Tucheband zum Bahnhof Golzow führte und von dort Anschluß nach Küstrin hatte.

Den Charakter der Kämpfe kennzeichnend, nannte der Chef des Stabes der 9. Armee, Oberst i. G. Hölz, die Höhenstufe südostwärts Seelow eine der »Hauptdruckstellen«. Auch noch am 17. April konnten die 303. Infanteriedivision sowie das südlich eingeschobene II. Btl. Panzergrenadierregiment »Kurmark« die Stellung beiderseits Dolgelin halten. Am Abend des Tages meldete die Heeresgruppe an das OKH: »Am linken Flügel des XI. SS-Panzerkorps wurde die Höhenstellung gegen zahlreiche Feindangriffe am Vormittag gehalten. Gegen Mittag gelang es überlegenem Feind, nach dreiviertelstündigem Trommelfeuer, unsere Stellung auf breiter Front zu durchbrechen. Nach wechselvollen Kämpfen konnte der Feind in Libbenichen eindringen. Aus Dolgelin und Friedersdorf nach Südwesten angreifender Feind wurde durch Gegenangriffe der Panzergrenadierdivision ›Kurmark‹ aufgefangen und bis zur Ortsmitte Dolgelin und westlich Friedersdorf zurückgeworfen.«

Am folgenden Tag, dem 18. April, ging die Höhenstufe auch im Raum Dolgelin verloren. Bis zum Abend konnten Teile der II. Panzergrenadierdivison »Kurmark« das Dorf noch halten. Links und rechts von Dolgelin waren dagegen die Stellungen an mehreren Abschnitten bereits durchbrochen. Etwa auf der Linie Diedersdorf – Neuentempel – Lietzen wurde der Versuch gemacht, erneut zu halten. Hierher schlugen sich auch abgeschnittene Teile der 303. Infanteriedivision und von »Kurmark« durch. Doch ging auch diese Linie verloren, die hier stehenden Divisionen zogen sich erst auf die Autobahn Frankfurt – Berlin, dann zur Spree zurück.

28. August 1993. Gedenkstunde in Lietzen anläßlich der Umbettung gefallener deutscher Soldaten

Kämpfe auf der Straße nach Letschin

Der Straße Doleglin – Lietzen folgend, erreicht man unmittelbar vor Lietzen einen deutschen Soldatenfriedhof. Er stammt aus der Zeit der Brückenkopfkämpfe. Gegenwärtig wird die Anlage erweitert. Es werden hier die Gebeine Gefallener aus Einzelgräbern zugebettet.

6. A 10 (Abfahrt Berlin-Hellersdorf) – entlang der B 1 über Rüdersdorf – Müncheberg – Jahnsfelde – Diedersdorf nach Seelow – Gusow – Letschin – Kienitz

Die Fahrt führt nach Verlassen der Autobahn über die klassische, in die östlichen Provinzen Preußens führende Route. Um 1802 trassiert, bekam die Straße wie die übrigen Kunststraßen in Preußen Meilensteine, die die Entfernung nach Berlin anzeigten. Die spätere Reichsstraße 1 verband einstmals Aachen mit Königsberg in Ostpreußen. Sie bildete im April 1945 die Achse des Schwerpunktes der sowjetischen Offensive in das Innere des Landes und zur Eroberung Berlins.

Rüdersdorf: Das seit dem 14. Jh. bekannte Dorf gehörte ursprünglich zum Besitz des Klosters Zinna. Bereits dessen Mönche ließen hier Kalksteine brechen. Vor allem seit dem 19. Jh. wurde Rüdersdorf zu einem Zentrum der Kalksteingewinnung und Zementindustrie, deren Hauptabnehmer Berlin war. Die Kalkbrüche sind eine geologische Fundstätte überregionaler Bedeutung.

Die mit herrlichen Alleebäumen bestandene Chaussee führt heute zum Grenzübergang nach Polen bei Küstrin-Kietz. An ihr befinden sich Chausseehäuser bei Neubodengrün, etwa 5,5 km westlich Müncheberg und am östlichen Ortseingang von Jahnsfelde (z. Zt. Ruine). Das erste entstand nach 1830 nach Entwürfen Karl Friedrich Schinkels, das zweite um 1818. Chauseehäuser dienten dem »Chaussee-Einnehmer« sowie den Wege-Wärtern als Wohnung und Dienstgebäude.

Über Seelow – Gusow (mit dem bemerkenswerten Derflinger-Schloß) und Letschin führt die Route nach Kienitz Nord (ehemals Amt Kienitz) durch Kienitz zum Oderufer. Hier, wo am 31. Januar 1945 Einheiten der Roten Armee ihren ersten Brückenkopf auf dem Westufer der Oder bildeten, befindet sich direkt am Oderufer eine Erinnerungsstele an diese Ereignisse, im Dorf selber steht ein sowjetischer T 34.

Obwohl erste Gegenmaßnahmen noch im Verlaufe des 31. Januar anliefen, war die Überraschung bei Bevölkerung und den militärischen Führungsstellen über das Auftauchen der ersten gegnerischen Soldaten in dem noch schlafenden Kienitz komplett. Es war die Vorausabteilung der 5. Stoßarmee, die aus einem Regiment der 266. Schützendivision, der 220. selbständigen Panzerbrigade, dem 89. selbständigen schweren Panzerregiment, dem 489. Granatwerferregiment und einem Panzerjägerregiment bestand. Davon überschritten Teile das Eis der hier noch zugefrorenen Oder. Zu ihrer Verstärkung folgte das 26. Garde- und das 9. Schützenkorps.

Am 31. Januar gegen 6.00 Uhr mitteleuropäischer Winterzeit gingen das II. Btl. und III. Btl./Schützenregiment 1006 über die noch gefrorene Oder. Nach einer Stunde, gegen 7.00 Uhr, waren Dorf und Amt Kienitz (d. h. das Gut) sowie einige Einzelgehöfte besetzt. Insgesamt hatte der Brückenkopf eine Breite von vier und eine Tiefe von zwei Kilometern. Zu den Truppen, die sofort über das Eis gingen, etwa die Hälfte der Vorausabteilung, gehörten 15 7,6-cm-Geschütze des 507. Panzerabwehrregiments und 16 12-cm-Granatwerfer der II./489. Granatwerferregiments. Zunächst

Eine deutsche B-Stelle. Der Kirchturm von Ortwig nach ersten Treffern, 26. Februar 1945

mußte das schwere Gerät, Panzer und Selbstfahrlafetten, auf dem Ostufer bleiben. Doch der sofort einsetzende Ausbau einer Eisübersetzstelle ermöglichte die Überführung von weiteren 184 Geschützen am selben Tag auf das Westufer. Zugleich erreichte das 26. Gardeschützenkorps die Oder. Auf das Westufer gingen zwei Regimenter (283. und 286.) der 94. Gardeschützendivision über (s. Karte im Vorsatz – vorn).

Gegen diese sich schnell verstärkenden sowjetischen Kräfte traten in den ersten Stunden von Oberst Schimpf geführte Alarmverbände an. Sein Gefechtsstand befand sich in Letschin.

Die ersten Gegenmaßnahmen datieren vom 31. Januar, der erste Gegenangriff erfolgte in den Morgenstunden des 2. Februar (vgl. S. 35). Zu den antretenden Teilen gehörte die aus zwei Bataillonen bestehende Kampfgruppe Weikl. Weikl, Major und Kommandeur der in Küstrin stehenden nordkaukasischen Legion, bekam vom Festungskommandanten am letzten Januartag um 13.00 Uhr den Befehl, sich in Richtung Kienitz in Marsch zu setzen und dort den Befehl über die Bataillone 203 und 345 zu übernehmen. Der personelle Zustand der beiden Bataillone war nach dem überlieferten Kriegstagebuch schlecht. Das Personal des einen setzte sich zum großen Teil aus nicht kriegsverwendungsfähigen Leuten, überwiegend aus Nachschubeinheiten kommend, zusammen, die sich zur Zeit des Abrückens in der Umschulung befanden. Den Offizieren und Unterführern fehlte zum großen Teil jede infanteristische Fronterfahrung. Erforderliches Schanzzeug war nicht vorhanden. Als Behelf wurden aus den Häusern Spaten und anderes Gerät beschafft.

Weikl meldete sich noch am 1. Februar bei Oberst Schimpf in Letschin und bekam den Auftrag, das Bataillon 203 von Süden gegen Kienitz anzusetzen und in der Nacht die Linie Sydowswiese – Sophienthal zu erreichen. Das Bataillon ging mit seinen bereits eingetroffenen Kompanien vor und konnte die Aufgabe erfüllen. Auf den Gegner traf es zunächst nicht.

Das Bataillon 345 hatte die Aufgabe, rechts von 203 das Westufer der Oder stützpunktartig unter besonderer Beachtung der Wagenfährstellen zu sichern.

In den ersten Morgenstunden kam der Befehl, einen geplanten Angriff beiderseits der Straße Letschin – Amt Kienitz, bei dem Panzer und Sturmgeschütze eingesetzt werden sollten, durch einen eignen Angriff auf Kienitz zu unterstützen. Weikl sollte mit seinen Soldaten Kienitz vom Feind säubern und anschließend die Sicherung bis Nordrand Kienitz übernehmen.

Pünktlich trat das Bataillon mit zwei Kompanien aus Sophienthal Nord zum Angriff an. Die dritte sicherte bei Sydowswiese nach Osten. Das Vorgehen wurde von drei leichten und einer schweren Batterie und zwei leichten Infanteriegeschützen unterstützt. Die beiden Kompanien kamen zunächst trotz schlechten Februarwetters bis zum Oderdamm in seiner Nordostschleife, mit Wäldchen, Gut und Ziegelei gut voran. Doch dann trafen sie auf den Gegner. Dieser war aus Kienitz heraus in Richtung Süden auf Sophienthal angetreten und stieß am Oderdamm auf die Kampfgruppe Weikl. Diese mußte in dem nächtlichen Begegnungsgefecht weichen und erreichte das ihr gesteckte Ziel nicht. Als Erfolg meldete Major Weikl, daß Sophienthal und Sydowswiese gehalten werden konnten. Da auch der Hauptangriff nach der Zurückeroberung von Amt Kienitz stecken geblieben war, war das Hauptziel, die Beseitigung des Brückenkopfes, nicht erreicht. Ein neuer Angriff am Nachmittag des 2. Februar

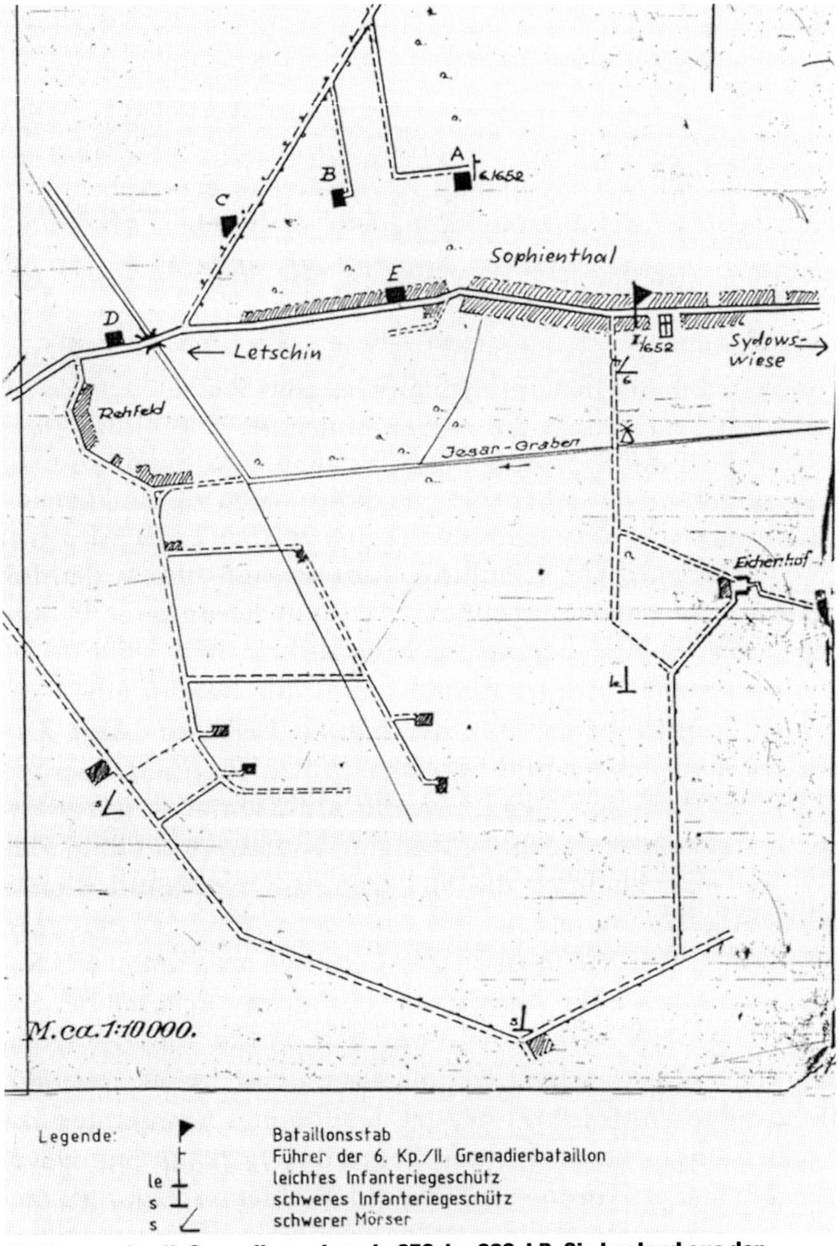

Stellungen des II. Grenadierregiments 652 der 309. I.D. Sie bestand aus den Stützpunkten A (Kp. Gefechtsstand) bis E sowie aus den Stellungen der Infanteriegeschütze und Mörser. Sophienthal ging am 20. Februar verloren. Ein Angriff zur Wiederinbesitznahme durch das Füsilierbataillon 303 scheiterte.

blieb 500 m vor dem Südausgang von Kienitz liegen. In der Nacht zum 3. Februar wurden die beiden Bataillone dem Panzergrenadierregiment 35 von der 25. Panzergrenadierdivision unterstellt und führten in den nächsten Tagen einen verlustreichen Stellungskampf. Die zunehmende Stärke der Sowjets reflektiert das Kriegstagebuch: »... es gelingt nicht, bei der großen zahlenmäßigen Überlegenheit des Feindes, bei dem nun zahlreiche Pak und Granatwerfer in den Kampf eingreifen, diesen zu werfen«. Die Sowjets hatten die Übersetzstellen ostwärts Sydowswiese und bei der Wagenfähre südlich Kienitz in Besitz genommen, am letzten Ort bauten sie eine Brücke und stellten sich hinter der erwähnten Nordostschleife des Oderdammes zu neuen Angriffen bereit. Seit dem 3. Februar war die Kampfgruppe Weikl in die Verteidigung gedrängt. An die Beseitigung des Brückenkopfes war nicht zu denken. Die Kämpfe konzentrierten sich in den folgenden Tagen um den Besitz von Sydowswiese und den Oderdamm. Am letzteren lagen sich die Gegner stellenweise nur 5 bis 10 Meter gegenüber.

Den Abschnitt vor Kienitz hatte die vorher in Frankreich eingesetzte 25. Panzergrenadierdivision übernommen. Der ihr zunächst übertragene Auftrag, die gegnerischen Angriffsspitzen ostwärts der Oder aufzuhalten, war durch die Ereignisse überholt worden. Als ihr Stab mit den ersten Transportstaffeln am 31. Januar in Küstrin ausladen wollte, befand sich Kienitz bereits in sowjetischer Hand; einzelne Panzer drangen in die Neustadt ein. Am Abend gingen die bis nach Küstrin vorgefahrenen Teile auf das Westufer der Oder zurück. Andere an diesem Tage eintreffende Verbände der Division luden auf den kleinen Bahnhöfen im Oderbruch aus und gingen von dort aus sofort ins Gefecht. Die Divisionsgeschichte berichtet vom II./119, das in Golzow die Bahn verließ, noch am selben Tag, dem 31. Januar, nach Letschin verlegte und von dort aus in den Morgenstunden gegen Groß Neuendorf antrat. Dem zersplitterten Einsatz der Divisionsteile entsprach ein Befehlswirrwarr. Neben den Teilen der 25. Panzergrenadierdivision kämpfte die Kampfgruppe Schimpf, ohne das es eine einheitliche Führung vor Kienitz gegeben hätte.

Die Divisionsgeschichte berichtet hierüber: »Nicht nur II./119 sondern jedem Bataillon der Division ging es so, daß es unmittelbar nach dem Ausladen in den Kampf geworfen

Feldpostbrief aus Pensa an einen Offizier der 8. Gardearmee in der typischen dreieckigen Form der Roten Armee

wurde, meist auf sich allein gestellt, mitunter fremden Divisionen unterstellt, manchmal in Zusammenarbeit mit anderen, häufig sehr merkwürdigen Kampfgruppen wie solchen des Volkssturms, des Arbeitsdienstes oder aus Alarmeinheiten.« (E. Boehm, Geschichte der 25. Division, Stuttgart 1983.)

Der erwähnte Angriff des II. Btl./119 bei Groß Neuendorf traf auf die 248. sowjetische Schützendivision. Dem aus Schwaben stammenden Verband gelang es am 2. Februar, den Gegner auf den Dorfrand zurückzudrängen, sie erreichten den Oderdamm und warfen an einzelnen Abschnitten die Sowjets auf das Ostufer zurück. General Bersarin sah sich gezwungen, seine eigenen Kräfte zu verstärken. Nur durch den Einsatz der 301. Schützendivision (9. Schützenkorps) konnte die völlige Beseitigung des Brückenkopfes verhindert werden.

Nicht verhindert werden konnte das Eindrücken eines kleineren Brückenkopfes durch Teile der 25. Panzergrenadierdivision in der Kalenziger Bunst. Hier war ein Bataillon der 19. motorisierten Schützenbrigade (1. mech. Korps) übergesetzt.

Insgesamt führten die kleinen und kleinsten Einheiten gegen die Brückenkopfbildung einen aussichtslosen Kampf. Trotz ständiger Gegenangriffe konnte der sowjetische Gegner nördlich Küstrin die Mehrzahl der Brückenköpfe zwischen Güstebiese und Kalenzig vereinen. Doch hatte auch er hierbei beträchtliche Verluste. Sie sollen bis zum 10. Februar 3 154 Gefallene und Verwundete betragen haben.

Der Abschluß dieser vergeblichen Kämpfe bedeutete auch die Auflösung der Kampfgruppe Weikl. Ihr Tagebuch vermerkt, daß die eigene HKL mit den Stützpunkten Westausgang Sophienthal – Rehfeld – Bahnhof Rehfeld gehalten werden konnte. Am 17. Februar wurde die Kampfgruppe Weikl aus der Front herausgezogen, und ihre Einheiten wurden auf unterschiedliche Truppenteile aufgeteilt.

Von Kienitz führt die Straße über Kienitz Nord und den Jesargraben nach Letschin.

Letschin: Eines der größten, erstmals 1336 urkundlich erwähnten Oderbruchdörfer. In Letschin besaß der Vater Theodor Fontanes von 1838 bis 1850 die Apotheke. Fontane absolvierte hier einen Teil seiner Ausbildung als Apotheker und fand in dem Dorf bei seinen Besuchen den Stoff zu dem Roman »Unterm Birnbaum«, einer der ersten Kriminalgeschichten in der deutschen Literatur.

Bemerkenswert der denkmalgeschützte Kirchturm. 1818/19 nach Entwürfen von Schinkel ausgeführt, überstand er im Gegensatz zur Kirche die Kampfhandlungen 1945 und wurde bis 1974 restauriert. Das Denkmal Friedrich II., des Großen, 1905 nach Entwürfen des Berliner Bildhauers H. W. von Glümer errichtet, überstand mit Hilfe findiger Letschiner die antipreußischen Phasen in der DDR und wurde nach der Restaurierung am 2. Juni 1990 erneut aufgestellt. In dem Ortsteil Wilhelmsaue ehemals Vorwerk empfiehlt sich die Besichtigung der Dorfkirche, eines 1820 erbauten und 1956/57 erneuerten rechteckigen Fachwerkbaues. Bemerkenswert die 1884 errichtete und bis 1964 betriebene und danach als Kulturdenkmal restaurierte Bockwindmühle. Die Achse der Rutenwelle liegt 10,5 m über der Erde, sie hat eine Breite von 6 m und eine Länge von 7,5 m. Ihre Flügel, ursprünglich 10 m lang, sind aus Sicherheitsgründen auf 9 m gekürzt worden. Letschin blieb bis zum Beginn der Offensive am 16. April in deutscher Hand.

Reste des Krieges aus dem Boden Brandenburgs

Die Fahrt geht über Karlshof auf die B 167 weiter in Richtung Gusow. Hier befanden sich die Stellungen der 20. Panzergrenadier- und nördlich anschließend die der 9. Fallschirmjägerdivision.

Östlich Gusow – Platkow, südlich Letschin beiderseits Zechin stand seit Ende März die 9. Fallschirmjägerdivision. Im Raum Buschdorf – Friedrichsaue – Zechin lag die Fallschirmpanzerjägerabteilung 9. Die vorderste Linie verlief zu dieser Zeit etwa 4000 Meter östlich Alt Langsow. Bei den Vorausangriffen ging das zerstörte Zechin verloren, doch konnten die Fallschirmjäger den Angriff westlich Friedrichsaue aufhalten. Während der 15. April im Abschnitt der Division verhältnismäßig ruhig blieb, traf sie der Hauptangriff am 16. in vollem Umfang. Ein Teil der Einheiten konnte sich befehlsgemäß vor Beginn der Artillerievorbereitung auf die Großkampf-HKL, etwa entlang der Eisenbahnlinie nach Letschin, zurückziehen.

Die Nachhuten und Nachzügler dagegen wurden buchstäblich zermalmt. Im Verlaufe des ersten Angriffstages waren die Verluste an Offizieren besonders hoch, das III. Bataillon des FS. Jg. Rgt. 25 und das II. von den 27ern wurden fast völlig aufgerieben. Am Abend des 16. April behauptete die Division die Bahnhöfe Werbig, Steintoch und Letschin. Wie so oft gelang dem Gegner, dem 32. Schützenkorps sowie dem 26. Gardeschützenkorps, der Einbruch an einer Naht, in diesem Falle zur 309. Infanteriedivision des CI. Armeekorps. Am 17. wurde Werbig genommen und die Front in nördlicher und südlicher Richtung aufgerollt. Neu Hardenberg fiel. Die aufgesplitterte, schwer angeschlagene 9. Fallschirmjägerdivision verlor am 18. April Wulkow und mußte auf Buckow–Strausberg zurückgehen (s. Karte im Vorsatz – hinten).

Ein damals 18jähriger Fallschirmjäger schreibt in seinem kommentierten Tagebuch hierüber:

»... Wir ziehen ... in ein Wohnhaus nahe der Bahnlinie östlich Gusow um ... gegen vier Uhr morgens schrecken wir hoch. Die Wände zittern, uns vergeht im wahrsten Sinne des Wortes Hören und Sehen vor unaufhörlichem Dröhnen, Blitzen und Bersten ... Viele Gräben, die umgewühlt werden, sowie die meisten Quartiere konnten noch in der Nacht verlassen werden. Jetzt wird uns klar, warum wir am Abend so plötzlich aus dem freiliegenden Bauernhof abgezogen sind. Jedoch entrinnen leider nicht alle Einheiten...Wir gehen nach der Vorverlegung des Artilleriefeuers hinter der nahen Bahnlinie östlich von Gusow in Stellung ... Jetzt steht uns der unheimliche Feind fast Auge in Auge gegenüber, er rennt in Massen auf uns zu und scheint auf keine Verluste zu achten: Kaum fallen die Angreifer getroffen um, rückt eine neue Welle nach ... Nachmittags werden wir zu zweit mit dem Handwagen nach Gusow geschickt ... Der Tag, an

Spuren der Kämpfe der 9. Fallschirmjägerdivision in Zechin

Gefallen bei der Verteidigung der Seelower Höhen

dem die Sonne erst gegen Mittag durchgebrochen ist, weil der vom Granathagel verursachte Qualm sich trübe und schwer über das Oderbruch gelegt hatte, geht zu Ende ... Wir erhalten neue Befehle, ziehen den Handwagen bis nachts gegen drei Uhr durch den Wulkower Forst, ...«

Wenige Kilometer südlich Gusow erreicht die B 167 mit Seelow die Stadt, die der Oderschlacht im Frühjahr 1945 ihren Namen gegeben hat.

Seelow: An der Kreuzung der B 1 und der B 167, also der Straßenführung Frankfurt/Oder–Stettin und Küstrin–Berlin, gelegen, wird es erstmals im 13. Jh. urkundlich erwähnt. Seit dem Beginn des 14. Jh. hat es Stadtrecht. In engster Anlehnung an das Bistum Lebus stehend, behielt das Städtchen lange seinen dörflichen Charakter. Eine Stadtmauer hatte es nie. Kriege und Seuchen erschwerten die Entwicklung der nach der Säkularisierung zum kurfürstlichen Amt, dessen Sitz in Lebus war, gehörenden Siedlung. Der Turm der 1831 gebauten Kirche, von Schinkel maßgeblich beeinflußt, wurde 1945 von deutschen Truppen gesprengt. Eines der wenigen erhalten gebliebenen Gebäude ist das aus dem Jahre 1841 stammende Rathaus.

Seelow war im Frühjahr 1945 zu einem Verteidigungsknoten ausgebaut worden (vgl. S. 54). Die Stadt gehörte zum zweiten Verteidigungsstreifen der Großkampf-HKL und deckte den direkten Straßenzugang auf die Höhenrandstufe und damit die Straße Küstrin – Berlin. Seelow war am 6. April zum Orts-

**K.-H. Tams,
später Leutnant und Führer
des Sektors Küstrin vor Seelow,
Februar 1945**

Ortsstützpunkt Seelow im April 1945

stützpunkt erklärt worden, sein Kampfkommandant, der damalige Major Wandmaker, wurde unmittelbar vor der Offensive von Hauptmann von Wartenberg abgelöst. Die Stadt war zur Rundumverteidigung eingerichtet worden, wobei man die beiden westlichen Sektoren, als Diedersdorf und Gusow bezeichnet, mit Volksturmkompanien besetzte. Die beiden östlichen Sektoren (Küstrin unter Leutnant Tams, Zernikow geführt von Leutnant Reimers) verteidigte je eine etwa 130 Mann starke Kompanie des Panzergrenadierregiments 76 der 20. Panzergrenadierdivision.

Seine Stellung im Abschnitt Küstrin schilderte Leutnant Tams später als »vom Ortsausgang im Norden Straßengabel Seelow/Buckow und Gusow – im weiten Halbkreis Richtung Osten über die Reichsstraße; (200 m vor uns die Hauptbahnlinie Frankfurt/Oder nach Stettin mit der Bahnstation Seelow) 500 m weiter an einer Windmühle vorbei zu einem Gehöft.« Alles in allem ein Streifen von 1 500 m. Als Innenring existierte ein durchgehender Gefechtsgraben zwischen den Häusern von etwa 700 m Breite. Die quer zur Stellung verlaufende, auch gegenwärtig noch bestehende Eisenbahnlinie am Hang, bildete einen Hohlweg, den eine Brücke überquerte. Diese Brücke und das an der Reichsstraße gelegene Wasserwerk wurden angesichts der Gefahr des Durchbruchs russischer Panzer gesprengt. Vor dem Ortseingang befand sich eine Panzersperre, hinter der zwei Pak-Geschütze in Stellung standen. Seinen Granatwerferzug hatte Tams geteilt und jeweils eine Gruppe zur Sicherung der Ortsausgänge nach Nordosten und Osten eingesetzt. Im Steilhang vor der Eisenbahnlinie waren sechs bzw. acht 8,8-cm-Flak zur Panzerabwehr eingegraben (s. Karte S. 264).

Ähnlich dürften die Verhältnisse im Abschnitt Zernikow gewesen sein, während die vom Volkssturm besetzten westlichen Sektoren mit großer Wahrscheinlichkeit schwächer waren.

Seelow wurde von der 57. Gardeschützendivision der 8. Gardearmee Tschuikows angegriffen. Sie war hierfür durch zwei Artillerie-, ein Granatwerfer-, ein Panzer- und ein SfL-Regiment verstärkt worden. Zur unmittelbaren Unterstützung standen ihr ein Panzerjäger- und ein Granatwerferregiment sowie eine Abteilung Gardegeschoßwerfer zur Verfügung.

Von den Vorausangriffen blieb der Ortsstützpunkt unberührt, der Nachtangriff vom 16. April traf Seelow mittelbar. Augenzeuge Tams über die erste Phase der Schlacht:

»Es schien, als ob die Erde wie eine dichte Wand in den Himmel aufragte ... Wir kauten nach kurzer Zeit alle auf Sand, Dreck und Glassplittern herum ... Nach zwei bis drei Stunden hörte das Trommelfeuer auf. Vorsichtig riskierten wir einen Blick über den Höhenrand in die Oderniederung hinein, und was wir sahen, ließ uns das Blut in den Adern gerinnen; eine einzige Welle schwerer Panzer, soweit wir im grauen Dämmerlicht sehen konnten. Die Luft war vom Lärm der Motoren und Kettengeräusche ausgefüllt. Als die erste Reihe näher herangekommen war, entdeckten wir dahinter eine zweite und dann Schwärme von laufenden Infanteristen.

Es dauerte schon einige Minuten, bis die eigenen ersten Granaten über unsere Köpfe hinwegröhrten. Vom Kamm der Hügelkette aus nahmen die eingebauten Flakgeschütze, die Rohre ganz heruntergedreht, die Sowjets unter vernichtendes Feuer. Panzer auf Panzer ging in Flammen auf, die aufgesessene Infanteristen wurden heruntergefegt. Die Überlebenden stürmten mit gellenden Schreien weiter. Die Luftwaffensoldaten schossen in die Rudel der Rotarmisten, und der Angriff begann vor unseren Augen zu stocken. Einige Panzer waren zwar durchgebrochen, wurden jedoch von unseren Männern geknackt, als sie versuchten, den Hang entlang der Reichsstraße nach Seelow hochzurollen. Als es richtig hell wurde, war der Angriff unter schweren Verlusten für die Sowjets abgeschlagen.«

Unmittelbar begann der Kampf um Seelow am Mittag des 16. April mit einem Feuerüberfall von 30 Minuten, dem ein Angriff auf die Stellungen um Seelow folgte. Bis zum Abend drang die 57. Gardeschützendivision bis zum Bahnhofsgelände von Seelow vor. Nach Tams war die Lage am Abend, »katastrophal. Jeder 5. meiner Männer war gefallen, vermißt oder verwundet«.

Mehr Erfolg hatte die nördlich der Reichsstraße 1 angreifende 47. Gardeschützendivision. Sie sperrte bis zum Abend die Eisenbahnlinie Berlin–Küstrin und die Straßen Seelow–Gusow sowie Seelow–Buschdorf. Um Mitternacht wurden Seelows Verteidiger dem Hauptmann Rosenke von I. Btl./76 unterstellt und als Kampfgruppe Rosenke bezeichnet.

Am Morgen des 17. April lag die Zahl der kampffähigen Soldaten im Ortsstützpunkt, geht man vom Abschnitt »Küstrin« aus, der eine Gefechtsstärke von 80 Mann meldete, noch zwischen 250 und 350.

Mit dem erwähnten Vordringen der Sowjets auf die Hö-

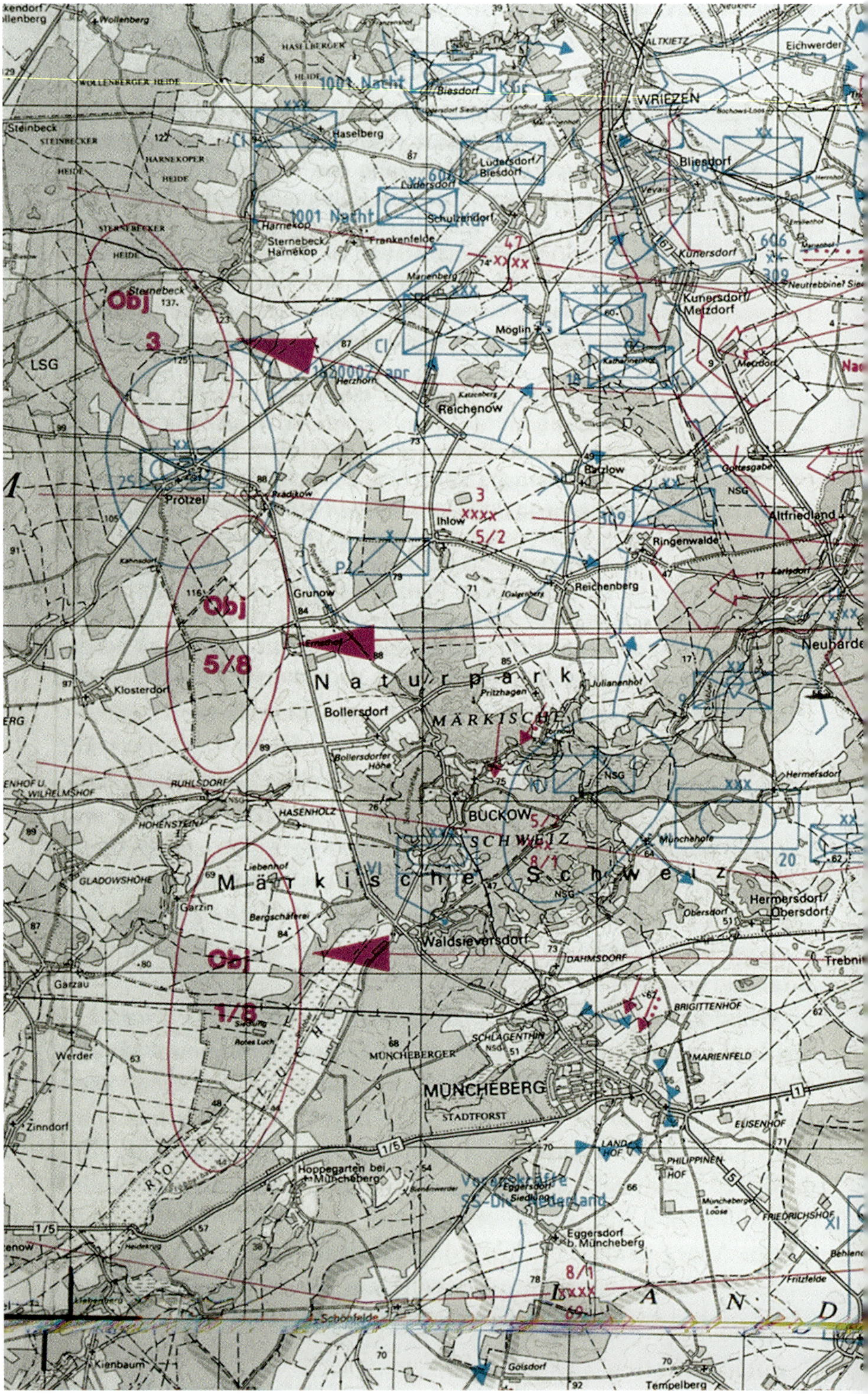
Wollenberg
WRIEZEN
ALTKIETZ
Eichwerder
Haselberg
Lüdersdorf/Biesdorf
Bliesdorf
Biesdorf
1001 Nacht
Harnekop
Sternebeck/Harnekop
Frankenfelde
Schulzendorf
Kunersdorf
Kunersdorf/Metzdorf
Steinbeck
LSG
Obj 3
Möglin
Reichenow
Herzhorn
Protzel
Batzlow
Ihlow
Ringenwalde
Altfriedland
Grunow
Reichenberg
Obj 5/8
Neuhardenberg
N a t u r p a r k
Klosterdorf
Bollersdorf
MÄRKISCHE
Julianenhof
Pritzhagen
BUCKOW
SCHWEIZ
Hermersdorf/Obersdorf
M ä r k i s c h e S c h w e i z
Garzin
Obj 1/8
Waldsieversdorf
DAHMSDORF
BRIGITTENHOF
Garzau
Trebnitz
SCHLAGENTHIN
MARIENFELD
Werder
MÜNCHEBERG
MÜNCHEBERGER STADTFORST
ELISENHOF
Zinndorf
Hoppegarten bei Müncheberg
PHILIPPINENHOF
FRIEDRICHSHOF
Eggersdorf b. Müncheberg
Kienbaum
Schönfelde
A N D
Tempelberg

Der sowjetische Aufmarsch zum Durchbruch bei der 9. Armee am 17. April 1945

henstufe nördlich der Stadt war das Schicksal des Ortsstützpunktes entschieden. Am 17. April folgten der Artillerievorbereitung Luftangriffe. Während in den Stellungen östlich der Stadt noch gekämpft wurde, befanden sich sowjetische Panzer bereits an den nördlichen Zugängen, wo die Verteidiger nicht standgehalten hatten. Mit Entsetzen mußte Tams feststellen, daß die Stellungen dort unbesetzt waren. Sein 3. Zug existierte nicht mehr und der Anschluß zum Nachbarn, einer Volkssturmkompanie, war verloren gegangen. Von sowjetischen Panzern beschossen, versuchte er, Verstärkung auf dem Bataillonsgefechtsstand zu bekommen. Hier mußte er erfahren, daß der Regimentskommandeur gerade gefallen war. Ehe die Befehlsverhältnisse geklärt waren, erschienen gegnerische Panzer vor dem Gefechtsstand, der sich in einem Gutshof südwestlich der Stadt befand.

Die Kämpfe in dem eingeschlossenen Seelow erloschen am 18. April. Die aus der Stadt entkommenen Soldaten zogen sich nach Diedersdorf zurück und stellten sich hier erneut der vorwärtsdrängenden Übermacht.

Beiderseits der heutigen B 1 befanden sich zwischen Seelow und Müncheberg Riegelstellungen. Hier lagen die Panzerjagd-Brigaden »D« und »P« in Bereitschaft und griffen am 17. und 18. April mit Truppen aus der Heeresgruppen-Reserve die auf der B 1 vordringenden sowjetischen Panzer an.

Aus der Sicht Tschuikows geschah folgendes: »Bei Diedersdorf versuchte er (der deutsche Gegner d. Vf.), die Straße von Küstrin zu unterbrechen, auf der Kampftechnik und Einrichtungen der rückwärtigen Dienste des 28. Gardeschützenkorps und der 1. Gardepanzerarmee nach Westen rollten ... Diese Kräfte führten Gegenangriffe aus Hinterhalten an den mäßig abfallenden Westhängen der Seelower Höhen; an anderen Punkten verbargen sie sich in sorgfältig getarnten Deckungen, ließen unsere angreifenden Truppen vorbei und griffen sie dann mit MG-Feuer und Handgranaten an ...«. (Tschuikow, S. 423.)

Bei dem im Raum Diedersdorf seit dem 17. April entbrannten Gefecht, in das auch Teile der 18. Panzergrenadierdivision eingriffen, erlitten die Sowjets beträchtliche Verluste an Menschen und gepanzerten Fahrzeugen. Zur Stabilisierung der Lage führte Tschuikow aus der zweiten Staffel die 39. Gardeschützendivision in das Gefecht ein. Nach dem Abflauen der Kämpfe blieb als Fazit ein Geländegewinn, doch hatten sich die 1.Gardepanzerarmee und das 11.Panzerkorps immer noch nicht aus der Gefechtsordnung der 8. Gardearmee lösen können. Von den Ereignissen um Diedersdorf beunruhigt, erhielt die 8. Gardearmee wie Tschuikow vermerkte, »etliche Fernschreiben«. In einem wurde befohlen:

»1. Dem Angriff ist unverzüglich mehr Zielstrebigkeit zu verleihen …

2. Alle Armeeoberbefehlshaber haben auf den Beobachtungsstellen der Kommandeure jener Korps zu sein, die in der Hauptrichtung kämpfen.

3. Die gesamte Artillerie, auch die überschwere, ist an die erste Staffel heranzuziehen, ihr Abstand zu der im Gefecht stehenden Staffel darf nicht mehr als 2 bis 3 Kilometer betragen …«.

Das etwa auf halber Strecke zwischen Berlin und der Oder gelegene Müncheberg war 1945 Stützpunkt im dritten Verteidigungsstreifen der 9. Armee.

Müncheberg: Im 13. Jh. aus einem Kloster hervorgegangene Stadt, die ursprünglich Lubes hieß. Nach starken Verwüstungen im 30jährigen Krieg konnte sich M. nur langsam erholen. Bedeutung gewann die Stadt durch den umfangreichen Postverkehr, der von Berlin aus bis zum Eisenbahnbau über M. in die östlichen Provinzen führte. Der aus dem 13. Jh. stammende frühgotische Bau der Stadtpfarrkirche St. Marien wurde bei den Kämpfen 1945 schwer beschädigt und wird gegenwärtig restauriert. Erhalten sind Teile der Stadtmauer sowie das Küstriner und Berliner Tor.

Müncheberg verteidigten am 19. April Teile der Panzerdivision »Müncheberg« und der 20. Panzergrenadierdivision. Am Morgen des 19. April stellte sich das 242. Gardeschützenregiment der 82. Gardeschützendivision im Behlendorfer Wald südostwärts Elisenhof zum Angriff auf die Stadt bereit. Er begann mit Bombenangriffen. Die folgenden Kämpfe dauerten bis gegen 18.00 Uhr. Im Norden und Nordosten umgangen, waren die Verteidiger zu dieser Zeit gezwungen, den Stützpunkt aufzugeben. Der Verlust Münchebergs trug zum Durchbruch der 1. Gardepanzerarmee in die operative Tiefe bei.

Aussichtspunkte

1. Gedenkstätte/Museum Seelower Höhen

Am östlichen Stadtausgang von Seelow, südlich der B 1, befindet sich auf dem ehemaligen Verschönerungsberg und an seinem Fuße eine Erinnerungsstätte an die Seelower Schlacht. Die Einrichtung des Kreises Märkisch Oderland wird von der Bundes- und Landesdesregierung gefördert sowie vom Landkreis Märkisch Oderland getragen. Sie hat inzwischen ihre eigene Geschichte.

Unmittelbar nach Kriegsende befahl der Sieger, Marschall Shukow, dem Moskauer Bildhauer Lew Kerbel, die Errichtung von Ehrenmalen auf dem Kampfweg der 1. Belorussischen Front. Das erste wurde in Küstrin, unmittelbar am Oderufer, das zweite in Seelow und das dritte im Berliner Tiergarten errichtet. In den folgenden Jahren wurde aus dem Siegesdenkmal in Seelow und dem Gräberfeld eine Gedenkstätte und ein kleines Museum. In eine einseitige Geschichtsbetrachtung eingebunden, trug sie bis 1989 dazu bei, das offiziöse Geschichtsbild zu verbreiten. Die veränderte und sich wandelnde Einrichtung erinnert mit den in der Umgebung noch sichtbaren Spuren des Schlachtfeldes, den deutschen und sowjetischen Kriegsgräbern an die schweren Kämpfe in der Endphase des Zweiten Weltkrieges. Sie besitzt neben einer Ausstellung zu den Ereignissen von Februar bis April 1945 eine Sammlung von Archivalien zu diesem Geschehen sowie eine im Aufbau befindliche Bibliothek.

Auf der Anhöhe unmittelbar unter dem Denkmal öffnet eine Aussichtsplattform den Blick weit in das Oderbruch. Ostwärts davon liegt das ehemalige Küstrin und, fast schnurgerade auf den heutigen Grenzübergang nach Polen führend, die ehemalige Reichsstraße 1. Südostwärts erhebt sich der Reitweiner Sporn über der Bruchlandschaft. Im Mittelgrund an einer Baumreihe erkennbar, der rechtwinklig zur B 1 verlaufende Hauptgraben.

Gedenkstätte/Museum Seelower Höhen

2. Reitweiner Höhe

In der Mitte des Dorfes Reitwein verlassen Sie die Hauptstraße und nehmen den Weg, der sich nördlich und nordostwärts am Fuße der Erhebung entlangzieht. Hier folgen Sie dem in südwestlicher Richtung auf die Anhöhe führenden Weg. Links und rechts an den Hängen befinden sich zahlreiche Reste der ehemaligen sowjetischen Unterstände und Gräben.

Hier war auch der vorgeschobene Gefechtsstand des Befehlshabers der 8. Gardearmee, des späteren Marschalls Tschuikow. Die Eingänge des Bunkers, dessen Modell sich im Museum Seelower Höhen befindet, wurden von Pionieren der NVA wegen Einsturzgefahr zugeschüttet. Er bestand aus zwei miteinander verbundenen Stollen, deren aus Lehm bestehende Wände mit Hilfe von Flammenwerfern verfestigt und dann verschalt worden waren.

Auf dem nordwestlichen Hang lassen sich die Reste von Laufgräben und Beobachtungsstellen der 8.Gardearmee aus-

Die Oder bei Küstrin

machen. Hierher kam unmittelbar vor Beginn der Offensive am 16. April 1945 der Oberbefehlshaber der 1. Belorussischen Front, Marschall Shukow, um die Ereignisse von dieser günstigen Position aus persönlich zu verfolgen. Von hier aus befahl er die vorzeitige Einführung der beiden Panzerarmeen nach dem Telefonat am Mittag des 1. April mit Stalin, in dem er das bisherige Scheitern seines Angriffs eingestehen mußte.

3. Werbig

Verlassen Sie Seelow in nördlicher Richtung auf der B 167. Unmittelbar vor dem Stadtausgang führt eine Straße nach dem kleinen Ort Werbig. Wenige 100 Meter vor dem Dorf gelangt man über einen Feldweg auf den Krugberg, direkt am Abhang der Seelower Hohenstufe. In der Ferne, bei klarem Wetter zum Greifen nahe, Küstrin und das Ostufer der Oder. Unmittelbar am Fuße des Höhenrandes liegt das Dorf Werbig mit dem Bahnhof. Hier kreuzen sich die Strecken

Berlin – Küstrin und Frankfurt a. O. – Bad Freienwalde. Im Nordosten, etwa zwei Kilometer entfernt, das Dorf Neulangsow und im Osten, nördlich der Eisenbahn nach Küstrin, Golzow.

Von hier überblickt man den ehemaligen Gefechtsstreifen der 20. Panzergrenadierdivision und ihres linken Nachbarn, der 9. Fallschirmjägerdivision. Den Befehl über diese Divisionen sowie die aus der Reserve anmarschierende Panzerdivision »Müncheberg« übernahm am 15. April das neu herangeführte LVI. Panzerkorps. Im Gegensatz zu den Kämpfen vor Seelow konnte die 47. Gardeschützendivision am 16. April in Werbig eindringen und Seelow, d. h. die Höhenrandstellung, von Norden her bedrohen.

Auf dem Krugberg pflanzten 1991 in Anwesenheit der Bundestagspräsidentin, Frau Rita Süßmuth, sowie des Ministerpräsidenten des Landes Brandenburg deutsche, polnische und russische Jugendliche einen Friedenswald. Ebenfalls an dieser Stelle fand ein Symposium mit Bildhauern aus mehreren europäischen Ländern statt, deren Plastiken hier ihren Platz gefunden haben.

Vom Abhang des Krugberges reicht der Blick über die Oderbruchlandschaft bis weit in die ehemalige Neumark. An Hand der Karte können Sie die Lage der Dörfer und Orte im Oderbruch lokalisieren.

Blick auf das Oderbruch vom Krugberg bei Werbig

Brandenburg zur Zeit der Askanier

III. Zusatzinformationen

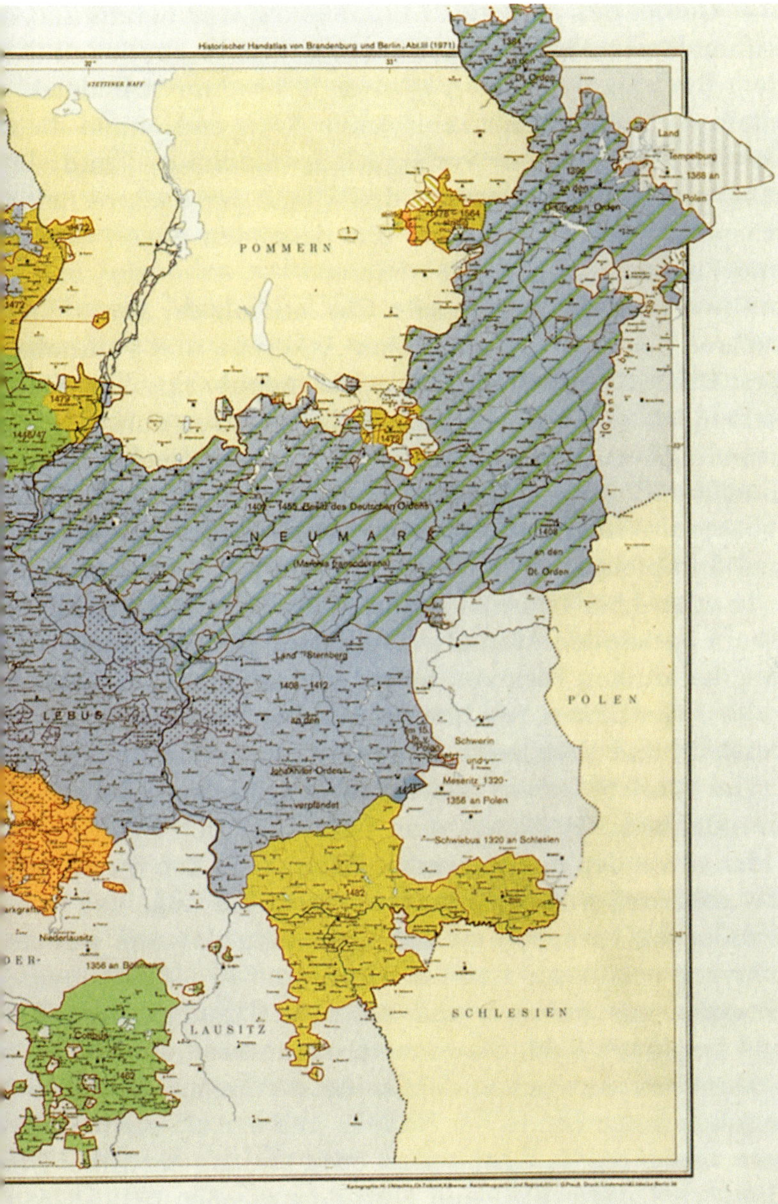

1.
Zur Geschichte Brandenburgs

Das Gebiet des heutigen Brandenburg war bereits seit den frühen Phasen der Altsteinzeit (40 000 v. Chr.) besiedelt. Nach dem Rückzug des Eises vor etwa 10 000 Jahren bildeten vor allem die Gebiete mit zahlreichen Seen und einem dichten Gewässernetz einen vorzüglichen Siedlungs- und Wirtschaftsraum. Besonders an den Ufern der fischreichen Gewässer fanden sich für die hier lebenden Jäger, Sammler und Fischer genügend Beutetiere.

Etwa vom 4. Jahrtausend v. Chr. an, mit der Jungsteinzeit, verbreiteten sich von Süden her Ackerbau und Viehhaltung. Erst 1800 v. Chr. setzten sich auf brandenburgischem Gebiet, anfänglich zögernd, bronzezeitliche Kulturen durch. Lebensgrundlage wurden nun Ackerbau und Viehzucht. Es folgte um 600 v. Chr. der Übergang zur Eisenzeit, für die das in den feuchten Wiesenniederungen vorhandene Raseneisenerz und Sumpfeisenerz den Rohstoff lieferte.

In ethnischer Hinsicht gehörten die im brandenburgischen Raum siedelnden Menschen, seit dem 1. Jahrhundert v. Chr. von der antiken Welt von Kelten und Skythen unterschieden, zu den Germanen. Sie bewohnten den Raum zwischen Niederrhein und Weichsel.

Um Christi Geburt waren in dem Gebiet des späteren Brandenburg, zwischen dem Mittellauf der Elbe und der Oder sowie den angrenzenden Räumen an den Strömen, die Langobarden und Semnonen ansässig. Im Zuge der Völkerwanderung verließen sie das Gebiet. In das nun nur noch schwach bevölkerte Land drangen um 680 n. Chr. slawische Gruppen aus Böhmen und der Oder-Weichsel-Region vor und begannen bald, Stammesverbände zu bilden.

Die Grenze zwischen dem mittelalterlichen »Heiligen Römischen Reich Deutscher Nation« und den slawischen Stämmen verlief im 10. Jahrhundert etwa entlang der Elbe. Unter Heinrich I. (875–936) und Otto dem Großen (912–973) begann verstärkt die bereits unter Karl dem Großen im 8. und

9. Jahrhundert eingeleitete Ostkolonisation. Es folgten Jahrhunderte mit stetem Wechsel zwischen heftigen Kämpfen und friedlichem Zusammenleben.

928/29 wurde die heutige Stadt Brandenburg (Brennabor), nach der das Gebiet seinen Namen bekam, erobert. Es folgte die Gründung der Bistümer Havelberg (946) und Brandenburg (948), die dem Erzbistum Magdeburg unterstellt wurden. Doch nach dem großen »Wendenaufstand« im Jahre 983 konnte das »Heilige Römische Reich« nur mit Mühe die Elbelinie halten. Erst seit der Belehnung des Grafen Albrecht mit dem Beinamen »der Bär« aus dem Hause Askanien im Jahre 1134 mit der Mark veränderten sich die Verhältnisse zu Ungunsten der Westslawen. Schrittweise konnten die ostwärts der Elbe verlorengegangenen Gebiete zurückgewonnen werden.

In den folgenden nahezu 200 Jahren der Askanierherrschaft über die Mark (bis 1320) wurde das Landesterritorium erweitert und wirtschaftlich ausgebaut. Nahezu 2500 Dörfer wurden gegründet oder erneuert; neue Städte entstanden, so Berlin (1273) und Frankfurt an der Oder (1253). Die Mehrzahl der märkischen Städte stammt aus dem 12. und 13. Jahrhundert. Sie sind markgräfliche Gründungen, die nicht selten an slawische Siedlungen anknüpften. Die slawische Bevölkerung ging bis auf geringe Teile im Laufe der Jahrhunderte in der deutschen auf. Deutsche Siedler kamen aus dem heutigen Niedersachsen, aus Holland, Friesland, Flandern und Franken.

Um 1400 bestand Brandenburg aus der westlich der Elbe gelegenen Altmark, der Mittelmark im Spree-Havel-Gebiet und der östlich der Oder befindlichen Neumark; damit hatte Brandenburg im wesentlichen seinen späteren Umfang erreicht.

Nach dem Aussterben der Askanier wurde die Mark als verwaistes Reichslehen von Kaiser Ludwig IV. (1282–1347) aus dem Geschlecht der Wittelsbacher eingezogen und seinem ältesten, damals achtjährigem Sohn übertragen. Der römisch-deutsche Kaiser Karl IV., ein Luxemburger, der zugleich König von Böhmen (1316–1378) war, kaufte im Vertrag von Fürstenwalde (August 1373) Otto dem Faulen (1314–1379), einem Bruder Ludwigs V., das Land für 500000 Gulden ab. Damit endete in Brandenburg die Herrschaft der Wittelsbacher, und die der Luxemburger begann.

Nach dem Tode Karls IV. bildete Brandenburg, das 1356 vom Kaiser die Kurwürde erhalten hatte, lediglich eine Geldquelle für die außerhalb des Landes liegenden politischen Ambitionen der Luxemberger. Sein Sohn Sigismund (1368–1437), der König von Ungarn geworden war, verpfändete daher Brandenburg an Job von Mähren und die Neumark an den Deutschen Orden. Da Sigismund durch seine in Ungarn gescheiterte Politik nicht in der Lage war, das Pfand einzulösen, übertrug er Job Brandenburg 1397 förmlich.

Insgesamt verfiel die Mark seit dem Ende der Askanierherrschaft wirtschaftlich und politisch. Das Fehlen einer kontinuierlichen Landesherrschaft beförderte Fehden, Straßenraub und Plünderung. Verschiedene Landesteile mußten an die Nachbarn, so an Böhmen und an Pommern, abgetreten werden.

Am 8. Juli 1411 ernannte Kaiser Sigismund den Burggrafen von Nürnberg, einen Hohenzollern, zum Verweser und obersten Hauptmann der Mark. Dieser befriedete teils mit politischen Mitteln, teils mit Gewalt den widerstrebenden Landadel, der sich unter Führung der Brüder Dietrich und Johann von Quitzow in zahlreichen Fehden die Macht in Brandenburg gesichert hatte. Zur entscheidenden Waffe des sogenannten Raubritterfeldzuges wurde die gerade aufkommende Artillerie, deren Geschossen selbst die stärksten Burgen des märkischen Adels nicht standhielten.

Am 15. April 1415 erhob der Kaiser den Burggrafen als Friedrich I. zum Kurfürsten und Markgrafen von Brandenburg. Von diesem Zeitpunkt an herrschten die Hohenzollern über 500 Jahre als Kurfürsten von Brandenburg, seit 1701 zugleich als Könige in, später von Preußen und seit 1871 als Deutsche Kaiser.

Die Geschichte des Kurfürstentums Brandenburg unterschied sich zunächst nur in spezifischen Zügen von der anderer Territorien des »Heiligen Römischen Reiches«. Ausbau der Landesherrschaft und Arrondierug des Gebietes standen im Vordergrund, unterbrochen von nicht ausbleibenden Rückschlägen. Das gesamte 15. Jahrhundert war von ständigen Grenzkriegen, vor allem mit dem Herzogtum Pommern, erfüllt. Hier wie in anderen Territorien führten Erbverträge und Länderkauf zu einer stetigen Vergrößerung des brandenburgischen Gebietes. Von besonderer Bedeutung war der Rückerwerb der Neumark 1454 vom Deutschen Orden.

Reste der Festung Küstrin aus dem 19. Jahrhundert

Durch straffe Zusammenfassung aller Hoheitsrechte, die strenge Beaufsichtigung der lokalen Machtorgane und nicht zuletzt durch Einführung der Reformation zwischen 1535 und 1539 wurde der Ausbau der Landesherrschaft in der Mark gefördert. Der Stärkung ihres Ansehens diente die 1506 erfolgte Gründung der Landesuniversität »Alma mater Viadrina« in Frankfurt, zu deren ersten Studenten Ulrich von Hutten und Thomas Müntzer gehörten. Die neue Städteordnung von 1515 verstärkte die Zentralgewalt, indem sie die Selbstverwaltung der Städte begrenzte und die Neigung der Adligen zu gewaltsamen Auseinandersetzungen einschränkte.

Anfang des 17. Jahrhunderts kam die Entwicklung der brandenburgischen Behördenorganisation zu einem Abschluß. 1604 enstand die Institution »Geheimer Rat« vor allem zur Erledigung auswärtiger Angelegenheiten. Daneben bestanden das Kammergericht, die Amtskammer zur Verwaltung der Domänen und Regalien und das Konsistorium zur Kirchenverwaltung. Seit Joachim II. (1535-1571) war Berlin-Kölln die ständige Residenz des kurfürstlichen Hofes.

Entgegen dem Hausgesetz der Hohenzollern teilte Kurfürst Joachim I. das Land zwischen seinen beiden Söhnen auf. Der ältere erhielt als Joachim II. die Stammlande, der jüngere, Johann Markgraf von Brandenburg (1513–1571), 1536 die Neumark. Letzterer gründete die am Zusammenfluß von Oder und Warthe gelegene Festung Küstrin. Da Johann ohne Nachkommen blieb, fiel die Neumark nach seinem Tode an Kurbrandenburg zurück.

Die Neumark wurde 1536 evangelisch, das von Joachim II. regierte Stammland folgte im Jahre 1539. 1613 trat sein Nachfolger, Kurfürst Johann Sigismund, zum Calvinismus über, während das Land an der lutherischen Konfession festhielt.

Seit dem 15. Jahrhundert hatte das Kurfürstentum stetig an Gebiet zugenommen. Von besonderer Bedeutung war der Zuwachs durch das spätere Ostpreußen nach dem Tode des Herzogs Albrecht Friedrich von Preußen (1618). Im Westen des »Heiligen Römischen Reiches« kamen im Ergebnis des Jülisch-Klevischen Erbfolgestreites Kleve, die Grafschaften Mark und Ravensberg sowie die Herrschaft Ravenstein 1614 zu Brandenburg.

Damit erstreckte sich das kurfürstlich-brandenburgische Territorium von der Westgrenze des Reiches bis über seine Ostgrenze hinaus. Einziges geschlossenes Gebiet bildete die Mark Brandenburg, während die anderen Landesteile wie ein Flickenteppich, unterbrochen von anderen Territorien, über das gesamte »Heilige Römische Reich« und darüber hinaus verstreut lagen.

Die unentschiedene Haltung des regierenden Kurfürsten im Dreißigjährigen Krieg trug dazu bei, daß Brandenburg als Durchzugsland und Kampfgebiet unter Kaiserlichen und Schweden gleichermaßen zu leiden hatte. Von 1626 an war die Mark ständig Kriegsschauplatz und von fremden Truppen besetzt. Am Ende des Krieges bot Brandenburg ein trostloses Bild. Die Hälfte der Gesamtbevölkerung hatte der Krieg verschlungen. Zerstörte und verlassene Dörfer, Einzelgehöfte und Güter, entvölkerte Städte – Brandenburg war zu einem der am stärksten verwüsteten Gebiete Deutschlands geworden.

Obwohl Friedrich Wilhelm, der Große Kurfürst, 1640 die Herrschaft über ein völlig verarmtes Land antrat, begann er ein stehendes Heer aufzubauen. Mit ihm führte er, bei wechselnden Koalitionspartnern, eine aktive Außenpolitik. So erreichte er 1660 im Frieden von Oliva die Souveränität Preußens von polnischer Lehnshoheit. Im Innern beschränkte oder beseitigte der Große Kurfürst die Macht und Rechte der Stände, Landesteile, Städte und Domkapitel und errichtete seine absolute Herrschaft. Den Adel verpflichtete er sich durch Gewährung von Steuerfreiheit und der Garantie der gutsherrlichen Rechte, womit er die Grundlage für das Herrschaftssystem in Preußen schuf. Das kleine stehende Heer (1656 waren es 22000 Mann) erreichte in den Auseinandersetzungen im Reich beachtliche Erfolge. Am bedeutendsten und bereits von den Zeitgenossen am stärksten beachtet war der Sieg gegen die erneut in die Mark eingefallenen Schweden am 28. Juni 1675 bei Fehrbellin.

Der in Holland erzogene Kurfürst versuchte völlig im Sinne der merkantilistischen Lehren seiner Zeit, das von ihm regierte Kurfürstentum wirtschaftlich und kulturell zu entwickeln. Von größter Tragweite sollte sich hierbei das Edikt von Potsdam vom 8. November 1685 erweisen, das die Grundlage für die Einwanderung von mehr als 20000 aus Frankreich vertriebenen Hugenotten bildete. Diese trugen durch ihre Kenntnisse und Kultur zum Aufblühen Brandenburgs bei. Kurbrandenburg bildete beim Tode des Großen Kurfürsten ein Staatswesen, das im Hinblick auf den Umfang seines Territoriums und die Größe des Heeres einigen europäischen Königreichen nicht nachstand.

Hauptbestreben seines Sohnes und Nachfolgers Friedrich III. (1688–1713) war es, diesem Umstand entsprechenden Glanz zu verleihen. Im Vordergrund stand dabei der Erwerb der Königswürde. Nach diplomatischen Bemühungen und dem Einsatz von brandenburgischen Truppen in Kriegen des Hauses Habsburg erhielt er die Zustimmung des Kaisers zur Errichtung der unumschränkten Herrschaft in dem 1660 von der Lehnshoheit Polens befreiten Preußen. Am 18. Januar 1701 krönte er sich und seine Gemahlin in Königsberg selbst zu Friedrich I. König in Preußen.

In den Jahren seiner Regierung erhielt die Haupt- und Residenzstadt Berlin ein repräsentatives Gesicht. Im Juli 1700 erfolgte die Gründung der späteren Preußischen Akademie der Wissenschaften, 1694 war bereits die Universität Halle gegründet und Andreas Schlüter zum Hofarchitekten berufen worden.

Mit der Entstehung des Königreiches Preußen bildete Brandenburg eine seiner Provinzen, seine Geschichte war nun Teil der des Staates Preußen. Unter dem Nachfolger des

Kurbrandenburgische Musketiere um 1680

ersten Königs in Preußen, Friedrich Wilhelm I. (1713–1740), des Soldatenkönigs, begann eine mit strenger Hand betriebene Sanierung des Staates. Neben dem Ausbau der Armee – Friedrich Wilhelm I. übernahm 40 000 Mann und hinterließ seinem Sohn ein Heer von 80 000, standen Bemühungen um den Ausbau der Gewerbetätigkeit und des Ackerbaues.

Dieses alles nutzte sein Sohn Friedrich II., den Europa bereits zu dessen Lebzeiten den Großen nannte, um seinen Staat zu einer der führenden Mächte in Europa zu entwikkeln. In den drei Kriegen um Schlesien (Erster Schlesischer

Friderizianische Musketiere vom Infanterieregiment von Schwerin, 1757

Krieg 1740–1742, Zweiter Schlesischer Krieg 1744/45) und dem Siebenjährigen Krieg (1756–1763) betraten erstmals seit dem Dreißigjährigen Krieg gegnerische Truppen die Provinz Brandenburg. Das Eindringen der Russen in die Neumark, die Belagerung Küstrins sowie die vorübergehende Besetzung Berlins 1757 und Brandschatzungen durch Österreicher und Russen machten die Kurmark wieder zum Kriegsschauplatz.

Das Elend als Folge der Kriege Friedrichs wurde noch übertroffen von der langjährigen Franzosenherrschaft nach der Niederlage in der Schlacht bei Jena und Auerstädt 1806.

Die Franzosen, denen mit wenigen Ausnahmen kaum Widerstand entgegengesetzt wurde, überschwemmten die Mark, die siegreichen Soldaten Napoleons drangen bis in die östlichste Provinz des Königreiches, nach Ostpreußen, vor.

Besatzung und Kontributionen lasteten schwer auf den Städten und Dörfern. Die durchziehenden Franzosen und ihre Verbündeten saugten auf ihrem Feldzug gegen Rußland erneut Brandenburg, Pommern und Schlesien aus. Nochmals geschah Ähnliches, als sich die geschlagenen Franzosen zurückziehen mußten. Brandenburg wurde vorübergehend zum Kriegsschauplatz. Der von Fontane eindringlich beschriebene Tag von Großbeeren, als durch einen Sieg der verbündeten Preußen, Schweden und Russen im Süden Berlins die Hauptstadt vor einer erneuten Besetzung durch die Franzosen gerettet wurde, macht das deutlich.

Für die Gestaltung der Provinz Brandenburg hatten die Jahre bis 1815 entscheidende Bedeutung. Brandenburg wandelte sich im Ergebnis der einschneidenden Reformen in Preußen, und sein Territorium wurde so festgelegt, wie es bis 1945 weitgehend bestehen blieb. In die Regierungsbezirke Potsdam und Frankfurt/Oder gegliedert, gehörten zu ihr die ehemals sächsische Niederlausitz, während die Altmark der neu gebildeten preußischen Provinz Sachsen zugeschlagen wurde.

Als Ergebnis der Entstehung Groß Berlins im Jahre 1920 verlor die Provinz Brandenburg nach dem Ersten Weltkrieg Teile der die Hauptstadt umgebenden Kreise und deswegen nicht unbeträchtliche Steuereinnahmen.

Dennoch entwickelte sich Brandenburg wirtschaftlich. Es gab neben Land- und Forstwirtschaft und darauf aufbauend der verarbeitenden Industrie verschiedene industrielle Zentren wie die Tuchindustrie in der Niederlausitz, reiche Braunkohlenvorkommen, Eisenindustrie u. a. m. Während der nationalsozialistischen Herrschaft erhielt sich der industrielle Aufschwung durch neue Rüstungsindustrien.

Ebenso wie im Ersten Weltkrieg blieb die Provinz bis zum Ende des Zweiten Weltkrieges von Kriegshandlungen weitgehend verschont. Die Luftangriffe, mit Ausnahme derer auf Berlin und vereinzelter Industriestandorte, waren mit denen auf andere deutsche Gebiete nicht zu vergleichen. Erst seit Ende Januar 1945 traf der Krieg vor allem das ostbrandenburgische Gebiet und dann die Landstriche zwischen Oder und Berlin mit voller Wucht. Städte wie Küstrin, Frankfurt und Fürstenwalde wurden weitgehend zerstört, viele Dörfer und Einzelgehöfte vor allem im Oderbruch waren Trümmerhaufen geworden.

Nach der bedingungslosen Kapitulation der Deutschen Wehrmacht erfolgte eine völlige Neugliederung auf der Grundlage von Befehlen und Verordnungen der Besatzungsmächte. Für die östliche Besatzungszone ordnete die Sowjetische Militäradministration Deutschlands am 9. Juli 1945 die Bildung der Provinz Brandenburg ohne die Gebiete jenseits von Oder und Neiße an. Auf Beschluß des Alliierten Kontrollrates vom 25. Februar 1947 wurde Preußen in aller Form aufgelöst. Aus diesem Grunde erhielt die Provinz am 24. Juli 1947 die Bezeichnung Land Brandenburg, Sitz der Landesregierung war Potsdam.

Nach Gründung der Deutschen Demokratischen Republik am 7. Oktober 1949 wurden mit dem Gesetz vom 13. Juli 1952 die Länder abgeschafft. Aus dem Land Brandenburg entstanden die Bezirke Cottbus, Frankfurt/Oder und Potsdam.

Seit 1990 besteht das Land Brandenburg in der wesentlich 1945 von den Besatzungsmächten geprägten geographischen Gestalt wieder.

2.
Militär in Brandenburg

Seit Beginn der Herausbildung eines stehenden Heeres unter dem Großen Kurfürsten war die Kurmark (die spätere Provinz Brandenburg) Standort von Soldaten verschiedener Waffengattungen.

In den Festungen und wenigen großen Städten der Stammlande wie Berlin, Spandau, Peitz und Küstrin waren die geworbenen Truppen des Großen Kurfürsten einquartiert. Das brandenburgische Heer, das 1674 gegen die Franzosen an den Rhein zog, hatte eine Stärke von 16942 Mann und führte 50 Kanonen mit. Davon kamen aus der Mark Brandenburg:

»300 Mann Sr. Kurf. Durchlaucht Trabanten-Garde, 516 Mann Prinz Friedrichs Durchl. in der Mark Brandenburg, 600 Mann Herren Generalfeldmarschalls Derfflingers in der Neumark, 400 Mann Hessen-Homburgisches Regiment in der alten Mark und 400 Mecklenburgische in der alten Mark. Neben den Kürassieren kamen 1320 Dragoner vor allem aus Pommern, die Infanterie, bis auf 1200 Mann Sr. Kurf. Durchl. Leibgarde aus Berlin.« (Nach E. Vehse, Illustrierte Geschichte des preußischen Hofes des Adels und der Diplomatie, 1. Bd. Stuttgart 1901, S. 55)

Sein Heer kostete dem Kurfürsten bei einem Gesamteinkommen von 2,5 Millionen jährlich über eine Million Taler.

Die prachtvolle Zurschaustellung des Hofes unter seinem Sohn, dem späteren König in Preußen, Friedrich I., darf ebensowenig wie die Akademiegründung und der Bau prunkvoller Paläste darüber hinwegtäuschen, daß die Verhältnisse in dem jungen Königreich alles andere als ein Idyll waren, wozu das Soldatenwesen nicht wenig beitrug.

»Noch herrschte zu Anfang des achtzehnten Jahrhunderts in den Brandenburger Marken sowohl auf dem platten Lande, als in den Städten, und selbst auch noch in der Hauptstadt, viel mittelalterliche Hinneigung zum Faustrecht. Auch das seit dem Dreißigjährigen Krieg und dem Großen Kurfürst aufgekommene Soldatenwesen veranlaßte eine Gewalttätigkeit, die bei den Werbungen und Einquartierungen zu den größten Freveln an

Offizier und Wehrleute der Kurmärkischen Landwehr-Infanterie

Personen und Eigentum, eine Wildheit der Sitten, die zu den gröbsten Ausschreitungen, Diebereien und Räubereien führte, ... Im Anfang kam das Desertieren ungemein häufig vor, schon seit dem ersten Regierungsjahre des Königs erschienen fast jährlich Erlasse dagegen. Die ›abscheuliche Todesstrafe des Stranges‹, so heißt es in einem Patent von 1711, half nichts, deshalb ward der Deserteur für ehrlos erklärt, ihm die Nase und ein Ohr abgeschnitten, er kam, an die Karre geschmiedet, zu schwerer Arbeit lebenslänglich auf die Festung. Dazu kam noch 1712 das von Rußland stammende Spießrutenlaufen und Brandmarken. Bei den häufigen Desertionen der Soldaten mußte den Bleibenden um so mehr durch die Finger gesehen werden.

Und sie trieben es dann auch sehr arg. 1699 mußte ein Edikt erlassen werden, daß jeder Soldat, der durch Einbruch oder Diebstahl, wenn auch noch nicht von zehn Talern Werts, beginge, ohne Gnade gehängt werden solle. ... In diesem Jahre, 1705, war eine Räuberbande nach Berlin eingeschlichen und hatte hier bei hellem, lichtem Tage in den Häusern die Bürger gebunden und vor ihren Augen ihre Habseligkeiten geraubt. ... 1710 ward durch Trommelschlag öffentlich bekannt gemacht, daß der Strang auf jeden Diebstahl über vier Thaler Werts gesetzt sei: nichtsdestoweniger wurden aus der Toilette der Königin Sophie Luise mehrere tausend Thaler gestohlen, und der Dieb blieb verborgen ...« (E. Vehse, S. 137f.)

Dennoch war das preußische Heer beim Tode Friedrichs I. 30 000 Mann stark, wobei entsprechend dem auf Repräsentation bedachten Regierungsstil die teuren Garden im Vordergrund standen. Neben der Kadettenkompanie bestanden drei Garden zu Fuß und drei zu Roß, wobei die Schweizergarde, im Berliner Schloß stationiert, durch besonders kostbare, aber wenig zweckmäßige Bekleidung und Bewaffnung glänzte.

Völlig anders sein wirtschaftlich und nüchtern denkender Sohn und Nachfolger Friedrich Wilhelm I., der als »Soldatenkönig« in die Geschichte einging. »Sechs Monate«, schrieb seine Tochter, die Markgäfin Wilhelmine von Bayreuth, in ihren Memoiren, »blieb der Hof noch auf dem alten Fuß, dann ward er völlig umgeändert. Wer des Königs Gunst erlangen wollte, mußte Sturmhaube und Küraß anlegen, alles war Offizier und Soldat, von dem alten Hofe blieb keine Spur übrig.« In der Regierungszeit des Soldatenkönigs führte Fürst Leopold von Anhalt-Dessau, der »Alte Dessauer«, den Gleichschritt und den eisernen Ladestock in die Preußische Armee ein. Beim Tode Friedrich Wilhelm I. zählte die Armee 89 000 Mann. Die für Rekrutierungszwecke vorgenommenen rüden Werbungen in deutschen und außerdeutschen Staaten führten zu einer Reihe von diplomatischen Verwicklungen und waren kostspielig. Nicht zuletzt bestand die Gefahr, daß durch die planlose Werbung Lücken in die Reihen der ländlichen und städtischen Arbeitskräfte Brandenburgs und der übrigen preußischen Provinzen gerissen wurden. Ausweg bildete das 1733 eingeführte Kantonsystem, nach dem jedes Regiment ein etwa 5 000 Stellen umfassendes Gebiet (Kanton) für die Auffüllung zugewiesen bekam.

Die ganze Leidenschaft des sonst sparsamen Königs nahm das in Potsdam stehende Grenadierregiment aus besonders ausgesuchten, großen Soldaten ein. Sein Nachfolger Friedrich II. der Große, löste es auf und bildete aus ihm den Stamm von fünf neuen Regimentern.

Wegen der tiefen Wunden, die der Siebenjährige Krieg der Bevölkerung in Brandenburg zufügte, ging diese um 10 Prozent und in der Neumark um 27 Prozent zurück. Die Preußische Armee war am Ende der Regierung Friedrich des Großen zahlenmäßig stärker als je zuvor. Sie zählte 200 000 Mann. Über die Hälfte der 22 Millionen Taler betragenden Staatseinnahmen wurden für sie ausgegeben.

Seit Mitte des 18. Jahrhunderts begann – zunächst sehr langsam – die Errichtung von Kasernengebäuden in den Garnisonstädten, in die anschließend die Soldaten mit Familien aus den früher üblichen Bürgerquartieren verlegt wurden. Das Auf und Ab der Geschichte des Preußischen und später preußisch-deutschen Staates im 19. und 20. Jahrhundert veränderte spürbar Standorte, Garnisonen und Verhältnisse der Soldaten auch in Brandenburg. Dennoch blieb durchaus eine Kontinuität bei Garnisonen, Übungsplätzen und anderen militärischen Einrichtungen bis zur Gegenwart erhalten.

Die Garnison mit ihren Soldaten bestimmte nicht selten in großem Umfange Bild und Leben der märkischen Mittel- und Kleinstädte.

In der Provinz Brandenburg und der Hauptstadt des Reiches, Berlin, standen vor 1914 das Gardekorps und die Verbände des III. Armeekorps sowie verschiedene Schulen und andere militärische Einrichtungen. Die 1. und 2. Gardedivision waren in Berlin und Potsdam sowie den unmittelbar in der Umgebung der Hauptstadt liegenden Städten wie Spandau und Charlottenburg disloziert. Von den zum Korps gehörenden selbständigen Truppenteilen lagen die Feldartillerie-Schießschule mit Lehrregiment und die Fußartillerie-Schießschule mit Lehrregiment in Jüterbog, das Fliegerbataillon Nr. 1 in Döberitz, Jüterbog und Großenhain.

Vom III. AK lagen vor allem die Verbände der 5. Division (Frankfurt a. O.) ostwärts Berlin in Garnison. Dazu gehörte die 9. Infanterie-Brigade mit dem Leib-Grenadier-Regiment König Friedrich Wilhelm III. (1. Brandbg.) Nr. 8 in Frankfurt a. O. und dem Infanterie-Regiment v. Stülpnagel (5. Brandenbg.) Nr. 48 in Küstrin. Das Grenadier-Regiment Prinz Carl v. Preußen (2. Brandenbg.) Nr. 12 in Frankfurt a. O. sowie das Infanterie-Regiment v. Alvensleben (6. Brandenbg.) Nr. 52 in Cottbus-Crossen bildeten die

Oberleutnant und Grenadier vom Leibregiment Nr. 8 (1. Brandenburgisches)

10. Infanterie-Brigade. Von der 5. Kavallerie-Brigade standen das 1. Brandenburgische Dragoner-Regiment Nr. 2 in Schwedt und das Ulanen-Regiment Kaiser Alexander II. v. Rußland (1. Brandenbg.) Nr. 3 in Fürstenwalde. Zur 5. Feldartillerie-Brigade gehörte das Feldartillerie-Regiment General-Feldzeugmeister (2. Brandenbg.) Nr. 18 in Frankfurt a. O. sowie das Neumärkische Feldartillerie-Regiment Nr. 54 in Küstrin und Landsberg a. d. Warthe.

Die 6. Division (Brandenburg) bestand aus der 11. und 12. Infanterie-Brigade, der 6. Kavallerie- und Feldartillerie-Brigade. Von der Infanterie lag das Infanterie-Regiment Graf Tauentzien v. Wittenberg (3. Brandenbg.) Nr. 20 in Wittenberg in Garnison und das Füsilier-Regiment Prinz Heinrich v. Preußen (Brandenbg.) Nr. 35, beide 11. Infanterie-Brigade, in

Reichswehrsoldat Infanterieregiment 9

Panzeroffizier der Wehrmacht

Wittenberg, das Infanterie-Regiment Großherzog Friedrich Franz II. v. Mecklenburg-Schwerin (4. Brandenbg.) Nr. 24 von der 12. Infanterie-Brigade in Neuruppin und das Infanterie-Regiment Generalfeldmarschall Prinz Friedrich Karl v. Preußen (8. Brandenbg.) Nr. 64 in Prenzlau-Angermünde. Das zur 6. Kavallerie-Brigade gehörende Kürassier-Regiment Nikolaus I. v. Rußland (Brandenbg.) Nr. 6 stand in Brandenburg und das Husaren-Regiment v. Zieten (Brandenbg.) Nr. 3 in Rathenow. Während das Feldartillerie-Regiment General-Feldzeugmeister (1. Brandenbg.) Nr. 3 ebenfalls die Stadt Brandenburg zur Garnison hatte, lag das Kurmärkische Feldartillerie-Regiment Nr. 39 in Perleberg. Dem Korps unterstellt war das Brandenburgische Jäger-Bataillon Nr. 3 in Lübben, das Pionier-Bataillon v. Rauch (1. Brandenbg.) Nr. 3 in Spandau, das 2. Brandenburgische Pionier-Bataillon Nr. 28 in Küstrin, das Telegraphen-Bataillon Nr. 2 in Frankfurt a. O. und Cottbus sowie die Brandenburgische Train-Abteilung Nr. 3, die in Spandau stand.

Die restriktiven militärischen Bestimmungen des Versailler Vertrages führten ebenso wie in ganz Deutschland auch in der Provinz Brandenburg zu einschneidenden Veränderungen bei den Garnisonen. Die Verringerung des Reichsheeres auf 100 000 Mann ließ auch die Anzahl der benötigten Standorte und militärischen Einrichtungen beträchtlich sinken. In Berlin befanden sich nicht nur der Sitz des Reichswehrministeriums und der Heeresleitung, sondern auch das Gruppenkommando 1. und das ihm unterstellte Kommando der 3. Division, das zugleich Wehrkreiskommando III war. Es umfaßte Brandenburg und Schlesien. In diesem Raum lagen ferner Verbände der 1. Kavalleriedivision mit ihrem Stab in Frankfurt a. O. Wenn auch zu jeder Infanteriedivision drei Regimenter, ein Artillerieregiment, ein Pionierbataillon, je eine Nachrichten-, Kraftfahr-, Fahr- und Sanitätsabteilung sowie eine Reiterschwadron und Ausbildungseinheiten (drei Infanteriebataillone, eine Batterie) gehörten – die Kavalleriedivision hatte sechs Reiterregimenter, eine reitende Artillerieabteilung und sechs Eskadronen als Ausbildungseinheit –, so hielten diese Verbände keinem Vergeich mit den aufgeführten Stärken des Heeres der Vorkriegszeit stand.

Das bedeutete für Brandenburg, daß nur in wenigen der traditionellen Standorte Truppen verblieben.

Dazu gehörte Potsdam mit dem bekannten Infanterieregiment 9. In der Stadt befanden sich Anfang der dreißiger Jahre sein Regimentsstab, das I. und II. Bataillon sowie die Minenwerferkompanie, der Regimentsstab mit der 1., 3. und der Ausbildungs-Eskadron des Reiterregiments 4, die IV. (reitende) Abteilung des Artillerieregiments 3 und die 3. Nachrichtenabteilung. Insgesamt lagen 1931 hier 2 000 Soldaten in Garnison. Weitere Reichswehrstandorte gab es u. a. in Fürstenwalde, Frankfurt a. O. und Küstrin.

Neben der Beschränkung des Reichsheeres kamen bei der Standortfrage auch neue Faktoren hinzu, die vor allem beim Auf- und Ausbau der Wehrmacht wirksam wurden. Mit zunehmender Technisierung des Heeres hatten Kasernenanlagen in Städten eine für die Ausbildung wenig effektive Lage. Aus diesem Grunde wurde die Truppe verstärkt an die Peripherie der Gemeinden und Städte verlegt. Mit der Vergrößerung der Wehrmacht und der beschleunigten Aufrüstung kamen zu den traditionellen Standorten in Brandenburg neue, darunter Schul- und Ausbildungseinrichtungen, hinzu. Letztere spielten insbesondere für die Luftwaffe sowie die neu geschaffene Panzertruppe eine besondere Rolle.

Im Osten Brandenburgs, in der Neumark, entlang der Grenze, wurden seit 1934 die Befestigungen im Oder-Warthe-Bogen errichtet. Westlich der Städte Züllichau, Schwiebus, Meseritz und Schwerin gelegen, schlossen sie im Norden an den Pommernwall und im Süden bei Odereck an die stromauf verlaufende Oderstellung an. Die Befestigungen im Oder-Warthe-Bogen, bei Kriegsbeginn im unterschiedlichen Grade fertiggestellt, bestanden aus Panzerwerken, die in Gruppen miteinander verbunden waren. In ihrem Hinterland befanden sich Heeresstandorte, so in Meseritz, Schwiebus, Schwerin, und Lager für die Ausbildung mit großen Unterkunftsmöglichkeiten verschiedener Ausführung, Steinbauten bzw. Baracken.

Im Jahre 1939 war in Brandenburg das III. Armeekorps disloziert. Der Divisionsstab der dazugehörigen 3. Division befand sich in Frankfurt a. O., die Bataillone des IR 8 hatten ihre Garnisonen in Frankfurt a. O. und Lübben, die des IR 29 in Guben und Grünberg in Schlesien, vom IR 50 standen die Einheiten in Landsberg a. W. und Küstrin. Das MG-Bataillon 8 lag in Züllichau, die Abteilungen des Art.Rgt. 3 standen in Frankfurt a. O. und Crossen und die I. Abteilung des Art.Rgt. 39 in Küstrin, während seine II. Abteilung sowie die Beobachtungsabteilung 3 ihre Garnison in Frankfurt hatten.

In Frankfurt a. O. befanden sich weiterhin die Panzerabwehr- und Nachrichtenabteilung 3 sowie die Grenznachrichtenabteilung 71 und zwei von den Sanitätsstaffeln der Sanitätsabteilung 3. Das Pionierbataillon 3 lag in Küstrin. In Crossen, Fürstenwalde, Küstrin, Landsberg, Lübben, Guben, Meseritz, Schwerin, Tiborlager und Züllichau befand sich jeweils eine Sanitätsstaffel.

Potsdam war der Standort der 23. Infanteriedivision. Hier lag neben dem Divisionsstab das IR 9 »Graf 9«, das IR 67 hatte Berlin-Spandau zur Garnison (das E-Bataillon in Wittenberg), das IR 68 lag bis auf zwei E-Bataillone, die in Rathenow stationiert waren, in Brandenburg. Das Art.Rgt. 23 lag in Potsdam, ebenso wie die Nachrichten-, Panzerabwehr- und die Sanitätsabteilung 23 mit einer Staffel. Pionierbataillon und Kraftfahrabteilung 23 hatten ihre Garnisonen in Spandau bzw. Rathenow, in Berlin Brandenburg, Döberitz, Jüterbog, Kummersdorf, Rathenow und Zossen standen Sanitätsstaffeln der Sanitätsabteilung 23.

Neben den Wehrersatzinspektionen Berlin, Potsdam und Frankfurt a. O. und den Landwehrkommandeuren Berlin und Lübben befanden

Mot.-Schütze der NVA

Pionier der Bundeswehr

sich weitere dem Korps unterstellte Einheiten und Einrichtungen in beträchtlichem Umfang in der Provinz Brandenburg. Dazu gehörte das Wachregiment Berlin, die Truppenübungsplätze Döberitz, Jüterbog, Wandern und Zossen, die Grenzübungslager Regenwurm- und Tiborlager. Das Kavallerieregiment 9 lag in Fürstenwalde.

Zugleich befanden sich im Bereich des Korps dem OKW, OKH sowie der Heeresgruppe 1 nachgeordnete Dienststellen. Darunter das Reichskriegsgericht und die Wehrwirtschaftsinspektion III, die Kriegsakademie, die Kriegschule Potsdam, die Infanterieschule Döberitz, die Heeresunteroffiziersschule Potsdam, die Kavallerieschule Krampnitz, die Artillerieschule Jüterbog, die Panzertruppenschule Wünsdorf, die Pionierschule I in Berlin-Karlshorst, das Eisenbahnpionierlehrbataillon in Fürstenwalde und die Heereswaffenmeisterschule in Berlin-Treptow.

Von den der Heeresgruppe 1 nachgeordneten Dienststellen befanden sich die Grenzkommandantur in Küstrin, die Grenzinfanterieregimenter 121 in Crossen und Tiborlager, 122 in Meseritz und Regenwurmlager, 123 in Schwerin, die Grenzartillerieabteilung 101 in Jüterbog. Die dazu gehörende Grenznachrichtenabteilung 71 stand in Zielenzig, das Grenzpionierbataillon 71 in Schwiebus. Die Festungsinspektion III befand sich in Küstrin und die Inspektion der Ostbefestigungen in Berlin.

Nicht vergessen werden dürfen die modernsten Verbände des Heeres im XV. und XVI. AK, von denen ebenfalls eine bestimmte Anzahl in Brandenburg dislozierte. Darunter der Stab der 3. leichten Division in Cottbus, wo sich auch das Kavallerieschützenregiment 8 befand. Das Pionierbataillon 59 hatte seine Garnison in Crossen, die Sanitätsabteilung 48 lag mit einer Staffel in Cottbus.

Vom XVI. AK, dessen Stab in Berlin stand, hatte die 3. Pz.Div. ihre Standorte völlig in der Mark. Die 3. Schützenbrigade lag in Eberswalde, Bad Freienwalde, Stahnsdorf und Rheinsberg. Die 3. Panzerbrigade hatte das Pz.Rgt. 5 in Bernau und das Pz.Rgt. 6 in Neuruppin zu stehen. Sein Pionierbataillon 39 hatte die Garnison in Rathenow, die Nachrichtenabteilung in Stahnsdorf. Die Sanitätsabteilung 39 war in Berlin, Bad Freienwalde, Eberswalde, Neuruppin, Stahnsdorf und Wünsdorf disloziert. (Nach: F. Stahl, Heereseinteilung 1939, Bad Nauheim 1954.)

Die Aufzählung zeigt die Bedeutung der Provinz für die Wehrmacht, und umgekehrt läßt sie vermuten, in welchem hohen Maße die Soldaten das Leben der Provinz Brandenburg bestimmten.

Ähnliches gilt für die Jahre des Zweiten Weltkrieges. Von dem aus Feld- und Ersatzheer bestehenden Kriegsheer befanden sich bedeutende Teile des Ende 1944 2,572 Millionen Mann zählenden Ersatzheeres mit seinen Kommandobehörden, Verwaltungsdienststellen, Ersatz- und Wachtruppen, Schulen, Lehr- und Versuchstruppen auf brandenburgischem Gebiet. Verwiesen werden soll hier nur auf die aus der Kavallerieschule hervorgegangene Panzertruppenschule II in Krampnitz, die Hauptquartiere des Heeres bei Zossen, der Luftwaffe bei Potsdam und der Kriegsmarine bei Bernau. Verschiedene Ersatz- und Ausbildungseinheiten waren vor allem in der zweiten Hälfte des Krieges auf Grund der Luftgefährdung in Barackenlagern untergebracht, deren Standorte in der Nähe kleiner Orte und Dörfer lagen, die zum großen Teil heute in Vergessenheit geraten sind.

Nach dem Krieg übernahm die Sowjetarmee einen großen Teil der militärischen Anlagen der Wehrmacht, das waren 1989 4,2 Prozent der Landesfläche. Die ehemaligen sowjetischen Streitkräfte hatten 48 Prozent der von ihnen benutzten

Liegenschaften auf dem Gebiet Brandenburgs, darunter als bekannteste Beispiele Zossen-Wünsdorf sowie das ehemalige Gelände der Schule der Schnellen Truppen in Krampnitz im Norden Potsdams.

Einer der wichtigsten Standorte der Kasernierten Volkspolizei, der Vorläuferin der NVA, war Potsdam. Hier lag eine mechanisierte Bereitschaft mit zahlreichen Truppenteilen. Weitere Garnisonen befanden sich u.a. in Oranienburg, Burg, Glöwen, Niederlehme und Mittenwalde.

Das brandenburgische Territorium gehörte zum Militärbezirk V der NVA. Das Ministerium für Nationale Verteidigung hatte in Strausberg bei Berlin seinen Sitz, in der Umgebung Potsdams das Kommando der Land- und Luftstreitkräfte sowie zahlreiche Verbände und selbständige Truppenteile. Zum Beispiel lagen der Stab der 1. Mot. Schützendivision in Potsdam-Eiche, das 1. MSR in Oranienburg, das 2. in Stahnsdorf und das 3. in Brandenburg. In Havelberg lag das Pionier-Ausbildungsbataillon 19, in Neu-Hardenberg das Transportflieger-Geschwader 44 und das Jagdflieger-Geschwader 8.

Am 2. Oktober 1990 wurde die NVA offiziell aufgelöst. Der Aufbau des Heeres in Brandenburg blieb von den Veränderungen in der Bundeswehr nicht unberührt. Die Zahl der benötigten Garnisonen und Übungsplätze verringerte sich.

Zu den Bundeswehreinrichtungen im Land Brandenburg zählen das IV. Korps in Potsdam sowie die zu den Korpstruppen gehörende Führungsunterstützungsbrigade 4 in Stahnsdorf, die Logistikbrigade 4 in Strausberg, die Sanitätsbrigade 4 in Perleberg und die Heeresfliegerverbindungs- und Aufklärungsstaffel 400 in Cottbus. Die 14. Panzergrenadierdivision hat Einheiten in Potsdam, Brandenburg, Brück und Lehnin. Von den Divisionstruppen setzen die Pionierbrigade in Storkow, das Transportregiment in Strausberg und das Panzeraufklärungsbataillon in Beelitz die wechselvollen Traditionen des Militärs in Brandenburg fort. Nicht zuletzt sei auf die Akademie für Information und Kommunikation sowie das Sozialwissenschaftliche Institut der Bundeswehr in Strausberg und das Militärgeschichtliche Forschungsamt in Potsdam hingewiesen.

3.
Truppengliederungen und Dokumente

Die veröffentlichten Dokumente und Berichte sind chronologisch geordnet. Solche ohne genaues Datum wurden entsprechend dem Ereignis, über das sie berichten, eingefügt. Auf die Wiedergabe von Dokumentenköpfen, Verteiler, Aktenzeichen usw. wurde in der Regel verzichtet. Die Überschriften enthalten Angaben über die Art des Dokuments/Berichts, den Verfasser und den Empfänger sowie über deren damalige Funktion, das Datum der Abfassung oder des betreffenden Ereignisses. Kürzungen sind / ... / gekennzeichnet. Der Quellennachweis ist jeweils am Ende des Dokumententextes vermerkt.

Garnisonen der postfriderizianischen Armee in Brandenburg

Infanterie:

Nr. 1 Regiment Graf v. Kunheim, Garnison: Berlin, Strausburg; Kanton: Der Storkowische, Beeskowische und Teile des Lebusischen, Teltowischen und Zauchischen Kreises.

Nr. 6 Grenadiergardebataillon, Garnison: Potsdam; Kanton: ohne.

Nr. 12 Prinz v. Braunschweig, Garnison: Prenzlau, Templin, Angermünde; Kanton: Teile des Stolpischen und Uckermärkischen Kreises in der Uckermark.

Nr. 13 Regiment Arnim, Garnison: Berlin, Spandau; Kanton: Glienische, Löwenbergsche und ein Teil des Niederbarnimschen Kreises in der Mittelmark.

Nr. 15 Regiment Garde, Garnison: Potsdam; Kanton: ohne.

Nr. 18 Regiment des Königs, Garnison: Potsdam, Spandau; Kanton: Teile des Ziesarschen, Arneburgschen, Seehausischen, Tangermündischen, Havelländischen und Lenzener Kreises.

Nr. 19 Regiment Götz, Garnison: Berlin, Küstrin; Kanton: Teile des Soldinschen, Königsbergschen, Arenswaldschen, Sternbergschen und Dramburgschen Kreises.

Nr. 23 Regiment Winning, Garnison: Berlin, Bernau; Kanton: Niederbarnimsche Kreis und Teile des Oberbarnimschen, Teltowschen und Stolpirischen Kreises.

Nr. 25 Regiment Möllendorf, Garnison: Berlin, Neustadt-Eberswalde; Kanton: Teile des Sternbergschen, Lebusischen, Landsberger, Friedrichsberger und Königsberger Kreises.

Nr. 26 Regiment Alt-Larisch, Garnison: Berlin, Crossen; Kanton: Teile des Lebusischen, Cottbusischen und Crossenschen Kreises.

Nr. 34 Regiment Prinz von Preußen, Garnison: Ruppin, Templin, Nauen; Kanton: Teile des Ruppinschen, des Ückermärkischen Kreises und der Priegnitz.

Nr. 35 Regiment Prinz Heinrich v. Preußen, Garnison: Königsberg i.d. Neumark, Pyritz und Küstrin; Kanton: Teile vom Bomstener, Meseritzer u. a. Kreise.

Nr. 36 Regiment Puttkammer, Garnison: Brandenburg, Köslin; Kanton: außerhalb Brandenburgs.

Leichte Infanterie:

1 Feldjägerregiment, Garnison: Mittenwalde, Beelitz, Zossen, Müncheberg und Treuenbrietzen; Kanton: Dem Rgt. sind die Kgl. und Städte-Unterförstersöhne obligat.

Das Feld-Artillerie-Corps:

1. und 3. Rgt. und 9. Bataillon und 3 reitende Kmp., Garnison: Berlin; Kanton: U. a. die Städte Trebbin, Mittenwalde, Sommerfeldt, Zielenzig, Drossen, Fehrbellin, Charlottenburg, Freienwalde, Wriezen, Oderberg, Nörenberg, Neuwedel, Bernstein, Callies, Platho, Regenwalde, Beeskow, Müllrose, Seelow, Alt-Landsberg, Biesenthal, Müncheberg, Deutsch-Krone, Märkisch-Friedland. Alles in allem 24408 Feuerstellen.

Pontoniere:

Garnison: Berlin; Kanton: ohne.

Das Ingenieurcorps:

Garnison: Berlin, Potsdam; Kanton: ohne.

Besondere Corps:

Adelige Cadettencorps, Garnison: Berlin.
Kadetten-Institut, Potsdam.
Academie militaire, Berlin.
Militär-Academie der Artillerie, Berlin.
Feldjäger-Corps zu Pferde, Garnison: Cöpenick; Kanton: Ergänzt aus Förster- oder Jägersöhnen.
Garde-Invaliden, Garnison: Werder.
Invaliden-Corps in Berlin, Garnison: Berlin.
Invaliden-Corps in den Provinzen, Garnison: Trebbin, Meseritz, Ziegenhals.

Kürassierregimenter:

Nr. 2 Regiment Schleinitz, Garnison: Kyritz, Perleberg, Wittstock, Wusterhausen, Gransee; Kanton: Teile des Ruppinschen und Havelbergschen Kreises sowie einige Städte, darunter Kyritz und Wittstock.

Nr. 10 Regiment Gensd'armes, Garnison: Berlin; Kanton: Havelberg, Sandau und Hornburg sowie 111 Dorfschaften im Halberstädtischen.

Nr. 13 Regiment Garde du Corps, Garnison: Potsdam, Berlin, Charlottenburg; Kanton: ohne.

Dragonerregimenter:

Nr. 1 Regiment Kurfürst v. Pfalz-Baiern, Garnison: Schwedt, Wriezen, Greifenhagen, Schönfließ und Lippehne; Kanton: Rummelburgsche und Teile des Neustettinschen Kreises.

Nr. 4 Regiment Katte, Garnison: Landsberg a.d. Warthe, Woldenburg, Bärwalde; Kanton: Teile des Landsbergischen und Friedbergischen Kreises.

Husarenregimenter:

Nr. 2 Regiment Göckingk, Garnison: Berlin, Fürstenwalde, Beeskow und Müllrose, Kanton: Aus den der IR Nr. 19 und 25 ergänzt.

Aus: Stammliste aller Regimenter und Corps der Königlich-Preußischen Armee. Für das Jahr 1804. Nebst Nachträgen und Verbesserungen bis zum 1sten Junius 1805. Mit allergnädigstem Privilegio. Berlin 1805.

Zur Geschichte der Stadt und Festung Küstrin

Sie geht auf eine frühmittelalterliche Burganlage zurück. Der Baubeginn der Festung erfolgte 1536 unter Markgraf Johann aus einer Seitenlinie der Hohenzollern. Er regierte seit dem Tode seines Vaters, Joachim I., in der Neumark und Lausitz. In der Kurmark, dem Gebiet Brandenburgs westlich der Oder, Alt- und Mittelmark herrschte sein Bruder Joachim II. Nach anfänglichen Schwierigkeiten auf Grund der Hochwasser von Warthe und Oder war die Festung etwa 1557 in ihrer heutigen Grundform fertig.

Innerhalb der Festung, die etwa die Form eines an der Oder gelegenen Rechtecks hatte, lag die Stadt mit Marktplatz. Der Festungscharakter bestimmte die Entwicklung und das Schicksal der Stadt. Sie erlebte drei Belagerungen, von denen sie zwei überstand.

1. Am 14. August 1758 erschienen erstmals die Russen vor Küstrin und beschossen es. Während die Bürgerhäuser der Stadt in Flammen aufgingen, blieben die Festungsanlagen erhalten. Friedrich der Große war inzwischen in Gewaltmärschen auf dem linken Oderufer mit seiner Armee aus Schlesien herbeigeeilt, setzte bei Küstrin über den Fluß und schlug die Russen in der Zorndorfer Schlacht (25. August 1758). Diese verließen daraufhin die stark in Mitleidenschaft gezogene Neumark.

2. Nach der preußischen Niederlage bei Jena und Auerstädt erreichten die Franzosen am 31. Oktober 1806 die Mauern von Küstrin. Der Kommandant, Oberst von Ingersleben, handelte noch in derselben Nacht die Kapitulation aus. Sie erfolgte gegen den Willen der Soldaten der in der Festung stationierten Depotbataillone Prinz Heinrich, Prinz Oranien und von Zangen sowie 500 Mann Festungsartillerie. Für diese schmähliche Handlungsweise wurde Ingersleben später zum Tode verurteilt. Küstrin blieb bis zum 20. März 1814 in französischer Hand.

3. Bei der Belagerung der zur Festung erklärten Stadt im Februar/März 1945 wurde die Altstadt, der Bereich der historischen Festung, fast völlig zerstört. Ihre Reste durch Polen in den siebziger Jahren nahezu eingeebnet. Auf der einzig erhaltenen Bastion »König« befindet sich ein sowjetisches Ehrenmal mit einem Soldatenfriedhof. Die Küstriner Neustadt ist heute das polnische Kostrzyn. Auf der zur Bundesre-

publik gehörenden Dammvorstadt oder Langen Vorstadt befindet sich ein Grenzübergang, die übrigen Teile der durch Oder und den Vorflutgraben gebildeten Insel sind für die Öffentlichkeit nicht zugänglich. Küstrin-Kietz, einst ein Teil der Stadt, ist eine selbständige Gemeinde.

Küstrin war Schauplatz der bekannten Katte-Tragödie. »Und doch wiegt dieser Tag (6. November 1730 – der Tag, an dem Leutnant Katte, der Freund des damaligen Kronprinzen Friedrich, in Küstrin enthauptet wurde – d. Verf.) schwerer als die Gesamtsumme dessen, was vorher und nachher an dieser Stelle geschah, und mag als Gegenstück zu dem 18. Juni 1675 gelten, zu dem ›Tag von Fehrbellin‹. Mit diesen beiden Tagen, dem heiteren 18. Juni und dem finsteren 6. November beginnt unsere Großgeschichte. Aber der 6. November ist der größere Tag, denn er veranschaulicht in erschütternder Weise jene moralische Kraft, aus der dieses Land, dieses gleich sehr zu hassende und zu liebende Preußen erwuchs.« (Th. Fontane, Wanderungen durch die Mark. Das Oderland, Berlin 1980, S. 324)

Die Festung Küstrin wurde bereits vor dem Ersten Weltkrieg aufgehoben, ihre verbliebenen Befestigungen auf Anordnung der Siegermächte nach 1918 geschleift. Es blieben Teile als historische Sachzeugen erhalten, sie spielten in den Kämpfen 1945 eine Rolle.

Zusammengestellt vom Vf.

Gliederung der Heeresgruppe Weichsel

Stand Anfang April 1945. Eine eindeutige Gliederung kann nicht aufgestellt werden, da Dokumente hierzu fehlen, Unterstellungen und Einheitsbezeichnungen häufig wechselten. Vorhanden ist eine Karte für die 9. Armee vom 15. April 1945, die die im OKH bekannte Lage wiedergibt. Sie bildet neben weiteren Dokumenten und der Literatur die Basis für die folgende Aufstellung.

OB.: Generaloberst Gotthard Heinrici (seit 21. 3. 1945)
Chef des Stabes: Generalleutnant Eberhard Kinzel (seit 21. 3. 1945)
Gefechtsstand: Birkenhain (s. Prenzlau)

II. Flieger-K.:
1. Flieger-Div. Neubrandenburg
4. Flieger-Div. Bad Saarow

Auf Zusammenarbeit mit der HG Weichsel angewiesen.

II. Flak-K.:

Pz.-Ausb.-Verb. »Ostsee«:
Raum: Prenzlau
Pz.Ausb.Abt. 5, Pz.Gren.Ausb.Rgt. 1, Pz.Gren.Ausb.Rgt. 2, Pz.Gren.Ausb.Btl. 73, Pz.Gren.Ausb.Btl. 90, Pz.Pi.Ausb.-Btl. 208, Pz.Nachr.Ausb.Abt. 82
Zur Vfg. der HG Weichsel

Reserven:
III. (germ.) SS-Pz.K.:
K. G.: SS-OGrf. und Gen. der Waffen-SS Georg Keppler
Chef des Stabes: SS-Sturmbannf. Jürgen von Bock
Gefechtsstand: Steinhöfel
Raum: Schwedt-Prenzlau

11. SS-Freiwilligen-Pz.Gren.Div. »Nordland«:
Kdr.: SS-Brigadef. und Generalmajor der Waffen-SS Gustav Krukenberg.
Ia: Oberstltnt. i.G. SS-Sturmbannführer Herbert Wienczek
23. SS-Pz.Gren.Rgt. »Norge« (norweg. Nr.1), 24. SS-Pz.Gren.Rgt. »Danmark« (dänische Nr.1), 11. SS-Pz.Abt. »Hermann von Salza«

23. SS-Freiwilligen-Pz.Gren.Div. »Nederland«:
Kdr.: SS-Brigadef. und Generalmajor der Waffen-SS Jürgen Wagner
Ia: SS-Sturmbannführer Erich von Bock und Polach
48. SS-Pz.Gren.Rgt. »Gen. Seyffarth« (holl. Nr.1), 49. SS-Pz.Gren.Rgt. »de Ruiter« (holl. Nr. 2)
Raum: Schwedt-Prenzlau

direkt unterstellt (vom 1.4.–19.4.1945):
Verteidigungsbereich Swinemünde (Umfaßt die Inseln Usedom und Wollin):
Kommandant: Generalleutant John Ansat
Chef des Stabes: Major i.G. Günther von Bismarck
Gefechtsstand: Misdroy

3. Marine-Div.(Ostufer Wollin):
Kdr.: Oberst Henning von Witzleben
Ia: Major i.G. Kurt Moll
Gefechtsstand: Misdroy
Mar.-Inf.Rgt. 8, 9 u. 10, Mar.Art.Rgt.

Div. z.b.V. 402 (Peene-Abschnitt):
Kdr.: Generalleutnant Siegmund Frh. von Schleinitz
Ia: Major i. G. Walter Etzold
Gefechtsstand: Mellenthin

Seekommandant Swinemünde:
Kommandant: Kapitän z. S.: Johannes Rive
Führungsstabsoffizier: Fregattenkapitän Otto Stavenhagen
Gefechtsstand: Ahlbeck

27. Flak-Div., Flak-Rgt. 171 (Greifenhagen), Flak-Rgt.(mot.) s. Stettin u. unterst. Flak-Brig. 6 (Stettin)

3. PANZERARMEE

OB.: General der Panzertruppen Hasso von Manteuffel
Chef des Stabes: Generalmajor Burkhart Mueller-Hillebrand.
Gefechtsstand: Rollwitz s. Prenzlau.

1. Flieger-Div.:
Raum: Neubrandenburg
Schl.-Geschw. 1, Jgd.-Geschw. 1, Nahaufkl. Gr. 8
15. Flak-Brig, 27. Flak-Div. u. 6. Flak-Brig.

XXXII. A.K. (Neuwarp bis nördlich Stettin):
K. G.: General der Infanterie August Schack
Chef des Stabes: Oberst i. G. Horst von Zitzewitz
Gefechtsstand: Polchow

Div.Gr. Voigt, ab 13. 4. Ledebur (Neuwarp bis Ziegenort):
Kdr.: Oberst i. G. Hans-Jürgen Frh. von Ledebur
Ia: Rittmeister Hartwig Graf von Bernstorff
Gefechtsstand: Groß Mützelburg

549. V. Gren.Div. (Ziegenort bis n. Stettin):
Kdr.: Generalleutnant Karl Jank
Ia: Major i. G. Willi Ritter
Gefechtsstand: Falkenwalde

281. I. D. (beiderseits Stettin):
Kdr.: Gen.Lt. Bruno Ortner
Ia: Major i. G. Wilhelm Lütjen
Gefechtsstand: Kyritz

Festung Stettin:
Kommandant: Generalmajor Ferdinand Brühl
Chef des Stabes:
Gefechtsstand:
Fest.Rgt. Stettin 1, Fest.Rgt. Stettin 2, Fest.Rgt. Stettin 3, Fest.Rgt. Stettin 4, Fest.Rgt. Stettin 5, Fest.MG.Btl. 85, Fest.-MG.Btl. Stettin A, Fest.Art.Rgt. 3112, Fest.Pak-Verb. VIII, Bau-Pi.Rgt. Stab 555

Oder-K. bzw. XXVII. A.K. (s. Stettin bis Gartz):
K. G.: General der Infanterie Walter Hoernlein
Chef des Stabes: Oberst i. G. Heinrich Schulz
Gefechtsstand: Görlsdorf westl. Schwedt

Div. z.b.V. 610 (s. Stettin bis Pargow):
Kdr.: Generalmajor Fritz Fullriede
Ia: Major i. G. Hans Becker
Gefechtsstand: Hohenholz

Div. Gr. Wellmann (Pargow bis Gartz):
Kdr.: Oberst Ernst Wellmann
Ia: Oberstltnt. i. G. Kurt Kauffmann
Gefechtsstand: Schönfeld

XXXXVI. Pz.K. (s. Gartz bis Hohensaaten):
K. G.: General der Infanterie Martin Gareis
Chef des Stabes: Oberstltnt. i. G. Harald von Gutstedt
Gefechtsstand: Autobahn zwischen Grünz und Sammersdorf

547. V.Gren.Div. (Gartz bis n. Schwedt):
Kdr.: GenMj. Erich Fronhöfer
Ia: Major i. G. Ernst Wellmann
Gefechtsstand: Heinersdorf

1. Mar.Div. (nördlich Schwedt bis Hohensaaten):
Kdr.: Gen.Mj. Wilhelm Bleckwenn
Ia: Kapitänleutnant Egon Frh. von Schlippenbach
Gefechtsstand: Bölkendorf
Mar.-Inf.Rgt. 1, 2 u. 4, Füs.Btl., Mar.-Art.Rgt., Pz.Jgd.Abt., Mar.-Felders. Btl., Pi.Btl., Nachr.Abt.

Im Bereich der 3. Pz.A. befanden sich weiter mit unterschiedlichen Unterstellungsverhältnissen:

27. SS-Gren. Div. Langemarck (fläm. Nr. 1):
Kdr.: SS-Standartenf. Thomas Müller
Ia: SS-Obersturmbannführer Conrad Schellong
Raum: Löcknitz

28. SS-Gren. Div. Wallonien:
Kdr.: SS-Standartenf. Leon Degrelle
Ia: SS-Sturmbannführer François Hellebaut
Raum: Penkuhn

389. I.D.:
Kdr.: Oberst Walter Rollin
Raum: Jasenitz

Brig. »Klossek«:
Kdr.: Major d. R. Rudolf Klossek

1. RAD-Div. »Schlageter«:
Kdr.: Generalleutnant Wilhelm Haun
Ia: Major i. G. Hellmut Schreiber
Gren.Rgt. »Schlageter« 1–3, Füs.Btl. »Schlageter«, Pz.Jgd.-Abt. »Schlageter«, Art.Rgt., Pi.Bttl, Nachr.Abt »Schlageter«

15. W-Gren.Div. d. SS (lett. Nr. 1):
Kdr.: SS-Oberfh. Karl Burk
Ia: SS-Sturmbannfh. Hans Kopp
Raum: Feldberg-Lychen

9. ARMEE (HOHENSAATEN BIS RATZDORF)
(unter Benutzung der Lagekarte vom 15. 4. 1945)

OB.: General der Infanterie Theodor Busse
Chef des Stabes: Generalmajor Arthur Hölz
Gefechtsstand: Bad Saarow

Reserven:

156. Inf.Div. mit 1313., 1314. und 1315. Gren.Rgt; Pz.Jagd-Brig. »D« »Dorn« und »P« »Pirat«

direkt unterstellt:

404. Volksart.K. (Oberst Bartels):
Raum: Döbberin
5 Abt., 16 Batt.

406. Volksart.K. (Oberst Adams):

408. Volksart.K. (Oberst Vogt):
5 Abt., 14 Batt., HArt.Abt. 1065
Raum: w. Gusow

Auf Zusammenarbeit angewiesen:

4. Flieger-Div.:
Gefechtsstand: Bad Saarow
Schl.-Geschw. 1, Nachtschl.-Gr. 6, Nahaufkl.-Gr. 3, Nahaufkl.-Gr. 4, Jg 51, Nacht-Jgd-Geschw. 5 u. 100.
In Zusammenarbeit mit 9. Armee.
300 Flugzeuge

23. Flak-Div.:
Gefechtsstand: Bad Saarow
W.-SS Pz.Abt. 502: Neu Mahlisch

Fkl Pz.Abt. 303:

StuG(l)Brig. 111: Neu Trebbin

Jg.Pz.Kp. 1129:

Pz.Jg.Abt. 2:

SS.Jg.Pz.Abt. 56:

W-SS Pz.Jg.Abt. 560:

W-SS StuG.Abt. 105:

CI. A.K.(Hohensaaten bis Amt Wollup):
(Gliederung nach der Lagekarte RH 19 XV/ 26 K-7, Lage der 9. Armee am 15. 4. 45, BA-MA Freiburg)

K. G.: General der Artillerie Wilhelm Berlin
Chef des Stabes: Oberst i. G. Bolko von der Heyde
Gefechtsstand: Harnekop

Reserve:

25. Pz.Gren.Div.:
Kdr.: Generalleutnant Arnold Burmeister
Ia:
Raum: Batzlow – Gottesgab
35. PzGren.Rgt., 119. Pz.Gren.Rgt., 5. Pz.Abt., Pz.Art.Abt. 25, 292. Heeres Flak-Abt., Pz.Pi.Abt. 25, Pz.Jgd.Abt. 25, SPW-Btl. 2107

5. Jäg. Div.(Hohensaaten bis Neu Litzegöricke):
Kdr.: Generalleutant Friedrich Sixt
Ia: Major i. G. Walter Carganico
Gefechtsstand: Kurhaus Bad Freienwalde
56. Jg.Rgt., 75. Jg.Rgt., 5. Art.Rgt.

Div. z.b.V. 606 (Neu Litzegöricke bis s. Ortwig):
Kdr.: Gen.Mj. Dr. Maximilian Rosskopf
Ia:
Gefechtsstand: Altgaul
Pz.Ers.- u. Ausb.Abt. 3, Volksst.Btl. Potsdam, Ers.Btl. Brandenburg, Ers.Btl. Spandau, Polizei-Btl. Bremen, Füs.Btl. 606, Schtz.Rgt. A

309. Div. »Groß Berlin« (s. Ortwig bis Wollup):
Kdr.: Gen.Mj. Heinrich Voigtsberger
Ia: Major i. G. Hermann Klotz
Gefechtsstand: Quappendorf
F.Jk.Rgt. 1234, Wach-Rgt. Groß-Deutschland, 652. Gren.-Rgt., 653. Gren.Rgt., Gren.Rgt. 365, Füs.Btl 309., Art.Rgt. 309 (1 Abt.), Pz.Jgd.Abt. 200

LVI. Pz.Korps (Wollup – Seelower Höhe no Dolgelin):
K. G.: General der Art. Hellmuth Weidling
Chef des Stabes: Oberst von Dufving, Theodor
Gefechtsstand: Wald Sieversdorf

9. Fs.Jg.Div. (Amt Wollup – Zechin bis Friedrichsaue):
Kdr.: General d. Fs. Tr. Bruno Bräuer
Ia: Major i. G. Heinrich Engel
Gefechtsstand: Platkow
Fs.Jg.Rgt. 25, 26 u. 27., Fs.Jg.Art.Rgt. 9, Fs.Pz.Jg.Abt. 9, Fs.Flak-Rgt. 9, Fs.Pi.Btl. 9, Fs.Nachr.Abt. 9

Pz.Div. Müncheberg: (Amt Wollup bis Friedrichsaue)
Kdr.: Gen.Mj. d. R. Werner Mummert
Ia: Major i. G. Helmut Thoma

1. und 2. Pz.Gren.Rgt. »Mü«, Pz.Abt. »Kummersdorf«, Pz.Art.Rgt. »Mü«, verst. Pz.Aufkl.Kp., verst. Pz.Jgd.Kp., verst. Pz.Pi.Kp., verst. Flak-Kp.

20. Pz.Gren.Div. (Eisenbahn nw Werbig bis no Dolgelin):
Kdr. Gen.Mj.: Erich Scholze
Ia: Mj. i. G. Adolf Altmeyer
Gefechtsstand: Langsow
Pz.Gren.Rgt. 90 u. 76, Art.Rgt. 20, Pz.Aufkl.Abt. 120, Pz.Abt. 8, H.Flak-Abt. 284

XI. SS-Pz.K. (s. Reichsstraße 1 bis Elisenberg):
K. G.: SS-OberGrf. u. Gen. der Waffen-SS Matthias Kleinheisterkamp
Stabschef:
Gefechtsstand: Heinersdorf

Reserven:

Pz.Gren.Div. Kurmark:
Kdr.: Gen.Mj. Willy Langkeit
Ia: Major i. G. Hopffgarten
Raum: Petershagen-Sieversdorf
Pz.Füs.Rgt. »Kurmark«, Pz.Gren.Rgt. 1 »Kurmark«, Pz.Gren.-Rgt. 2 »Kurmark«, 1 Rgt von Kurmark hatte auf der Seelower Höhe Stellung bezogen (von Mallnow bis so Dolgelin), Pz.Rgt. »Kurmark« (2 Abt., 3 Kp.Jgd.Pz. 38) Hierzu Abweichungen bei Tessin. Pi.Btl., Nachr.Kp., Heeres-Flak-Bttr., Vers. Einheit »Kurmark«.

schwere SS-Pz.Abt. 502:
Kdr.: SS-Sturmbannf. Kurt Hartrampf
Stabschef:
Raum: Petershagen-Sieversdorf

Artillerie:

VAK 404:
Raum Döbberin

303. I.D. »Döberitz« (s. Seelow bis n. Podelzig):
Kdr.: Generalleutnant Dr. Rudolf Hübner
Ia: Oberstltnt. i. G. Kurt-Heinz Geitner
Gefechtsstand: Friedersdorf
300., 301. und 302. Gren.Rgt., 303. Füs.Rgt., 303. Art.Rgt., Nachr.Abt. 303

169. I.D. (n. Podelzig bis s. Klessin):
Kdr.: Generalleutnant Georg Radziej
Ia: Oberstltnt. i. G. Helmut Schuon
Gefechtsstand: Plötzenhof
378., 379. und 392. Gren.Rgt., Füs. 230, 250. Art.Rgt.

712. I.D. (n. Lebus bis Elisenberg):
Kdr.: Gen.Mj. Joachim von Siegroth
Ia: Major i. G. Hugo Reck
Gefechtsstand: Altzeschdorf
732., 745. und 764. Gren.Rgt., 1712. Art.Rgt., Pz.Jd.Abt. 712

Festung Frankfurt:
(Elisenberg – Wulkow – Stadtforst Frankfurt – Autobahn bei Lichtenberg – sw Gut Markendorf – s. Karnickelberge – Lossow – Reipzig)

Kommandant: Oberst Ernst Biehler
Ia: Oberstltnt. i. G. Erich Wahl
Gefechtsstand: w. Stadtgebiet
Fest.Rgt. 4, Pz.Jgd.Kd. Booßen, A.Rgt. 523, Fest.Rgt. 3, 2. Pol. Battl., Füs.Btl. 44, Fest.Rgt. 2, Fest.Rgt. 6, Fest.Rgt. 7, Fest.Rgt. 5, Fest.Rgt. 1.

V. SS-Geb.K. (s. Frankfurt bis Ratzdorf):
K. G.: SS-OGrf. u. Gen. der Polizei Richard Jeckeln
Chef des Stabes: Oberst i. G. Ernst Schultes
Gefechtsstand: Heilstätten Müllrose

286. Inf.Div. (s. Frankfurt bis Finkenheerd):
Kdr.: Generalleutnant von Rohde
Ia: Major Mayer
Gefechtsstand: Kaisermühl
926., 927. und 931. Gren.Rgt., 286. Art.Rgt.
(eingzeichnet in die Lagekarte: VSt.Btl. Dresden, Gren. Mitte, FJk.Rgt. 1237)

32. SS-Pz.Gren.Div. »30. Januar« (Finkenheerd bis n. Fürstenberg):
Kdr.: SS-Standartenführer Hans Kempin
Ia: SS-Sturmbannf. Karl-Horst Lenz
Gefechtsstand: Rießen
86. SS-Gren.Rgt. »Schill«, 87. SS-Gren.Rgt. »Falke« (?) und 88. SS-Gren.Rgt., SS-Füs.Btl. 32, 32. SS-Art.Rgt. (mot), SS-Pz.Jgd.-Sturmgesch.Abt. 32, SS-Nachr.Abt. (mot.) 32 (eingezeichnet in Lagekarte: Becker I. u. II., Gren.Rgt. 86, 87.), SS-Kgr. »Dietz« (nach Tessin)

391. (Sich.)Div. (n. Fürstenberg bis Ratzdorf):
Kdr.: Generalleutnant Sickenius
Ia: Major i. G. Hans-Helmut Flohr
Gefechtsstand: Bremsdorf
95. Gren.Rgt., 1233. FJk-Rgt., 391. Art.Rgt.
(eingezeichnet in Lagenkarte: SS-Btl. Heyer, FJk.Rgt. 1239, KGr. Stahlhut, FJk-Rgt. 1233, Rgt. Müller z. b. V.)

OKW-Reserve im Bereich der Heeresgruppe:

18. Pz.Gren.Div.:
Kdr.: Gen.Mj. Hans Rauch
Ia: Oberstltnt. Kurt Kauffmann
Raum: Joachimsthal
Pz.Gren.Rgt. 30 u. 51., Pz.Rgt.118 (Teile), Art.Rgt. 18, Pz.Jg.Abt. 118, Pz.Aufkl.Abt. 18, Pi.Btl. 18.

Gliederung der Heeresgruppe Mitte

4. PANZERARMEE
(am südlichen Flügel der Offensive)

V. A.K.:
K. E.: Generalleutnant Waeger
Chef des Stabes: Oberstltnt. i. G. Jordan
Gefechtsstand:

Reserven:

21. Pz.Div.:
Kdr.: Gen.Mj. Werner Marcks
Ia: Major i. G. Wilhelm Renner
Raum: Spremberg
Pz.Gren.Rgt. 125 u. 192, Pz.Rgt. 22, Pz.Art.Rgt. 155, H.-Flak-Abt. 305, Pz.Rgt. 100, Pz.Aufkl. Abt. 21.

35. SS-Polizei-Gren.Div.:
Kdr.: Oberst Rüdiger Pipkorn
Ia: SS-Sturmbannf. Buethe
Gefechtsstand:
89., 90. und 91. SS-Pol.Gren.Rgt.

36. SS-Gren.Div.:
Kdr.: SS-Brigadef. Schmedes
Ia: SS-Sturmbannf. Weisse
Gefechtsstand:
72. und 73. SS-Gren.Rgt., Pz.Abt. »Stahnsdorf« 1 und 2.

275. I.D.:
Kdr.: Generalleutnant Hans Schmidt
Ia: Major i. G. Hans Berger
Gefechtsstand:
983., 984. und 985. Gren.Rgt., 275. Füs.Btl., 275. Art.Rgt.

342. Inf. Div.:
Kdr. Generalleutnant Heinrich Nickel
Ia: Major i. G. Gerhard Schmidt
Raum: n. Cottbus
554., 697. und 699. Gren.Rgt.

Gliederung der 2. Belorussischen Front

(Deutsche und sowjetische Verbände sind nicht direkt vergleichbar.)

OB.: Marschall Konstantin K. Rokossowski
Chef des Stabes: A. A. Bogoljubow
Angriffsstreifen: Ostseeküste – Nipperwiese

19. Armee:
OB.: Generaloberst Romanowski
Angriffsstreifen: Ostseeküste – Wald Dievenow
40. Gd.S.K.(25. 4., der 2. St.A. unterstellt)

2. Stoßarmee:
OB.: Generaloberst J. J. Fedjuninski
Angriffsstreifen: Wald Dievenow (ausschl.) – Altdamm
108., 106. S.K. (6 S.Div.), Armeeverstärkungsmittel, 8. Gd.Pz.K.

65. Armee:
OB.: Generaloberst P. J. Batow
Angriffsstreifen: Altdamm – Ferdinandstein (einschl.)
18., 46., 105 S.K. (9 S.Div.).Verstärkt durch: 4 Art.Brig. mit 19 Art.Rgt., 2 Geschoßwf.Brig. mit 3 Rgt., 2 Pz.Rgt., 4 SfL-Rgt., 5 Flak-Rgt., 10 Pi.- u. 2 Ponton-Btl.

Zugeteilt:
1. Gd.Pz.K.:
Befh.: Generalleutnant Panow
1. mot.Gd.S.Brig., 30. schw. Pz.Brig., verstärkt durch 38. Gd.-Pz.Brig.

70. Armee:
OB.: Generaloberst W. S. Popow
Angriffsstreifen: Ferdinandstein – Kranzfelde (einschl.)
47., 96., 114. S.K., insgesamt 9 S.Div., 6 Art.Brig. mit 15 Art.Rgt., 1 Geschoßwf.Brig. mit 3 Gr.Wf.Rgt., 1 Pz.Brig., 1 selbst. Pz.Rgt., 3 SfL-Rgt., 5 Flak-Rgt., 14 Pi.- u. 2 Ponton-Btl.

49. Armee:
OB.: I. T. Grischin
Angriffsstreifen: Kranzfelde – Nipperwiese
70., 121. S.K.; 191., 200., 330. S.Div. Verstärkt durch: 6 Art.-Brig. mit 20 Art.Rgt., 6 GeschoßWf.-Rgt., 3 Gd.GrWf.-Rgt., 1 Pz.Brig., 1 selbst. Pz.Rgt., 3 SfL-Rgt., 5 Flak-Rgt., 9 Pi.- u. 7 Ponton-Btl.
Zugeteilt: 8. mech. S.K.

4. Luftarmee:
OB.: Generaloberst der Luftstreitkräfte K. A. Werschinin
4. Schlachtflieger-K., 5. Bombenflieger-K., 8. Jagdflieger-K., insgesamt 449 Schlacht-, 203 Bomben- und 602 Jagdflugzeuge sowie 26 Aufklärer.

Gliederung der 1. Belorussischen Front

OB.: Marschall Georgi K. Shukow
Chef des Stabes: Armeegeneral Michail S. Malinin
Angriffsstreifen: Schwedt bis zur Linie Groß Gastrose (einschließlich) – Lübben (ausschließlich)

61. Armee:
OB.: Generaloberst P. A. Below
Angriffsstreifen: Schwedt – Neu Glietzen
9. Gd.S.K.: 12., 75., 415. S.Div.;
80. S.K.: 212., 234., 356. S.Div.;
89. S.K.: 23., 311., 397. S.Div.;
312. Gd., 1811, 1899 Pz.Art.Abt.

Verstärkung:

7. Gd.K.K.: 4., 15., 16. Gd.K.Div., 1816. Pz.Art.Rgt., 7. mech.Gd.S.Rgt.
20. Flak-Div., 5., 13. Ponton-Btl., 81., 85. Fährübersetz-Btl., 70., 71. Militärbauabteilung, 286. Btl. z. b. V., 17. Btl. chem.Truppen

1. Poln. Armee:
OB.: Generalleutnant Stefan Popławski
Angriffsstreifen: Neu Glietzen – Güstebiese

1. »Warschauer« ID. »Tadeusz Kościuszko«:
1., 2., 3. I.Rgt.
2. »Warschauer« ID. »H. Dąmbrowski«:
4., 5., 6. I.Rgt.
3. »Pomorska« ID. »R. Traugutt«:
7., 8., 9. I.Rgt.
4. »Pomorska« ID. »J. Kiliński«:
10., 11., 12. I.Rgt.
6. »Pomorska« ID.:
16., 17., 18. I.Rgt.

1. »Warschauer« selbst. Kav. Brig.:
2., 3. Ulanenregiment, 4. reitende Art.Div., 12. Pi.-Schwadron sowie 4. selbst. schw. Pz.Rgt., 13. selbst. Pz.Rgt., 7. selbst. Pz.Art.Btl.
Verstärkung:

41. Gd.GeschoßWf.Rgt., 274. Btl. z. b. V.

47. Armee:
OB.: Generalleutnant F. I. Perchorowitsch
Angriffsstreifen: Güstebiese – Ortwig (ausschl.)
87. S.K: 185., 260., 328. S.Div.
125. S.K.: 60., 76., 175. S.Div.
129. S.K.: 82., 132., 143. S.Div.

Verstärkung:

6. Art.Div., 20. Pz.Jäg.Brig., 16. Gd.GeschoßWf.-Brig., 38., 305. Gd.GeschoßWf-Rgt., 1. GeschoßWf.-Brig. der Poln.A., 74. FlakDiv., 70. schw. Pz.Rgt., 334., 1825. Pz.Art.Rgt., 4. Ponton-Rgt., 7., 10. Fährübersetz-Btl., 121., 122. Militärbau-Abt., 80. selbst. Btl. chem.Truppen, 20. selbst. FlammWf.-Btl.

3. St.Armee:
OB.: Generaloberst W. I. Kusnezow
Angriffsstreifen: Güstebiese – 3 km sw Kienitz
7. S.K.: 146., 265., 264. S.Div.,
12. Gd.S.K.: 23. Gd.S.Div., 63. S.Rgt., 52. Gd.S.Div., 33. S.Div.
79. S.K.: 150. S.Div.,171. S.Div., 207. S.Div.

Verstärkung:

5. Art.Div., 3., 45. Pz.Jäg.Brig., 22., 23. Gd.GeschoßWf. Brig., 50., 318. Gd.GeschoßWf.Rgt., 9. Pz.K.: 23., 95., 108. Pz.Brig., 8. mot.S.Rgt., 286. Gd.Krad-S.Rgt., 88. schw. Pz.Rgt., 25. Pz.Rgt., 351., 1818. Pz.Art.Rgt., 138. Ponton-Btl., 4., 5. mot. Pi.-Btl., 68. Militärbau-Abt., 33. Btl. chem.Truppen.

5. St.Armee:
OB.: Generalleutnant Nikolai E. Bersarin
Angriffsraum: 3 km sw Kienitz – Gorgast (einschl.)
9. S.K.: 248., 301. S.Div.
26. Gd.S.K.: 89. Gd.S.Div., 94. Gd.S.Div., 266. S.Div. 32. S.K.: 60. Gd.S.Div., 295. S.Div., 416. S.Div., 230. S.Div.

Verstärkung:

2., 14. Art.Div., 4., 40., 41. Pz.Jäg.Brig., 4. Art.Brig., 295., 1091. Art.Rgt., 35., 2., 25. Gd.GeschoßWf.Brig., 92., 94., 37. Gd-GeschoßWf.-Btl., 32., 322. selbst. Art.Abt., 2. Gd.Flak-Div., 11., 67., schw. Pz.Brig., 220. Pz.Brig., 244. Pz.Rgt., 396. schw., 1504. Pz.Art.Rgt., 92. MinenräumPz.Rgt., 1. PontonRgt., 82., 83., 84. Fährübersetzbtl., 29. FlammWf.Btl., 2., 3. Pi.Btl. mot, 67., 69. Militärbau-Abt., 10. selbst. Btl. chem. Truppen, 8. selbst. FlammWf.Btl.

8. Gd.Armee
OB.: Generaloberst W. I. Tschuikow
Angriffsstreifen: Gorgast – Podelzig
4. Gd.S.K.: 35. Gd.S.Div., 47. Gd.S.Div., 57. Gd.S.Div.
28. Gd.S.K.: 39. Gd.S.Div., 79. Gd.S.Div., 88. Gd.S.Div.

29. Gd.S.K.: 27. Gd.S.Div., 74. Gd.S.Div., 82. Gd.S.Div.
11. Pz.K.: 26., 36., 65. Pz.Brig., 12. mot. S.Brig., 50. Gd.Pz.Rgt., 1461., 1493. Pz.Art.Rgt., 93. Krad-Btl., 115. Krad-Rgt.,
7. Gd.Pz.Brig: 84. Gd., 65., 259. Pz.Rgt., 371., 374. Gd., 694., 1026., 1061., 1087., 1200. Pz.Art.Rgt., 41. Pi.Brig.

Verstärkung:

18., 29. Art.Div., 25., 38. Pz.Jäg.Brig., 1. schw. Art.Rgt., 2. Gd.GeschoßWf.Div., 59., 311., 316. Gd.GeschoßWf.Rgt., 34., 391. selbst. Art.Abt., 3. Gd.Flak-Div., 7. schw. Pz.Brig., 65. Pz.Rgt., 34. schw. Pz.Rgt., 259. Pz.Rgt., 394., 371., 694. Pz.Art.Rgt., 68., 136. Ponton-Btl., 6., 8., 9. schw. Ponton-Btl., 41. FlammWf.-Btl., 166. Minenräum-Pz.Rgt., 516. FlammWf.-Pz.Rgt., 72. Militärbau-Abt., 19. FlammWf.-Btl.

69. Armee:
OB.: Generaloberst W. I. Kolpaktschi
Angriffsstreifen: Podelzig – n Frankfurt
25. S.K.: 77. Gd., 4. S.Div.
61. S.K.: 134., 246., 274. S.Div.
91. S.K.: 41., 312., 370. S.Div.
117., 283. S.Div.
3444. Gd., 1205., 1206., 1221. Pz.Art.Rgt.

Verstärkung:

12. Art.Div., 8., 39. Pz.Jäg.Brig., 293. GrWf.Rgt., 41. Gd.GeschoßWf-Brig., 75., 303. Gd.GeschoßWf.Rgt., 18. Flak-Div., 68. Pz.Brig., 12. Pi.Brig., 33., 89. schw. Pz.Rgt., 344. Pz.Art.Rgt., 35. Pi.-Brig., 85. Ponton-Btl., 2. Ponton-Btl., 154. Militärbau-Abt., 29., 40. selbst. Btl. chem. Truppen, 6. selbst. FlammWf.-Btl., 273. Btl. z. b. V.

33. Armee:
OB.: Generalobers W.D. Zwetajew
Angriffsstreifen: n Frankfurt – Groß Gastrose
16. S.K.: 323., 339., 383. S.Div.
38. S.K.: 64., 89., 129. S.Div.
62. S.K.: 49., 22., 362. S.Div.
95. S.Div.

Verstärkung:
2. Gd.K.K., 115., 119. befest. Raum, 22. Art.Div., 33. Pz.Jäg.-Brig., 56. Gd.GeschoßWf.Rgt., 64. Flak-Div., 257. Pz.Rgt. 360., 361. Pz.Art.Rgt., 1., 6. Ponton-Btl., 155. Militärbau-Abt., 283. Btl. z. b. V., 25. selbst. Btl. chem. Truppen, 10. selbst. mot.FlammWf.-Btl.

3. Armee:
OB.: Generaloberst A. W. Gorbatow
Angriffsraum: 2. Staffel der Front
35. S.K.: 250., 290., 348. S.Div.
40. S.K.: 5., 169. S.Div.
41. S.K.: 120., 269. S.Div.
1812., 1888., 1901. Pz.Art.Rgt.

1. Gd.Pz.Armee:
OB.: Generaloberst der Panzertruppe M. E. Katukow
Angriffsraum: Nach Erreichen des Abschnitts Gusow–Seelow durch 8. Gd.A. zwischen Station Gusow–Dolgelin
8. mech. Gd.S.K: 19., 20., 21. mech. Gd.S.Brig. 1. Gd.Pz.Brig., 48. Gd.Pz.Rgt., 353., 400. Gd.Pz.Art.Rgt., 8. Gd.KradS.-Btl.
11. GdPz.K.: 40., 44., 45. Gd.Pz.Brig., 27. mech. Gd.S.Brig., 362., 399 Gd., 1454 Pz.Art.Rgt., 9. Gd.S.Krad-Btl., 64. Gd.Pz.Brig., 19. Pz.Art.Brig., 11. selbst. Pz.Rgt., 79. mech. Gd.S.Rgt., 6. Gd.KradS.-Rgt., 12. Gd.KradS.-Btl.

2. Gd.Pz.Armee:
OB.: General der Panzertruppe S. I. Bogdanow
Angriffsstreifen: Nach dem Erreichen des Abschnitts Letschin–Gusow durch 5. St.A. aus diesem heraus:

1. mech. S.K.: 19., 35., 37. mech. S.Brig.
219. Pz.Brig.
347. Gd., 75., 1822. Pz.Art.Rgt.
41. Gd.S.Krad-Rgt., 57. Krad-Btl.

9. Gd.Pz.K.: 47., 50., 65. Gd.Pz.Brig.
33. mech.Gd.S.Brig.
341., 369., 386. Gd.Pz.Art.Rgt.
126. Gd.S.Krad-Rgt., 17. Gd.S.Krad-Btl.

12. Gd.Pz.K.: 48., 49., 66. Gd.Pz.Brig.
34. mech.Gd.S.Brig.
79. Gd.Pz.Rgt., 387., 393. Gd.Pz.Art.Rgt.
89. mech. Gd.S.Rgt., 86. mech. Gd.S.Rgt.

3. Gd.K.K.: 5., 6., 32. Gd.K.Div.
1814. Pz.Art.Rgt., 3. mech. Gd.Rgt.

1. Gd.Pz.K.: 15., 16., 17. Gd.Pz.Brig.
1. mot. Gd.S.Brig.
397. Gd.1001., 1226. Pz.Art.Rgt.
43. Gd.S.Krad-Rgt., 13. Gd.Krad-Btl.

3. Gd.Pz.K.: 3., 18., 19. Gd.Pz.Brig.
2. mot. Gd.S.Brig.
375. Gd., 1436., 1496. Pz.Art.Abt.
10. Gd.S.Krad-Btl.

8. Gd.Pz.K.: 58., 59., 60. Gd.Pz.Brig.
28. Gd.mot.S.Rgt., 62. selbst. Gd.Pz.Rgt.
301. Gd., 1817. Pz.Art.Rgt.
6. Gd.S.Krad-Btl.

8. mech. Gd.SK.: 66., 67., 68. mech. Gd.S.Brig.
116. Pz.Brig.

86. selbst. Gd.Pz.Rgt., 114., 895. Pz.Art.Rgt.
205. Gd.S.Krad-Rgt., 97. Gd.S.Krad-Btl.
66. Gd.Pz.Art.Brig.
233. selbst. Pz.Rgt., 1297. Pz.Art.Rgt.

16. Luftarmee:
OB.: Generaloberst der Luftstreitkräfte S. J. Rudenko

6. Bombenflieger-K.: 326., 339. Bombenflieger-Div.
6. Schlachtflieger-K.: 197., 198. Schlachtflieger-Div.
9. Schlachtflieger-K.: 3. Gd., 300 Schlachtflieger-Div.
1. Gd.Jagdflieger-K.: 3., 4. Gd.Jagdflieger-Div.
3. Jagdflieger-K.: 265., 278. Jagdflieger-Div.
6. Jagdflieger-K.: 234., 273. Jagdflieger-Div.
13. Jagdflieger-K.: 193., 283. Jagdflieger-Div.

1. Gd., 240., 287., 269. Jagdflieger-Div.,
2., 11. Gd., 113., 183., 188., 221. Bombenflieger-Div.
9. Gd., 242. Nachtbomber-Div.
1., 72., 93., 98. Aufklärungsflieger-Rgt.
176. Gd. Jagdflieger-Rgt.
226. Transportflieger-Rgt.

18. Luftarmee:
OB.: Hauptmarschall der Luftstreitkräfte A. E. Golowanow
1. Gd.Bombenflieger-K.: 11., 16. Gd., 36., 48. Bombenflieger-Div.
2. Gd.Bombenflieger-K.: 2., 7., 13., 18. Gd.Bombenflieger-Div.
3. Gd.Bombenflieger-K.: 22. Gd., 1., 12.
50. Bombenflieger-Div.
4. Gd.Bombenflieger-K.: 14., 15. Gd., 53., 54. Bombenflieger-Div.
45. Bombenflieger-Div.
56. Jagdflieger-Div.
742. Aufklärungsflieger-Rgt.

Dneprflottille:
Flottillenchef: Konteradmiral W. W. Grigorjew
Einsatzraum: Oder-Spree-Gebiet
1. (zur 5. St.A.), 2. (zur 8. Gd.A.), 3. (zur 33. A.) Flußschiffsbrigade
Bestand: 34 Pz-Boote, 20 Wachboote, 20 Minensuchboote, 13 Geschoßwf.-Boote, 32 Halbgleiter-Boote, 1 schwimmende Batt., 8 Kanonenboote

Gliederung der 1. Ukrainischen Front

OB.: Marschall I. S. Konew
Chef des Stabes: Armeegeneral I. E. Petrow
Angriffsstreifen: Groß Gastrose (ausschl.) – Penzig
(nur der an der Operation im Reichsgebiet beteiligte Teil der Front)

3. Gd.Armee:
OB.: Generaloberst W. N. Gordow
Angriffsstreifen: Groß Gastrose – Klein Bademeusel
21. S.K.: 58., 253., 329. S.Div.
76. S.K.: 106., 287. S.Div.
120. S.K.: 127., 149., 197., 389. S.Div.

Verstärkung:

25. Pz.K.: 111., 162., 175. Pz.Brig., 20. mot. S.Brig., 262. Gd., 1451. Pz.Art.Rgt., 296. Gd.Art.Rgt., 459. Gr.Wf.Rgt., 1702. Flak-Rgt., 2. Gd.Geschoß-Wf.-Abt., 1. Gd.Art.Div., 25. Art.Div., 69. Flak-Div., 40. Art.-Brig., 2. Gd.S.Krad-Rgt., 87. selbst. Gd.Pz.Rgt., 938. SfL.Art.Rgt., 1528. Art.Rgt., 179. Pz.Jäger-Rgt., 1527. Flak-Rgt., 526., 569. Gr.Wrf.-Rgt., 8. u. 21. Gd.Geschoß-Wf.Rgt.

13. Armee:
OB.: Generaloberst N. P. Puchow
Angriffsstreifen: Klein Bademeusel – Groß Särchen
24. S.K.: 121. Gd., 395. S.Div.
27. S.K.: 6. Gd., 280., 350. S.Div.
102. S.K.: 117. Gd., 147., 172. S.Div.

Verstärkung:

10. Art.K.: 4. Art.Div., 31. Art.Div., 10. Flak-Div., 39. Art.Brig., 26. Pz.Jäg.Art.Brig., 12. GrWrf.Brig., 19. Pi.Brig., 88. selbst. Pz.Rgt., 327., 372. Gd., 768., 1228. Pz.Art.Rgt., 111. Gd.Art.Rgt., 493., 1076. Pz.Jäg.Rgt., 128. GrWf.Rgt., 65., 323. Gd.GeschoßWf-Rgt., 1287. Flak-Rgt.

5. Gd.Armee:
OB.: Generaloberst A. S. Shadow
Angriffsstreifen: Groß Särchen – Sagar
32. Gd.S.K.: 13., 95., 97. Gd.S.Div.
33. Gd.S.K.: 9. Gd.L.L.Div., 78. Gd., 118. S.Div.
34. Gd.S.K.: 14., 15., 58. Gd.S.Div.

Verstärkung:

4. Gd.Pz.K.: 12., 13., 14. Gd.Pz.Brig., 3. mot. Gd.S.Brig., 293., 298. Gd.Pz.Art.Rgt., 1660. Art.Rgt., 264. Gd.GrWf.Rgt., 120. Gd.Flak-Rgt., 240. Gd.Geschoß-Wf.Abt., 76. Gd.S.Krad-Btl.

7. Art.K.: 3. Art.Div., 15. Art.Brig., 1. Art.Brig., 5. Art.Brig., 116. schw. Art.Brig., 25. überschw. Gd.Art.Brig., 7. Gr.Wf.Brig., 17. Art.Div., 29. Flak-Div., 155. Art.Brig., 10. Gd.Pz.Jäg.Brig., 55. Pi.Brig., 39., 226. selbst. Pz.Rgt., 1889. Pz.Art.Rgt., 1073., 1075. Pz.Jäg.Art.Rgt., 469. GrWf.Rgt., 308. Gd.GeschoßWf.-Rgt.

2. Poln. Armee:
OB.: Divisionsgeneral Karol Świerczewski
Angriffsstreifen: Sagar – s. Rothenburg
5. »Saska« ID.: 13., 15., 17. IR., 22. Art.Rgt.
7. »Lausitzer« ID.: 31., 33., 35. IR., 38. Art.Rgt.
8. »Dresdner« ID.: B. Głowacki: 22., 23., 24. IR., 37. Art.Rgt.
9. »Dresdner« ID.: 26., 28., 30. IR., 40. Art.Rgt.
10. »Sudeten« ID.: 25., 27., 29. IR., 39. Art.Rgt.
1. »Dresdner« Pz.K.: 2., 3., 4. Pz.Brig., 1. mot. I.Brig., 24., 25.,

27. Pz.Art.Rgt., 2. Gr.Wf.Rgt., 26. Flak-Rgt., 2. Krad-Btl.
2. »Lausitzer« Art.Div., 3. Flak-Div., 16. »Dnow-Lausitzer« Pz.Brig., 5. selbst. Pz.Rgt., 28. Pz.Art.Rgt., 3. Gr.WfRgt., 98. Gr.Wf.Rgt.

52. Armee:
OB.: Generaloberst K. A. Korotejew
Angriffsstreifen: s. Rothenburg – Penzig
48. S.K.: 116., 294. S.Div.
73. S.K.: 50., 111., 254. S.Div.
78. S.K.: 31., 214., 373., 213. S.Div.

Verstärkung:
7. mech. Gd.K.: 24., 25., 26. mech. Gd.Brig., 57. Gd.Pz.Brig., 291., 355. Gd.Gr.Wf.Rgt., 410. Gd.Geschoß-Wf.Rgt., 288. Gd.Flak-Rgt., 5. Gd.S.Krad-Btl., 21. Flak-Div., 8. Pz.Art.-Brig., 145. Art.Brig., 9. Gd.Pz.Jäg.Rgt., 1. Gd.GeschoßWf.-Brig., 58. Pi.Brig., 124. selbst.Pz.Rgt., 1198. Pz.Art.Rgt., 51., 316., 357. Gd.Pz.Jäg.Rgt., 640., 1322., 1593. Pz.Jäg.Rgt., 476., 490., 497. Gr.Wf.Rgt., 36. Gd.GeschoßWf.Rgt., 162. Flak-Rgt.

3. Gd.Pz.Armee:
OB.: Generaloberst der Panzertruppen P. S. Rybalko
Angriffsstreifen: südlich Cottbus bei der 3. Gd.A.
6. Gd.Pz.K.: 51., 52., 53. Gd.Pz.Brig., 22. mot.Gd.S.Brig., 385. Gd., 1893., 1894. Pz.Art.Rgt., 1645. Art.Rgt., 272. Gd.GrWf.Rgt., 286. Gd.Flak-Rgt., 439. Gd.GeschoßWf.Abt., 3. Gd.S.Krad-Btl.

7. Gd.Pz.K.: 54., 55., 56. Gd.Pz.Brig., 23. mot. Gd.S.Brig., 384. Gd., 702., 1977. Pz.Art.Rgt., 408. Art.Rgt., 467. Gd.GrWf.Rgt., 287. Gd.Flak-Rgt., 440. Gd.GeschoßWf.Abt., 4. Gd. Krad.Btl.

9. mech. S.K.: 69., 70., 71. mech. S.Brig., 91. Pz.Brig., 383. Gd., 1507., 1978. Pz.Art.Rgt., 616. GrWf.Rgt., 1719. Flak-Rgt., 441. Gd.GeschoßWf.-Abt., 100. Krad-S.-Btl., 16. Pz.Art.Brig., 199. Art.Brig., 19. mot.Pi.Brig., 57. selbst. Gd., 90. selbst. Pz.Rgt., 1381., 1394. Flak-Rgt., 50. Krad.-S.Rgt.

4. Gd.Pz.Armee:
OB.: Generaloberst D. D. Leljuschenko
Angriffsstreifen: am rechten Flügel der 5. Gd.A.
5. mech. Gd.S.K.: 10., 11., 12. mech. Gd.S.Brig.,

24. Gd.Pz.Brig., 104., 397. Gd., 1447. Pz.Art.Rgt., 285. Gr.Wf.Rgt., 763. Flak-Rgt., 11. Gd.GeschoßWf.-Abt., 2. Gd.S.Krad-Btl.

6. mech. Gd.S.K.: 16., 17., 35. mech. Gd.S.Brig., 28., 117., 118. Gd.Pz.Rgt., 423., 424. Gd.Pz.Art.Rgt., 240. Gd.GrWf.Rgt., 427. Gd.Flak-Rgt., 52. Gd.GeschoßWf.-Abt., 19. Gd.S.Krad-Btl.

10. Gd.Pz.K.: 61., 62., 63. Gd.Pz.Brig., 29. mot. Gd.S.Brig., 72. Gd.Pz.Rgt., 416., 425. Gd.Pz.Art.Rgt., 299. Gd.GrWf.Rgt., 359. Gd.Flak-Rgt., 248. Gd.GeschoßWf.-Abt., 7. Gd.S.Krad-Btl., 68. Gd.Pz.Brig., 70. Gd.Pz.Art.Brig., 71. Gd.Art.Brig., 6. Gd.Flak-Div., 13., 119. selbst. Gd.Pz.Rgt., 7. Gd.S.Krad-Rgt., 312. Gd.GeschoßWf.Rgt., 3. mot. Gd.Pi.-Brig.

28. Armee:
OB.: Generalleutnant A. A. Lutschinski
Angriffsstreifen: zweite Staffel
3. Gd.S.K.: 50., 54., 96. Gd.S.Div.
20. S.K.: 48., 50. Gd., 20. S.Div.
128. S.K.: 61., 130., 152. S.Div.

157. Art.Brig., 36. Pi.Brig., 133. Gd.GrWf.Rgt., 530. Pz.Jäg.Art.-Rgt., 607. Flak-Rgt.

2. Luftarmee:
OB.: Generaloberst der Luftstreitkräfte S. A. Krassowski
1. Gd.Schlachtflieger-K.: 8., 9. Gd.Schlachtflieger-Div., 12. Gd.Jagdflieger-Div.
2. Gd.Schlachtflieger-K.: 5., 6. Gd.Schlachtflieger-Div., 11. Gd.Jagdflieger-Div.
3. Schlachtflieger-K.: 307., 308. Schlachtflieger-Div., 181. Jagdflieger-Div.
4. Bombenflieger-K.: 202., 219. Bombenflieger-Div.
2. Jagdflieger-K.: 7. Jagdflieger-Div., 322. Jagdflieger-Div.
5. Jagdflieger-K.: 8. Gd.Jagdflieger-Div., 256. Jagdflieger-Div.
6. Gd.Jagdflieger-K.: 9., 22., 23. Gd.Jagdflieger-Div., 208. Nachtbomberflieger-Div., 98., 193. Gd.Aufklärungsflieger-Rgt., 222. Transportflieger-Rgt.

Frontreserven:

1. GdK.K.: 1., 2., 3. Gd.K.Div., 143. Gd.Pz.Jäg.Rgt., 1224. Pz.Art.Rgt., 1. Gd.GeschoßWf.Rgt., 319. Flak-Rgt., 1. Gd.Pz.Jäg.Abt., 49. Gd.GrWf.-Abt.

10. Luftverteidigungs-K.: 23. Flak-Div., 71. Flak-Div., 152. Pz.Brig., 11. Gd.Pz.Jäg.Brig., 3., 6. Pontonbrückenbau-Brig., 22. Gd., 16., 23. Pi.SturmBrig., 42. mot.Pi.Brig., 53. Pi.-Brig., 98. selbst.Pz.Rgt., 368. Gd., 416., 1976. Pz.Art.Rgt., 756., 1497. Pz.Jäg.Rgt., 1288. Flak-Rgt., 22. selbst. Gd., 332. Flak-Abt., 21., 45., 49. und 58. selbst. Panzerzugabt.

Gliederung und Stärken sowjetischer operativer Vereinigungen und Verbände

(Sollzahlen)

Schützendivision:

Stab	
3 Schützenregimenter	11 780 Mann
1 Art.Brig. bzw. Art.Rgt	3 557 MP
1 Sfl-Abteilung	579 MG
1 PzJäg.-Abt.	111 Pz.Büchsen
1 Flak-Abt.	136 GeschWf
1 Pi.-Btl.	16 SfL
1 NachrichtenBtl.	445 Kfz
1 LehrBtl.	1 200 Pferde

Schützenregiment:

Stab	2 398 Mann
3 SchützenBtl.	108 lMG
3 MP-SchützenKp.	54 sMG
1 Art.Bttr.	6 Fla-MG
1 GWf.Bttr.	27 Pz.Büchsen
1 Pz.Jäg.Bttr.	18 GWf. 8,2 cm
1 Fla-MG Zug	6 GWf. 12,0 cm
	12 Gesch. 4,5 cm
	6 Gesch. 5,7 cm
	6 Gesch. 7,6 cm

Panzerkorps:

Stab	12 000 Mann
3 Pz.Brig.	207 Panzer
1 mot. S.Brig.	63 SfL.
3 SfL-Rgt.	182 Gesch. u. GWf.
1 lArt.Rgt.	8 Geschoß.Wf.
1 Flak-Rgt.	1 500 Kfz
1 GWf.-Rgt.	
1 Gd.-GeschoßWf.Abt.	

Mechanisiertes Korps:

Stab	16 000 Mann
3 mech. Brig.	183 Panzer
1 Pz.Brig.	63 SfL
1 bis 2 SfL-Rgt.	252 Gesch. u. Gwf.
1 GWf. Rgt.	1 800 Kfz
1 Flak-Rgt.	
1 Pz.Jäg.Abt.	
1 Gd.GeschoßWf.Abt.	

Mechanisierte Brigade:

Stab	3 500 Mann
1 Pz.Rgt.	35 Panzer
3 mot. S.Btl.	36 Gesch. u. GWf
1 GWf.Abt.	
1 Art.Abt.	

Allgemeine Armee:

Operativer Verband der Roten Armee, kämpfte in der Regel im Bestand einer Front. Je nach der ihren Charakter bestimmenden Bewaffnung, der Qualität und Ausbildung des Ersatzes gab es Pz.-, Stoß- und Garde-A.

Front:

Höchste operative Vereinigung der Roten Armee für Handlungen in einer strategischen oder einer bzw. mehreren operativen Richtungen. Sie bestand aus 2–5 allgemeinen und Pz.-A., selbstständigen K. und Truppenteilen sowie in der Regel aus 1 Luft-A. Gegen Kriegsende konnte eine Front über 30 bis 60 Schützen-Div., 1 000 bis 2 000 Panzer und SfL sowie über die gleiche Anzahl Flugzeuge verfügen. Entspricht etwa einer deutschen Heeresgruppe.

Aus: Enzyklopedija Velikaja Otečestvennaja vojna 1941-1945

Gliederung eines Volksartilleriekorps, aufgestellt seit 1944

(Sollzahlen)

(Bei Kriegsende entsprach kaum einer der deutschen Verbände noch den im Verlaufe des Krieges verringerten Stärkenachweisen. Ein direkter Vergleich der deutschen und sowjetischen Verbände ist insofern auch wenig sinnvoll, da die deutsche Heeresgruppe stets stärker als eine sowjetische Front war, die sowjetischen Armeen den deutschen Armee- oder Panzerkorps auf dem Höhepunkt des Krieges entsprachen. Sowjetische Korps waren stärker, die Divisionen schwächer als normale Divisionen.)

Stab mit Stabsbatterie
Beobachtungsbatterie
1 Abteilung 10,5-cm-Feldhaubitzen zu 3 Bttr. mit je 6 Geschützen
1 Abteilung 10-cm-Kanonen zu 2 Bttr. mit je 4 Geschützen
1 Abteilung 12,2-cm-Haubitzen zu 2 Bttr. mit 4 Geschützen
1 Abteilung 15,5-cm-Kanonen-Haubitzen zu 2 Bttr. mit je 4 Geschützen
1 Bttr. 17-cm-Kanone
1 Feuerleitbttr. und 2 Bttr. 21-cm-Mörser

Nach: B. Müller-Hillebrand, Das Heer 1933-1945, Bd. III.

Aufstellung der Inf.Div. Friedrich Ludwig Jahn auf dem Truppenübungsplatz Jüterbog

(Stand 13. April 1945)

A) Gliederung:
Gliederung gem. Aufstellungsbefehl im wesentlichen abgeschlossen.
Vers.Truppen noch in Aufstellung.
Jagd-Pz.Kp. in Aufstellung auf Tr.Übungsplatz Grafenwöhr.

B) Besondere Schwierigkeiten:
1) Ausbildungsstand des RAD-Personals, besonders im Unterführerkorps und bei dem Personal aller schweren Waffen unzureichend.
2) Mangel an Funkern und Fernsprechern für Truppen-Nachrichtenverbänden.
3) Abholung von Gerät stockt wegen Tonnagemangel. Zuweisung von 30 t LKW-Raum (auch Leihgabe) dringend erforderlich.

4) Es fehlen Geschirre zu etwa 45%,
besp. Fahrzeuge zu 50%
Stahlhelme zu 20%
Kochgeschirre und Feldflaschen zu 10%
Tragegurte zu 100%
Patronentaschen zu 50%
Schanzzeug zu 100%
Karabiner zu 70%
Läufe und Gurte für MG

C) Personal:

	Soll	Ist	davon RAD	Fehl
Offz.	295	285	110	134*
Beamte	23	9	1	14
Uffz.	1613	2172	1079	–
Mannschaften	7136	8145	6043	–
Hiwi	579	124		455

* So im Original

D) Eingetroffenes Personal nach Waffengattungen:

Inf.	100%
Art.	100%
Nachr.	85%
Pi.	100
Pz.Zerst.Kp.	100

E) Material:

	Soll	Ist	Fehl
Pistolen	1227	900	327
Gewehre	3779	826	2951
Sturmgewehre	1155	1060	95
MP	400	–	400
lMG	396	270	126
sMG	62	50	12
mGWf	78	84	–
sGWf			
lIG (18/42)	78	15	13
sIG	6	4	2
7,5 cm Pak	9	–	–
lFH	18	–	18

sFH	8	8	–
Flak	–	–	–
Pak	9	9	–
Panzerschreck	222	200	22
Panzerfaust	2 700	2 700	–
Fahrräder	1 445	1 445	–
Kräder	103	66	37
PKW	98	43	55
LKW	107	107	–
RSO	12	–	12
Opt. Gerät		45 %	55 %
Nachr.Gerät		45 %	55 %
Pferde	3 144	1 486	1 658
Bespannfz.	645	313	322
Geschirre	1 683	900	1 783

Aus: Bundesarchiv – Militärisches Zwischenarchiv, Potsdam W-10/13572, Bl. 94 ff.

Einsatzgliederung des III. (Germ.) SS-Pz.Korps
(Stand 23. April 1945, 12.00 Uhr)

a) Kdt. für den äußeren Verteidigungsring von Berlin Abschnitt F-Kdr. des Fest.Rgt. 62:
Führer: Oberstlt. Löling – Gefechtsstand: LwGerätewerk Berlin-Spandau, Neuhauser Straße.
Truppen: Btl. Niedermeyer (47/62/225)
Bttl. 203 (12/67/469)
Pi.Bttl. 23 (10/100/540)
Bttl.Packebusch (VSt) (8/41/184)
Bttl. Schmielowski (3/22/109)

Dolm.Abt. (2/80)
b) Kampfgruppe Harzer:
Führer: Standartenführer Harzer – Gefechtsstand: Schwante.
Truppen: Kampfgruppe Hptm. Herbers – Gefechtsstand Eichstädt
aa) Kampfgruppe Wenzel:
Truppen: Pi.Sperr-Btl. 968 (ohne 1 Kp.) (230 Mann)
1 verst. Kp.Fest.MG-Btl. 116
(verst. durch 3 mGWf.) (130 Mann)
1 Pz.Zerst.Kp. (10 Trupps)

bb) Kampfgruppe Grieg:

Truppen:	Fest.MG-Bttl. 116 (ohne 1 Kp. u. Tle 4. Kp.)	(380 Mann)
	1 Kp.Pi.-Sperr-Bttl. 968	(100 Mann)
	1 Pz.Zerst. Kp.	(10 Trupps)

Kampfgruppe Marine-Gren. Rgt. 9, Gefechtsstand Oranienburg.
(Marine-Gren. Rgt. 9 mit 2 Btl., SS-Alarm-Btl. Oranienburg, 2 Lw.Alarm-Kp., 1 Marine-Alarm-Kp.)
Art. Kampfgruppe Harzer
II. Abt. Flak-Rgt. 14,
1 Flak-Bttr. Flakabt. RF SS
Gegenstoßreserven bzw. in der Tiefe der HKF eingesetzt:
SS-Pz.Gren.Rgt. 8
(1 Pz.Jagd-Bttl. der PzJagd-Div. Weichsel; 1 Pz.Zerst.Rgt. 103 (Rumänen)
SS-Pz.Jg.Abt. 23
(1 Pz.Zerst.Kp. zu Fuß, 1 – 3,7 cm FlaKp. 50 % mot., 1 Fla-Bttr. 3,7 SfL Fla-SturmRgt. 6

c) Kampfgruppe Schirmer:
Führer: Oberstlt. Schirmer – Gefechtsstand: Gut Freienhagen

Truppen:	Einsatz-Bttl. Lw.Ausb. Rgt. 5	(300 Mann)
	Lw. Marschbttl. 74	(1000)
Einsatz-Btl. Lw. Ausb.Rgt. 3		(300 Mann)

Einsatz-Btl. Lw. Ausb.Rgt. 1, 2 u. 4. Stärke unbekannt.

d) Kampfgruppe Kressin:
Führer: Arko 138 mit Führungsstab – Gefechtsstand Schöneberg
Truppen: Fsch.Oberjg. Schule (2 Bttl. zu je 500 Mann)
II. Btl.LwRgt. 6
Offz.- u. Uffz.-Umschulungslehrgang »Hermann Göring«
Art. Kampfgruppe Kressin
Flak-SturmRgt. 6 (2 s, 1–3,7-cm-SfL-Bttr.)

e) Angriffsgruppe v. Wolff:
AA 115 (mot.)
Heer.Pi.-Btl. 630 (ohne 1 Kp.)
Stab Feld-Ers.Brig. 103 (Thomalla)
1 Bttl.Pz.Zerst.Rgt. 103

1 Pz.Jagd-Bttl. der Pz.Jgd-Div. Weichsel(nur marschtechnisch unterstellt)
1 gem. Fla-Abt. (1 s. u. 1 l. Bttr.)

Aus: Bundesarchiv – Militärarchiv Freiburg, RH 19 XV/10, Bl.176.

Von Oberleutnant Trockels, Leutnant Heitzig und Leutnant d. R. Gehrke unterzeichneter Bericht über das Absetzen aus der Obra-Stellung

(ohne Datum)

Auf Befehl des Rgt., am 31.1.45 gegen 13.00 Uhr sollten die Stellungen im Oder-Warthe-Bogen (Obra-Stellung) im Verlaufe der Absetzbewegung aufgegeben werden. Durch den starken Druck des Feindes setzte sich das Rgt. ab und sollte in Waldowstrenk sammeln. In einzelnen Gruppen setzte sich das Rgt. vom Feind ab, wobei die 13. Kp. ostwärts Waldowstrenk Feindberührung hatte, da der Russe die Sraße mit einer starken Feindgruppe gesperrt hatte. Durch das weitere Ansammeln von sich absetzenden Einheiten, darunter 14. Kp. (Pz.Zerst.) waren ungefähr 180 Gewehrträger versammelt. An Offizieren waren zugegen: Oblt. Trockels (z. b. V. Rgt.), Lt. Peters (Fhr. 13. Kp.), Lt. Gehrke (Adj. Kpfgr. Bergmann). Die Offiziere gliederten die Männer in Kampfgruppen, die links und rechts der Straße vorstoßen sollten, damit die Geschütze (3 s.I.G. u. 2 le. I.G.) und Troßfahrzeuge der 13. Kp. durchstoßen konnten. Bei dem heftigen und sehr harten Feuergefecht konnte der Russe zum Großteil vernichtet werden. An Waffen wurden durch Faustpatronen, Panzerschreck, le.I.G. und Handgranaten vernichtet: 6 sMG (Maxim), 4 lMG, 1 Pak, 1 GrW., weiterhin wurden auf der linken Seite 10 gezählte Feindtote und rechts etwa 8–10 Feindtote liegen gelassen. Die eigenen Verluste waren gering, man zählte einige Verwundete, und einige bespannte Troßfahrzeuge fielen aus. Auf dem weiteren Marsch nach Beatenwalde traf die Gruppe auf die Pz.Jg.Kp. (Lt. Heitzig) und Oberstlt. Straube mit Stab. Nach dreistündiger Rast wurden die hinteren Teile des Trosses von Panzern angeschossen, nachdem bereits vorher die Spitze auf feindliche Troßfahrzeuge gestoßen war. Nach sofort eingeleiteten Gegenmaßnahmen setzte die Spitze den Marsch fort und wurde etwa 600 m ostwärts Kriescht durch fdl. Feuer abermals zum

Halten gezwungen. Da ein Durchbruch durch Kriescht unmöglich war, entschloß sich Oblt. Trockels, einen Waldweg, der links von der Hauptstraße abbog, zu benutzen. Die Führung durch den Rgts.Kdr. war nicht mehr vorhanden und er selbst auch nicht auffindbar. Am 1. Februar gegen 7.30 Uhr traf man den Rgts.Kdr. in einem Forsthaus im Walde etwa 8 km südlich Kriescht, wo keine weiteren Befehle für den Marsch gegeben wurden. Oberstlt. Straube äußerte nun, daß sich alles in Richtung Göritz durchschlagen solle. Nach wenigen km Marsch war die Verbindung zum Rgts.Kdr. verloren gegangen. Beim letzten Zusammentreffen befanden sich bei Oberstlt. Straube noch Major Schöller(?), Oblt. von Heimburg und Lt. Rother(?), Verb.Offz. der Flak zur Division. Der weitere Marsch wurde von Oblt. Trockels geleitet, nachdem wir 4 Stunden auf Befehle oder Meldungen vergebens gewartet hatten. Folgende Offiziere waren jetzt bei der Kampfgruppe: Oblt. Tomerius, Oblt. Steinmann, Oblt. Trokkels, Lt. Bünger, Lt. Heitzig, Lt. Müller, Lt. Gehrke, Lt. Peters und noch mehrere unbekannte Herren der Artillerie und Pioniere. Die Kampfgruppe setzte den Marsch durch Waldwege fort und zwar nördl. Trebow, südlich Radach, südlich Lippenze und weiter nach Guhrau, wo wir gegen 16.00 Uhr eintrafen. Ein Volkssturmmann, welcher seine Familie bergen wollte, sagte aus, daß sämtliche Dörfer von starken Feindkräften besetzt seien, darunter auch Panzer, und nur ein Durchkommen durch enge Waldwege möglich sei. Oblt. Steinmann und Oblt. Tomerius befahlen nun die Zerstörung der noch vorhandenen 2 Pak 8,8 cm, 2 s.IG, 2 le.I.G., aller PKW und Zugmaschinen. Die Männer wurden in einzelne Gruppen aufgeteilt, die unter Führung von Offizieren sich in westliche Richtung auf die Oder durchschlagen sollten. Jede Gruppe marschierte einen anderen Weg, so daß dadurch keine Verbindung mehr vorhanden war. Die Marschgruppe Trockels, Lt. Peters, Lt. Gehrke und Lt. Heitzig setzten am 3.2.45 gegen 11.30 Uhr bei Lebus über die Oder. Die übergesetzten und noch herübergekommenen Männer wurden von einer provisorischen Auffangstelle erfaßt. Am Sonntag, den 4.2.45 meldeten sich Oblt. Trockels, Lt. Gehrke und Lt. Heitzig beim Auffangstab 433 in der Kleistkaserne Frankfurt/Oder.

Aus: Bundesarchiv – Militärisches Zwischenarchiv Potsdam, WF-03/17398, Bl. 455 f.

Aus dem Kriegstagebuch der Kampfgruppe Weikl

(ohne Datum)

Die Kampfgruppe Weikl wurde zunächst aus den Btl. 203 u. 345 gebildet. ... Die personelle Zusammensetzung des Btl. 203 ist sehr unterschiedlich, zum großen Teil nicht k.v. Leute, überwiegend aus Nachschubeinheiten kommend, die sich zur Zeit des Abrückens in der Umschulung befanden. Den Offz. u. Unterführern fehlte zum großen Teil jede infanteristische Fronterfahrung, wodurch gerade in den ersten Tagen unnötige Verluste eintraten. Das für den notwendigen Einsatz des Btls. erforderliche Schanzzeug fehlte! ...

31. 1. 45 Major Weikl, Kdr. der nordkaukasischen Legion, zu diesem Zeitpunkt Führer des nordkaukasischen Einsatzbataillons in Küstrin, erhält um 13.00 Uhr vom Festungskdt. den Befehl, unter Mitnahme eines Offz. seines Btls. als Adjutant, sich sofort in Richtung Kienitz in Marsch zu setzen, das Btl. 203 und 345 zu übernehmen und den bei Kienitz über die Oder gegangenen Feind zu werfen bzw. zu vernichten. ...

Die Ausfallstraße von Küstrin nach Westen ist stark belegt, so daß das Vorwärtskommen erhebliche Zeit in Anspruch nimmt. Um 16. 00 Uhr trifft Major Weikl, Hptm. Bohl (Fhr. Btl. 203) in Zechin, der sein Btl., das bereits von Zechin über Genschmar gegen die Oder zur Sicherung angesetzt war, auf Befehl des Oberst Schimpff in Zechin wieder sammelt. Major W. fährt weiter nach Letschin, wo Oberst Schimpf als verantwortlichen Führer der gegen den fdl. Brückenkopf Kienitz angesetzten Truppen seinen Gefechtsstand hat. Kampfgruppe Weikl erhält folgenden Auftrag:

1. Btl. 203 ist von Süden gegen Kienitz anzusetzen und erreicht noch in der Nacht die Linie Sydowswiese-Sophienthal,

2. Btl. 345 sichert Westufer der Oder im Raum Sydowswiese-Küstrin. ...

1. 2. 45 Um 1.00 Uhr wird folgender Angriffsbefehl von Oberst Schimpf an die Kampfgruppe W. durchgegeben; 4.00 Uhr Angriff und zwar beiderseits der Straße Letschin-Amt Kienitz, unterstützt mit Panzern und Sturmgeschützen, dreht über Amt Kienitz ein auf Kienitz. ... Um 4.00 Uhr tritt das Btl. 203 aus Sophienthal-Nord mit 2 Kp. zum Angriff an.

Die 3. Kp. schirmt bei Sydowswiese nach Osten gegen die Oder ab. Der Angriff kommt trotz der schwierigen Geländeverhältnisse infolge des Matsch-Schnees gut vorwärts. Die Kp. erreichen den Oderdamm in seiner Nordost-Schleife mit Wäldchen und Gut Ziegelei. Die Bolschewisten jedoch sind zum gleichen Zeitpunkt im Angriff aus Kienitz-Süd heraus gegen Sophienthal und stoßen mit der eigenen Truppe am Oderdamm und Gut Ziegelei zusammen. Die Verbände geraten im Nachtangriff in- und durcheinander. Hier macht sich nun ungünstig bemerkbar, daß die Offz. ihre Unterführer und diese wieder ihre Männer nicht kennen, da das Btl. ja erst wenige Stunden vorher in Berlin-Spandau zusammengestellt, in Berliner Omnibussen verladen worden war und aus den Omnibussen heraus direkt in den Einsatz kam. Es gelingt dem Kampfgruppenführer, das Btl. am Nordrand Sophienthal aufzufangen und Sophienthal, sowie Sydowswiese gegen die angreifenden Bolschewisten zu halten. Die Bolschewisten können, wenn auch nun Tauwetter einzusetzen beginnt, Verstärkung über das Eis der Oder nachschieben. Das Fehlen von sMG bei Btl. 203 erschwert den Angriff und Abwehr. Nachrichtenmittel wie Draht und Funk fehlen zu Oberst Schimpf, Entfernung nach Letschin 6,4 km. Der Kampfgruppenführer ordnet das Btl., der Angriff über Amt Kienitz und nach Wegnahme auf Kienitz war gescheitert. ...

17. 2. 45 Um 2.00 Uhr wiederholte der Feind an gleicher Stelle sein Stoßtruppunternehmen und wurde wieder blutig abgewiesen. Um 3.00 Uhr begann die Ablösung der Kampfgruppe Weikl, deren Einheiten nun verschiedenen Truppenteilen zugeführt werden. Die Ablösung erfolgt ohne Verluste. ...

Aus: Bundesarchiv – Militärisches Zwischenarchiv Potsdam, WF-03/17 398, Bl. 461-466.

Aus dem Erlebnisbericht eines Angehörigen des Volkssturmbataillons 7/108 Franken über den Einsatz an der Oderfront

(2./3. Februar 1945)

... Mittag 12 Uhr, den 2. Februar 1945, hieß es: »Posten an die Front! Antreten! Vor die Stadt ausschwärmen! Vorsicht! Feindeinsicht! Tarnen!« Aber wie sollen wir uns tarnen auf freier Fläche? Ein ganz erfinderischer Kamerad von uns ging in einen Garten und riß einen großen Stachelbeerstrauch aus. Er band ihn an sein Gewehr und trug ihn so vor sich her, bis er in der Stellung angelangt war. Die Steine waren rausgerissen und die Stellung schon einige Tage zuvor von dort arbeitenden Polen ausgegraben worden. Eine Stellung war es eigentlich nicht. Es waren nur Löcher in Brusttiefe, so daß zwei Mann gerade noch Platz zum Stehen hatten, in einem Abstand von ca. 30 Metern, hinauf in die Oderberge führend, ganz nahe an der Kante entlang. Wir gingen ohne Deckung in Stellung. Der Feind war ja noch weit! Die Kämpfe jenseits der Oder waren noch nicht ganz abgeschlossen. So wurden wir von unserer hochgelegenen Stellung Zeugen des russischen Vormarsches.

Jenseits der Oder dehnt sich das Ufer ganz flach und gibt den Blick weit in das Land frei. Soweit das Auge reicht, konnte man schauen. ... Links von uns gab es noch keine Soldaten. Links von uns war alles unbesetzt. Die Wehrmacht fehlte noch. ...

Anderntags versuchten wir Verbindungsgräben zu schaffen. Aber der Boden war noch immer hartgefroren. Es ging einfach nicht. ...

Das Bataillon Franken ist unter besonders ungünstigen Einsatzbedingungen zusammengestellt worden. Die Männer sind innerhalb dreier Tage einberufen, eingekleidet und abtransportiert worden, so daß sie teilweise nicht einmal von ihren Familien Abschied nehmen konnten. Als ich das Bataillon übernahm, waren die Männer 10 Tage an der Front eingesetzt, ohne daß eine Feldpostnummer oder sonstige Postverbindung mit der Heimat vorhanden war. Der Einsatz erfolgte direkt vom Bahntransport. ...

Die Ausrüstung besteht in braunen Uniformen und Mänteln mit italienischen Stahlhelmen; Schneehemden sind nicht vorhanden, so daß die Männer besonders bei Schneelagen sich deutlich abhoben. Die Folgen sind Verluste, die vermieden werden könnten, auch durch Flieger. Hinzu kommt, daß eigene Truppen, in der Meinung, daß es Russen sind, auf das Bataillon schossen. Das Schuhwerk – soweit es nicht Privateigentum und gut ist – besteht aus Tropenschuhen, die jede Feuchtigkeit durchlassen. Für das ganze Bataillon sind nur 2 Feldküchen vorhanden.

Die Bewaffnung besteht aus Gewehren. MGs und sonstige schwere Waffen sind nicht vorhanden. 1200 Eier- und Stielhandgranaten sind ohne Sprengkapseln geliefert, die trotz dauernder Bemühungen nicht zu beschaffen waren. Sie sind also wertlos.

Da der Einsatz sofort vom Transport aus erfolgte, hat keinerlei Ausbildung an irgendeiner Waffe oder im Felddienst stattgefunden. 60 Prozent der Männer sind völlig unausgebildet, der Rest sind alte Soldaten. ...

Der ursprüngliche Kampfauftrag des Bataillons lautete: »Sicherung des westlichen Oderufers-Nordrand Frankfurt bis Nordrand L.« Dieser Auftrag ist durch keinen Befehl geändert worden. ...

Am 11. 2. 45 rückte die Wehrmachtkompanie, die unser Anschluß zu K. war, bei einem Angriff der Russen aus der Schlucht beim Transformatorenhaus aus. Sie hatte schon vor drei Tagen einmal die Stellung verlassen und war von unseren Volkssturmmännern in die Stellung zurückgetrieben worden. Bei dem Angriff am 11. 2. 45 war die Kompanie nicht mehr zu halten den Rest mit dem persönlich einwandfreien Leutnant Tr., ein MG und 17 Mann nahm ich im Bataillon auf und setzte diese Gruppe auf dem linken Flügel des Bataillons ein. ... Die Franken wollten anfangs zum Sturm aus der HKL nicht heraus, als ich aber mit Mütze aufrecht vor ihnen herging, sind sie alle wie ein Mann aufgestanden und vorwärts gestürmt. ... Vom Beginn des Kampfes um 22.30 Uhr bis zum Absetzen um 7 Uhr morgens hat das Bataillon die Stellung bzw. Auffangstellung 8½ Stunden (ohne Sperrfeuer aus oben angegebenem Grunde) gehalten.

Wer sagt, daß die Franken nicht stehen und ausgerückt sind, tut ihnen Unrecht. Nur mit Gewehren, ohne schwere Waffen und ohne Artilleriesperrfeuer, schlecht und unzweckmäßig bekleidet, nicht ausgebildet, drei Viertel der Männer krank und doch im Gefecht, haben sie nach vier vorhergehenden

harten Kampftagen 8½ Stunden drei Stellungen verteidigt und damit das Mögliche geleistet.
Verluste: Gefallen 10, Vermißte 9, schwer verwundet 52.

Aus: Freytag v. Loringhoven, Das letzte Aufgebot des Teufels. Dramatischer Einsatz des Volkssturmbataillons 7/108 Franken mit den Kompanien Rothenburg o. d. T., Ansbach, Weißenburg, Dinkelsbühl, o. O., o. J., S. 86ff.

Geheime Verschlußsache*

7. Ausführung

* Die Übersetzung dieses Dokumentes wurde inhaltlich nicht korrigiert.

PERSÖNLICH
Oberbefehlshaber der 5. Stoßarmee
Oberbefehlshaber der 8. Gardearmee
Oberbefehlshaber der 1. Gardearmee
Oberbefehlshaber der 2. Gardearmee

Operative Teildirektive Nr. 00539/op. Stab der 1. Belorussischen Front. »2.« 4.45, »3«.«00« Uhr. Karte 1:100 000

1. Teile der 309., 303., 169. und 712. I.D., die 9. Fs.Jg.Div., die Pz.Div. Müncheberg, die 20. und 25. Pz.Gren.Div., die Pz.-Div. Der Führer des Gegners, verstärkt durch das 5. und 408. Art.-K., eine Abt. der 411. Art.Brig., die 292. und 770. Pak-Abt. sowie ein Btl. des 26. Pz.Rgt. Brandenburg, verteidigen den Abschnitt: Solicante, Rehfeld, Sophiental, Golzow, Alt Tucheband, Podelzig, ausschl. Lebus.

Reserven des Gegners in den Räumen:
a) 25. Pz.Div. – Raum Buckow, Müncheberg;
b) bis zu einer Pz.Div. – östlicher Teil von Berlin;
c) bis zu zwei I.D. – Lager Döberitz.

2. Rechts – 3. Stoßarmee geht zum Angriff mit der Aufgabe über, die Verteidigung auf dem Abschnitt Solicante, Punkt 8,7 (3 km sw Kienitz) zu durchbrechen und den Stoß in die allgemeine Richtung Neu Trebbin, Metzdorf, Vorwerk Herzershorn, Bernau zu entwickeln.

Trennungslinie: LUDWIGSRUH, NEUDAMM, KALENZIG, LETSCHIN, ALT FRIEDLAND, PRÖTZEL, WERNEUCHEN, BUCH, HEILIGENSEE; alle Punkte außer LUDWIGSRUH, KALENZIG für die 5. Stoßarmee ausschließlich.

Links – 69. Stoßarmee geht zum Angriff, mit der Aufgabe über, die Verteidigung des Gegners auf dem Abschnitt Höhe 62,7 (3 km südlich Mallnow), Höhe 48,4 (2 km südlich Lebus) zu durchbrechen und den Stoß in der allgemeinen Richtung DÖBBERIN, ARENSDORF, TREBUS, ERKNER, RAHNSDORF, BRITZ, DAHLEM zu entwickeln.

Trennungslinie: GLEISSEN, DROSSEN, PODELZIG, LIETZEN, SCHÖNFELD, HERZFELDE, KARLSHORST, GATOW. Alle Punkte für die 8. Gardearmee einschließlich.

3. 5. Stoßarmee mit 2. und 14. Art.Div., 4., 40. und 41. Pz.Jg.Brig., 4. Art.Brig., 295. und 1091 Art.Rgt., 35., 2. und 25. Gd. GeschoßWf. Brig., 92., 94. und 37. Gd.GeschoßWf. Btl., 32. und 322. selbst. Art. Abt., 2. Gd. Flak-Div., 11. und 67. schw. Pz.Brig., 220. Pz. Brig., 244. Pz.Rgt., 396. schw. Pz.Art.Rgt., 1504. Pz.Art.Rgt., 92. MinenräumPz.Rgt., 1. PontonRgt., 82., 83. und 84. Fährübersetzbtl., 29. FlammWf.Btl., 2. und 3. Pi.Btl. (mot), 67. und 69. Militärbau-Abt. (27. UOS; Abk. nicht auflösbar, d. Vf.), 10. selbst. Btl. chem. Truppen, 8. selbst. FlammWf.Btl. hat mit der Aufgabe zum Angriff überzugehen, die Verteidigung des Gegners auf dem Abschnitt Punkt 9,3 (2 km nördlich Zechin), Golzow zu durchbrechen und bei gleichzeitiger Entwicklung des Stoßes in der allgemeinen Richtung ZECHIN, NEUHARDENBERG, GRUNOW, WESENDAHL, BLUMBERG, BLANKENBURG, TEGEL folgende Abschnitte zu besetzen:

a) am 1. Operationstag – ausschl. ALT FRIEDLAND, NEUHARDENBERG, ALT ROSENTAL;
b) am 2. Operationstag – ausschließl. PRÖTZEL, RUHLSDORF;
c) am 3. Operationstag – ausschließl. LÖHME, KRUMMENSEE, ALT LANDSBERG.

Im weiteren hat sie den nordöstlichen und nördlichen Teil von Berlin zu besetzen und am 6. Operationstag das Ostufer des Havelsees zu erreichen.

Mit Beginn der Artillerievorbereitung ist das 6. Schlachtfliegerkorps mit begleitenden Jagdflugzeugen dem Oberbefehlshaber der 5. Stoßarmee operativ zu unterstellen.

Trennungslinie links: LANDSBERG, die Warthe, KÜSTRIN, GORGAST, WERBIG, OBERSDORF, STRAUSBERG, ALT LANDSBERG, HOHENSCHÖNHAUSEN, SPANDAU. Alle Punkte außer OBERSDORF für die 5. Stoßarmee einschließlich.

4. 8. Gardearmee mit der 18. und 29. Art.Div., 25. und 38. Pz.Jg.Brig., 1. schw. Art.Rgt., 2. Gd. GeschoßWf.Div., 59., 311. und 316. Gd.GeschoßWf.Rgt., 34. und 391. selbst.Art.-Abt., 1. (TPPAP; Abk. nicht auflösbar, der Vf.), 3. Gd. Flak-Div., 7. schw. Pz.Brig., 65. Pz.Rgt., 34. schw. Pz.Rgt., 259. Pz.Rgt., 394., 371. und 694. Pz.Art.Rgt., 68. und 136. PontonRgt. (7. PontonBrig.), 6., 8., 9. schw. Ponton-Btl., 41. FlammWf.Btl., 166. Minenräum-Pz.Rgt., 516. FlammWf.-Pz.Rgt., 72. Militärbau-Abt. (27. UOS; Abk. nicht auflösbar, d. Vf.), und 19. FlammWf.Btl. gehen mit der Aufgabe zum Angriff über, die Verteidigung des Gegners auf dem Abschnitt Bahnhof (1 km südostwärts Golzow), Gutshof (2 km ostwärts Sachsendorf) zu durchbrechen und bei gleichzeitiger Entwicklung des Stoßes in der allgemeinen Richtung SEELOW, TREBNITZ, GARZAU, DAHLWITZ, Schlesischer Bahnhof, CHARLOTTENBURG folgende Abschnitte zu besetzen:

a) am 1. Operationstag – ALT ROSENTAL, NEUENTEMPEL, LIETZEN;
b) am 2. Operationstag – GARZIN, Höhe 78,2, Maxsee;
c) am 3. Operationstag – ausschließl. ALT LANDSBERG, Ostrand HOPPEGARTEN, KALKBERGE.

Im weiteren die Vororte MARZAHN, FRIEDRICHSFELDE, KARLSHORST, KAULSDORF, MAHLSDORF, DAHLWITZ sowie das Zentrum von BERLIN zu besetzen und am 6. Operationstag das Ostufer des Havelsees zu erreichen.

Mit dem Beginn der Artillerievorbereitung ist das 9. Schlachtfliegerkorps mit den begleitenden Jagdflugzeugen dem Oberbefehlshaber der 8. Gardearmee operativ zu unterstellen.

5. Mit dem Erreichen des Abschnitts LETSCHIN, GUSOW durch die Infanterie der 5. Stoßarmee ist die 2. Gardepanzerarmee mit der 24. Flak-Div. in den Durchbruch im Abschnitt LETSCHIN, ausschl. GUSOW einzuführen. Diese hat bei Entwicklung des Stoßes in der allgemeinen Richtung NEUHARDENBERG, IHLOW, PRÖTZEL, BERNAU, am 2. Tag der Einführung in den Durchbruch den Raum BIRKENWERDER, HEILIGENSEE, ROSENTHAL, SCHÖNWALDE zu erreichen.

Im weiteren sind mit einem Korps die Übersetzstellen über den Hohenzollern-Kanal auf dem Abschnitt ORANIENBURG, HENNINGSDORF und den Brückenköpfen auf seinem Westufer zu besetzen. Mit den Hauptkräften der Armee ist mit einem Stoß nach Süden, in Zusammenwirken mit der 1. Gardepanzerarmee, der nördliche Teil von BERLIN bis zur Eisenbahnlinie BERNAU, PANKOW, CHARLOTTENBURG, Bahnhof 1 km ostwärts WANNSEE zu besetzen.
Mit der Artillerie- und Pioniersicherstellung der Einführung der Armee in den Durchbruch beauftrage ich den Oberbefehlshaber der 5. Stoßarmee;
mit der Luftsicherung – den Oberbefehlshaber der 16. Luftarmee.

Mit dem Durchbruch ist das 6. Schlachtfliegerkorps mit den begleitenden Jagdflugzeugen dem Oberbefehlshaber der 2. Gardepanzerarmee zu unterstellen.

6. Mit dem Erreichen des Abschnitts ausschl. GUSOW, SEELOW, DOLGELIN, ALT MAHLISCH durch die Infanterie der 8. Gardearmee ist die 1. Gardepanzerarmee mit dem 11. Panzerkorps und der 4. Flak-Div. im Abschnitt Bahnhof GUSOW, DOLGELIN in den Durchbruch einzuführen und hat bei gleichzeitiger Entwicklung des Stoßes in der allgemeinen Richtung SEELOW, OBERSDORF, GARZIN, ALT LANDSBERG, KARLSHORST am 2. Tag der Einführung in den Durchbruch den Raum MARZAHN, KARLSHORST, SCHÖNEWEIDE, KÖPENICK, FRIEDRICHSHAGEN, NEUENHAGEN zu besetzen.

Im weiteren ist durch einen Stoß nach Südwesten in Zusammenwirken mit der 2. Gardepanzerarmee der Raum CHARLOTTENBURG, WILMERSDORF, ZEHLENDORF, LICHTENRADE, RUDOW, Vorort TREPTOW, NEUKÖLLN zu besetzen.

Mit der Artillerie- und Pioniersicherstellung der Einführung der Armee beauftrage ich den Oberbefehlshaber der 8. Gardearmee;
mit der Luftsicherung den Oberbefehlshaber der 16. Luftarmee.

Zum Zeitpunkt der Einführung der 1. Gardepanzerarmee in den Durchbruch ist das 9. Schlachtfliegerkorps mit den begleitenden Jagdflugzeugen dem Oberbefehlshaber der 1. Gardepanzerarmee zu unterstellen.

Der Oberbefehlshaber der 1. Gardepanzerarmee hat bei günstiger Entwicklung des Angriffs im Streifen der 69. Armee die Möglichkeit der Einführung der Armee in den Durchbruch auf dem Abschnitt DOLGELIN, DÖBBERIN mit der gleichen Aufgabe vorzusehen.

7. Die Vorbereitung der Angriffsoperation, die Umgruppierung der Truppen und das Beziehen der Ausgangsstellung für den Angriff hat unbemerkt vom Gegner, unter Einhaltung aller Tarnmaßnahmen zu erfolgen, um das Überraschungsmoment der Handlungen der Armee zu erreichen.

8. Ich gestatte, den Chef des Stabes, den Leiter der operativen Abteilung des Armeestabes und den Chef der Artillerie der Armee mit dieser Direktive vertraut zu machen.

Den übrigen Durchführenden sind die Aufgaben im Rahmen der von ihnen zu erfüllenden Pflichten zu stellen.

Den Regimentskommandeuren sind keine schriftlichen Anordnungen zu erteilen, die Aufgaben sind ihnen 3 Tage vorher mündlich zu stellen.

Für die Rückwärtigen Dienste werden keine allgemeinen Direktiven sondern nur mündliche Anordnungen herausgegeben.

9. Dem gesamten Personalbestand der Armee ist zu erklären, daß unsere Aufgabe in der standhaften Verteidigung für einen längeren Zeitraum besteht.

Den unteren Kommandeurskadern und Rotarmisten ist die Angriffsaufgabe 2 Stunden vor dem Strumangriff bekanntzugeben.

10. Zeit des Angriffsbeginns entsprechend meinen persönlichen Anweisungen.

Artillerievorbereitung entsprechend der beigefügten Grafik.

11. Der Plan der Angriffsoperation der Armee ist mir am 14. 04. 45, 12.00 Uhr zur Bestätigung vorzulegen.

Oberkommandierender
der 1. Belorussischen Front
Marschall der Sowjetunion

G. Shukow

Mitglied des Kriegsrates
der 1. Belorussischen Front
Generalleutnant

Telegin

Chef des Stabes der
1. Belorussischen Front
Generaloberst

Malinin

Kopie im Besitz d. Vf.

Aus den Tagebucherinnerungen von Fritz Rudolf Averdieck über die Kämpfe nach Beginn der sowjetischen Offensive

(ohne Datum)

... Am Montag, dem 16. 4., wurden wir um 4.00 Uhr durch das russ. Trommelfeuer geweckt. Jedesmal, wenn wir nun heraus und zum SPW laufen wollten, blitzte es in der noch herrschenden Dunkelheit dicht neben uns auf, und Dreck und Splitter wirbelten uns um die Ohren. Eine Batterie hatte unseren Gefechtsstand genau aufs Korn genommen. Endlich aber glückte es uns doch, heil die 70 m über den Acker zurückzulegen. Bis 6.00 Uhr hielt das infernalische Feuer an, dann erschienen die Flieger. Ein Geschwader zweimotoriger Bomber warf einen Bombenteppich auf einen Wald hinter uns, in dem allerlei Art. stand. ... Mittags war der Feind, dem Gefechtslärm und den Gerüchten nach, schon links und rechts an uns vorbei. Die Reste der uns vorher ablösenden Einheiten wurden in unseren Stellungen aufgefangen. Unerklärlicherweise liefen nachher unsere Landser aus dem Graben, als russ. Infanterie erschien, und ehe wir uns versahen, war der Iwan bereits auf unserer Höhe. Mit zusammengerafften Kräften wurde er bis zur Hälfte wieder heruntergeworfen und die neue Stellung für die Nacht gehalten. Lufttätigkeit und dauerndes Granatwerferfeuer raubten uns für diese Nacht den Schlaf und forderten Tote bei der Versorgung. ...

Um 4.00 Uhr früh am 17.4. wurde unser Gef.-Stand mehr in die Mitte des Abschnitts, zum Bahnhof Gusow, verlegt. Kaum hatten wir die Wagen getarnt und uns in den Kellern des Bahnhofes umgesehen, als es auch schon Panzeralarm gab. Ohne Schießerei waren sie auf der Straße herangekommen. ... Das Rgt. war nun so durcheinander, z. T. ohne jede Verbindung und Anschluß, daß wir uns, von Sturmgeschützen und Panzern gedeckt, auf die nächste Stellung, die »Steinstellung« bei Görlsdorf, zurückziehen mußten. Es war inzwischen höchste Zeit geworden, denn unterwegs wurden wir schon aus der Flanke beschossen und in einem Wäldchen, in dem wir uns vorübergehend sammelten, sehr übel mit Baumkrepierern bedacht. ...

Als am Morgen des 18. 4. Panzer von links in unsere Flanke stießen, wurde der SPW und die übrigen Fahrzeuge einen km zurück nach Worin geschickt. ... Gegen Abend zog sich unsere Komp. aus Worin zurück, um sich nach Müncheberg abzusetzen. Im Wald versammelte sich alles, Infanterie, Panzer und Fahrzeuge. Die einzige Möglichkeit war, über eine unbekannte Strecke zu unseren Linien durchzubrechen. ... Als es genügend dunkel war, brachen wir aus dem Walde hervor, ohne auf Widerstand zu stoßen. Durch das brennende Jahnsfelde ging es, ohne Zwischenfall erreichten wir die Chaussee nach Müncheberg und etwas später die neue Linie, die gleich von uns besetzt wurde. ... Anscheinend stieß der Russe auf kein Hindernis mehr, die riesigen Troßmassen fluteten zurück, ohne auch nur einmal an Widerstand zu denken. Bis 3.00 Uhr nachts ging die Fahrt nach Rüdersdorf, in die Umgebung von Berlin – Erkner. Besonders nahe ging einem das Elend der Flüchtlinge, die sich mitten in der Nacht mit einem Handwagen aufmachen mußten. ...

Kopie der Tagebucherinnerungen von Fritz Rudolf Averdieck, im Besitz des Vf.

An den Oberkommandierenden Marschall der Sowjetunion Genossen Stalin*

* Die Übersetzung des Dokumentes wurde inhaltlich nicht korrigiert.

Telegrafisch verschlüsselt
Ausf. 1

Gefechtsmeldung Nr. 00453. Stab der 1. Belorussischen Front, 17. 4. 45, Karte 1:100 000

1. Der Gegner hat, wie jetzt endgültig festgestellt wurde, im Verlauf von mehr als zwei Monaten die zu beziehenden Verteidigungsstellungen, besonders vor unseren Brückenköpfen auf dem Westufer der ODER befestigt und sie auf eine bedeutende Tiefe entwickelt. Sein Verteidigungssystem besteht aus einer ganzen Reihe von Streifen mit je 2–4 Gräben und einem breit entfalteten Netz von Pioniersperren, die in der Hauptsache aus Minenfeldern, Drahtsperren, Panzerhindernissen und einem System versumpfter Kanäle bestehen.

Der Gegner, der sich auf diese Verteidigungsstellungen stützt, leistete im Verlauf des 16. 04. den angreifenden Truppen der Front hartnäckigen Widerstand, wobei er bestrebt war, keinen Durchbruch durch die eigene Verteidigung zuzulassen. Die Luftwaffe des Gegners führte mit einzelnen Flugzeugen Aufklärung entlang der Frontlinie und in der Tiefe des rückwärtigen Raumes der Armee. Mit 5 Gruppen 6 – 18 – 20 Flugzeugen bombardierte sie die Gefechtsordnung unserer Truppen in den Räumen LEBUS, WIESENAU, LOSSOW. Nach vorläufigen Angaben wurden in den 24 Stunden 231 Überflüge, davon 92 nachts festgestellt.

2. Die Truppen der Front gingen nach einer sorgfältigen und allseitigen Vorbereitung am 16. 04. 45 an die Erfüllung der von Ihnen gestellten Aufgabe.

Unter Berücksichtigung, daß der Gegner am Morgen seine Infanterie aus dem 1. in den 2. und 3. Graben zurückzieht, wurde von mir eine Artillerievorbereitung bei Nacht mit einer großen Feuerdichte und einer Dauer von 30 Minuten unter Verwendung von Scheinwerfern zur Blendung des Gegners und zur Beleuchtung des Geländes vor den angreifenden Truppen der Front durchgeführt.

Nach Aussagen von Gefangenen war das Artilleriefeuer so unerwartet und niederschmetternd, daß der Gegner nicht dazu kam, sich aus dem 1. Graben zurückzuziehen und der 2. und 3. Graben sich ständig unter starkem Feuer unserer Artillerie befand. Dadurch erlitten Teile des Gegners, die sich im 1. Streifen der Verteidigung befanden, starke Verluste.

Nach der erfolgreich durchgeführten Artillerievorbereitung gingen die Truppen der Front am 16. 04. 45, 05.30 Uhr zum allgemeinen Angriff über. Die angreifenden Truppenteile brachen den zunächst schwachen, aber dann anwachsenden Widerstand aller Feuerarten, überwanden die Sperren, schlugen zahlreiche Gegenangriffe zurück und durchbrachen den 1. Verteidigungsstreifen des Gegners. Auf einzelnen Abschnitten keilten sie sich in den 2. Streifen ein, fügten dem Gegner schwere Verluste zu, nahmen 3 823 Soldaten und Offiziere gefangen und drangen bis zu 10 km vor.

3. Die 61. Armee setzte mit den Hauptkräften die Verteidigung des bisherigen Abschnitts fort und führte gewaltsame Aufklärung.

Zwei verstärkte Schützenkompanien setzten in den Räumen NIEDERKRÖNING (3 km südostwärts SCHWEDT), NIEDERSAATEN auf das Westufer der ODER über und erreichten den Damm in diesen Räumen.

Zwei verstärkte Bataillone forcierten die ODER im Raum der Eisenbahnbrücke nordwestlich ALTKÜSTRINCHEN und südlich und nahmen im Raum NEUENGLIETZEN das

Gefecht mit dem Gegner auf. Unter der starken Feuereinwirkung des Gegners zog sich das Bataillon, das im Raum der Eisenbahnbrücke handelte, in die Ausgangsstellung zurück. Das andere Bataillon setzt das Gefecht auf dem Westufer der ODER am Ostrand NEUGLIETZEN fort.

Durch das Tagesgefecht wurden bis 150 Soldaten und Offiziere vernichtet.

4. 1. Polnische Armee: Die 1. I.D. forcierte die ODER im Raum der Eisenbahnbrücke (1,5 km nordwestlich ZÄCKERICK); die 2. I.D. forcierte mit einem Teil der Kräfte die ODER südlich ALT LÖTZEGERICKE. Die Hauptkräfte der Division gingen vom Brückenkopf auf dem Westufer der ALTEN ODER an der Mündung dieses Flusses zum Angriff in nordwestlicher Richtung über; die 3. I.D. ging mit allen Kräften vom Brückenkopf auf dem Westufer der ALTEN ODER aus zum Angriff über.

Die angreifenden Truppenteile brachen den hartnäckigen Widerstand des Gegners, schlugen 10 Gegenangriffe in Stärke bis zu einer Infanteriekompanie ab, drangen unter schwierigen Geländebedingungen bis 5 km vor und führten am Ausgang des Tages das Gefecht auf dem Abschnitt: Eisenbahnbrücke (2 km nordwestlich ZÄCKERICK), Punkt 8,6, ZÄCKERICKER LOOSE, 300 m westlich NEU LÖTZEGERICKE, Ostrand ALTWRIETZEN.

Im Verlauf des Kampftages wurden bis zu 500 Soldaten und Offiziere, 4 Art.Bttr., 7 Granatwerfer, 30 MGs, 15 MPis vernichtet und 23 Soldaten des Gegners gefangengenommen.

5. Die 47. Armee, die vom Abschnitt Ostrand KARLSBIESE, Ostteil NEUBARNIM, Nordrand ORTWIG zum Angriff überging und in hartnäckigen Kämpfen bis zu 9 km vordrang, erreichte am Ausgang des Tages den Abschnitt: Südufer des Alten-Oder-Kanals, ostwärts Punkt 64, Ostrand BEAUREGARD, Ostrand THÖRINGSWERDER, Eisenbahnlinie (1,5 km südwestlich THÖRINGSWERDER), Ostrand HERRENHOF und Ostrand WINKEL.

Nach vorläufigen Angaben wurden im Verlaufe des Tages bis zu 3000 Soldaten und Offiziere, 50 MGs, 3 Artillerie- und 2 Granatwerferbttr. vernichtet, 60 MGs, 4 Geschütze, 2000 Panzerfäuste erbeutet und über 300 Soldaten und Offiziere, die zum Teil der 606. I.D. des Gegners angehören, gefangengenommen.

6. Die 3. Stoßarmee ging vom Abschnitt: Ostrand ORTWIG, 2 km westlich REHFELD zum Angriff über. Die angreifenden Truppenteile brachen den hartnäckigen Widerstand des Gegners, schlugen fünf Gegenangriffe in Stärke einer Infanteriekompanie – Infanteriebataillon mit 4–8 Panzern ab, drangen bis 8 km vor, besetzten die großen Stützpunkte ORTWIG, LETSCHIN und führten am Ausgang des Tages das Gefecht auf dem Abschnitt:

79. Schützenkorps – einzelstehende Häuser an der Chaussee (0,5 km südlich ALT TREBBIN), Nordrand SIETZING,

12. Gardeschützenkorps – SIETZING, ausschl. Punkt 6,0, einzelstehende Häuser (200 m nordostwärts KIEHNWERDER), 7. Schützenkorps – in der zweiten Staffel – im Raum des Waldes ostwärts GROSS NEUENDORF.

Im Verlaufe des Kampftages wurden bis zu 2000 Soldaten und Offiziere des Gegners vernichtet und 900 gefangengenommen, die Teilen der I.D. Kurmark und der 309. I.D. angehören. 29 MGs, 7 Granatwerfer, 17 Geschütze, 12 Kfz. wurden vernichtet, abgeschossen wurden 6 Panzer und 4 SfL., erbeutet wurden über 900 Gewehre, 208 MGs, 20 Geschütze, 12 Granatwerfer, 10 Kfz. und 16 verschiedene Lager.

7. Die 5. Stoßarmee brach den hartnäckigen Feuerwiderstand des Gegners, überwand die Minenfelder, Drahtsperren und das System der Kanäle, durchbrach den 1. Verteidigungsstreifen des Gegners, drang bis zu 10 km vor und erreichte den Abschnitt:

26. Gardeschützenkorps – erreicht die ALTE ODER im Raum QUAPPENDORF,

32. Schützenkorps – einzelstehende Häuser (2 km nördlich NEU LANGSOW), einzelstehende Häuser (1 km ostwärts GUSOW),

9. Schützenkorps – NEU LANGSOW, besetzt WERBIG und greift GUSOW an.

Nach vorläufigen Angaben wurden im Verlaufe des Kampftages 2 500 Soldaten und Offiziere, über 50 Geschütze, 43 Granatwerfer vernichtet und bis 400 Soldaten und Offiziere des Gegners gefangengenommen.

8. Die 8. Gardearmee durchbrach in der ersten Tageshälfte im Ergebnis des raschen Angriffs den ersten Verteidigungsstreifen des Gegners, brach seinen Feuerwiderstand und erreichte den Abschnitt:
4. Gardeschützenkorps – Südostrand WERBIG, NEUWERBIG, Ostrand des Bahnhofs SEELOW, ausschl. WEINBERG,

29. Gardeschützenkorps – WEINBERG, Bahnhof (1 km nordostwärts FRIEDERSDORF), Höhe 53,2,

28. Gardeschützenkorps – ausschl. Höhe 53,2, Osthänge der Höhe 58,9, einzelstehendes Haus (2 km nordostwärts Carzig).

Die Truppen der Armee, die in der zweiten Tageshälfte auf einen organisierten Widerstand des Gegners in einem frühzeitig vorbereiteten Abschnitt stießen, kamen nicht voran.

Nach vorläufigen Angaben wurden im Verlaufe des Kampftages bis zu 1 800 Soldaten und Offiziere, über 100 MGs, 32 Geschütze, 9 SPWs, 18 Kfz., 35 Fahrzeuge vernichtet, 8 Panzer und 12 SfL. abgeschossen und über 600 Soldaten und Offiziere gefangengenommen.

9. Die 69. Armee ging mit den Hauptkräften vom Abschnitt KLESSIN, LEBUS, Höhe 48,4 zum Angriff über, wobei den übrigen Abschnitt ihrer Front verteidigte.

Die angreifenden Truppenteile brachen den Feuerwiderstand des Gegners, schlugen seine Gegenangriffe ab, drangen bis 4 km vor und erreichten den Abschnitt: Osthänge der Höhe 66,3 (300 m nördlich MALLNOW), Zentrum MALLNOW, Höhe 68,2, SCHÖNFLIESS, Eisenbahnabzweigung (3 km südostwärts SCHÖNFLIESS), Nordhänge der Höhe 45,3.

Im Ergebnis eines Gegenangriffs des Gegners in Stärke von über 2 Infanteriebataillonen mit Unterstützung von 15 Sfl. und 2 Panzerzügen gingen die Einheiten, die SCHÖNFLIESS besetzten, auf den Ostrand des Ortes zurück.

Ein Gegenangriff des Gegners in Stärke bis zu 2 Infanteriebataillonen, den er aus dem Raum WULKOW in ostwärtiger Richtung unternahm, wurde mit großen Verlusten für den Gegner abgeschlagen.

Im Ergebnis des Tagesgefechts wurden über 2 000 Soldaten und Offiziere, bis zu 120 MGs, 35 Geschütze vernichtet und 600 Soldaten und Offiziere des Gegners gefangengenommen. Erbeutet wurden 18 Geschütze, 43 MGs und über 800 Gewehre.

10. Die 33. Armee ging mit den Hauptkräften vom Abschnitt: ostwärts TZSCHETZSCHNOW, WIESENAU zum Angriff über. Die angreifenden Truppenteile, die den hartnäckigen Widerstand des Gegners brachen und 6 Gegenangriffe in Stärke Infanteriekompanie, -bataillon mit 4–10 Panzern abschlugen, drangen bis zu 6 km vor, besetzten die großen Stützpunkte LOSSOW, BRIESKOW und führten am Tagesausgang das Gefecht auf dem Abschnitt: Südrand TZSCHETZSCHNOW, nordwestlicher Waldrand (3 km TZSCHETZSCHNOW), westlicher Waldrand (0,5 km ostwärts Markendorf), MALCHOW (1,5 km westlich BRIESKOW), Ostrand UNTERLINDOW, Ostrand OBERLINDOW, RAUTENKRANZ.

Im Verlaufe des Kampftages wurden bis zu 2 000 Soldaten und Offiziere, 50 MGs, 3 SfL. vernichtet, 23 Geschütze, 14 Granatwerfer, 60 MGs, 550 MPis und Gewehre, 80 Panzerfäuste, 2 Lokomotiven, 100 Waggons mit Ladung, 9 verschiedene Lager, 7 Kfz. mit Ladung erbeutet und bis zu 1 000 Soldaten und Offiziere des Gegners gefangengenommen.

11. 2. Gardepanzerarmee – um 16.00 Uhr verließen Teile des 9. und 12. Gardepanzerkorps die Ausgangsstellungen und erreichten am Tagesausgang mit den Spitzenbrigaden:
9. Gardepanzerkorps – POSEDIN (3 km nordwestlich LETSCHIN),
12. Gardepanzerkorps – WULKOW (4 km südwestlich LETSCHIN).

Das 1. mech. Korps erreichte mit der Vorausabteilung ANNAHOF (3 km südwestlich GOLZOW). Die Hauptkräfte des Korps befinden sich im Raum GENSCHMAR.

12. Die 1. Gardepanzerarmee, die hinter der Infanterie der 8. Gardearmee vorgeht, erreichte mit den Hauptkräften am Tagesausgang den Abschnitt: 1 km ostwärts WERBIG, WEINBERG, Höhe 53,2, Ostrand LIBBENICHEN.

13. Die 16. Luftarmee vernichtete mit Flugzeugen PO-2 bei Nacht und mit Gruppen von Bomben- und Schlachtflugzeugen bei Tag die Artillerie des Gegners und zerstörte seine Stützpunkte vor der Front der angreifenden Truppenteile. Die Jagdflugzeuge sicherten die eigenen Truppen auf dem Gefechtsfeld und führten Aufklärung. Insgesamt wurden 6 390 Starts durchgeführt, davon 109 bei Nacht.

Vernichtet und beschädigt wurden 135 Geschütze, 4 Panzer, 26 Waggons, 285 Kfz., 1 Lokomotive; niedergehalten wurden 53 Art.-Bttr.; in Brand geschossen wurde ein Eisenbahntransport, über 80 Brandherde wurden gelegt; 14 starke Detonationen wurden festgestellt; versprengt und vernichtet (teilweise) wurden bis zu 1 500 Soldaten und Offiziere.

In 140 Luftkämpfen wurden 139 Flugzeuge des Gegners abgeschossen.
Verluste der Armee – 19 Flugzeuge abgeschossen und 60 Flugzeuge vom Feindflug nicht zurückgekehrt.

Die Truppen der Front setzen die Erfüllung der von ihnen gestellten Aufgabe fort.

Oberkommandierender
der 1. Belorussischen Front
Marschall der Sowjetunion

G. Shukow

Mitglied des Kriegsrates
der 1. Belorussischen Front
Generalleutnant

Telegin

Chef des Stabes
der 1. Belorussischen Front
Generaloberst

Malinin

Kopie im Besitz d. Vf.

Tagesmeldung des Oberkommandos der 9. Armee an das Oberkommando der Heeresgruppe Weichsel

(20. April 1945)

1. Am 7. Tag der großen Abwehrschlacht gelang es dem Feind, mit starken Panzern und mot. Verbänden im Kampfraum Müncheberg-Wriezen durch die weit überdehnte und bereits in den gestrigen Abendstunden an mehreren Stellen nur noch schwach besetzte Front den Durchbruch zu erzwingen. Der Feind drang am Nachmittag in Fürstenwalde ein, nahm Kagel und steht mit starken Panzerkräften vor Bernau.

Die sowjetischen Panzerrudel und mot. Truppen werden von der, in einzelne Kampfgruppen aufgespaltenen, eigenen stark überbeanspruchten Truppe überall angefallen.

Im rechten Armeeabschnitt, zwischen Wiesenau und Lietzen, konnte die eigene Truppe unter Aufbietung letzter Kraft und unter bisher geringem Geländeverlust den Zusammenhang der Front wahren.

Der morgige Tag wird durch den zu erwartenden Angriff der in Eilmärschen herangeführten 3. Armee auch in diesem Abschnitt Führung und Truppe vor ernste, wenn nicht kritische Situationen stellen.

Aus dem Tagebuch des Feldwebel E. Strobel, Kommandant eines Jagd-Panzers in der Panzerabteilung 8
(ohne Datum)

...

19. 4. Verteidigung von Müncheberg, abends aus der brennenden Stadt abgesetzt.

20.4. Gefecht mit Panzern und Infanterie, mittags abgesetzt.

21. 4. morgens Gegenangriff gefahren, jedoch mittags abgesetzt.

22.4. die ersten Kämpfe in den Vorstädten von Berlin, Friedrichshagen und Köpenick. In Köpenick fällt mein Wagen wegen Bombentreffer aus. Zurückgefahren bis Adlershof. ...

25.4. noch ein Versuch zum Ausbruch gemacht doch vergeblich. Wir fahren nach Grunewald und dann nach Wannsee.

26.–29. 4. bei den letzten Resten der Kampfstaffel in Wannsee wieder in Sturmgeschütz eingestiegen.

29.4. mittags in einem Wald 2 T 34 abgeschossen, dann dort Sicherung gestanden.

30.4. den ganzen Tag kleine Gefechte, dabei Treffer von Pak erhalten, das Geschoß ist an der guten Panzerung des Guderian-Jägers abgeprallt.

1. 5. abends letztes Antreten der Pz.Abt. 8, Leutnant Glück verabschiedet sich von uns. Das ist die Kapitulation.

1.5. abends 23.00 Uhr Durchbruch aus Wannsee heraus.

2. 5. durch Fahrlandkanal geschwommen und ohne Feindberührung bis Beelitz gekommen. Hier jedoch an der Autobahn kurze Feindberührung. O-Gefr. Heß wird verwundet. Wir lassen ihn bei Einwohnern zurück.

2. 5.–12. 5. Marsch bis zur Elbe

3. 5. mit Marschkompaß geht es in Richtung Westen. Unser Ziel ist, die amerikanischen Linien an der Elbe zu erreichen.

...

10. 5. Wir hoffen bald an der Elbe zu sein. Das Essen wird knapp und um zu trinken, suchen wir die kleinen Wässerchen im Wald auf. Am Tage wieder im Wald geschlafen. Am Abend wieder losmarschiert. In dieser Nacht über 25 km gemacht. ...

12. 5. Morgens um 4.00 Uhr bei Magdeburg die Elbe erreicht. Ohne lange Überlegung die Elbe schwimmend überquert. Dabei alle Kleider an der gesprengten Eisenbahnbrücke verloren. Um 5.00 Uhr nur mit Unterhemd und Unterhose vor dem ersten Ami gestanden. Wir haben unser Ziel erreicht. ...

Kopie in der Gedenkstätte/Museum Seelower Höhen

Aus der Erinnerungsniederschrift des ehemaligen Flakhelfers Hans Hansen über den Halbe-Kessel

(ohne Datum)

... In den nächsten Tagen hielten wir uns in den Wäldern westlich der Spree in Bereitschaft. Es waren keine schönen Tage, denn es wurde jetzt deutlich, daß wir in der Mausefalle saßen. Die russischen Armeen waren, ..., aus zwei Richtungen auf Berlin vorgestoßen und hatten dabei unsere 9. Armee in die Zange genommen. Die Stimmung sank auf den Nullpunkt, uns beschäftigte eigentlich nur noch ein Thema: Kommen wir jemals aus dieser Mausefalle raus?

Am 24.4. wurde unsere Batterie (besser gesagt, die Reste unserer Batterie) aufgelöst und auf andere Einheiten verteilt. Mit sechs anderen Luftwaffenhelfern kam ich als Verstärkung zu einem Flakzug der Waffen-SS. Nächster Einsatzort: Bad Storkow.* ... Wir bezogen in Storkow am Ufer des Sees Stellung. Es war ein märchenhaft schöner Frühlingstag, so richtig geschaffen zum Sich-freuen, sich am Ufer des Sees faul ins Gras zu legen, in den Frühlingshimmel hineinzusehen und zu träumen. Doch für uns gab es keine Träume, nur

* Offensichtlich ein Irrtum von H. H. Es kann sich um Storkow oder Bad Saarow handeln.

Granaten, MG-Salven, Schlachtflieger und Angst. Bis in die frühen Nachmittagsstunden hinein hielten wir dem russischen Feuer stand, dann kam der Befehl zum Rückzug. In aller Eile räumten wir unsere Stellungen und verschwanden aus der Stadt, die mittlerweile an vielen Stellen brannte. Dunkle Qualmwolken stiegen in den strahlenden Frühlingshimmel auf. Mit einer Mischung aus Erleichterung (daß wir noch einmal davongekommen waren) und schlechtem Gewissen (daß wir die Stadt und ihre Bewohner einem ungewissen Schicksal überlassen mußten) machten wir uns auf den Rückzug.

... Die Vielzahl der deutschen Geschütze eröffneten am nächsten Morgen das Vorbereitungsfeuer auf die russischen Stellungen. Stundenlang rauschte Salve auf Salve hinüber. Wir beobachteten das Schauspiel vom Waldrand aus, gingen auch hin und wieder schnell mal hinüber zum Waldweg, wo endlose Kolonnen von Soldaten und Fahrzeugen sich langsam nach Westen wälzten, in die Ausgangsstellungen für den Durchbruch. Hin und wieder einige bekannte Gesichter, Leute aus unserer Batterie.

...

Beim Einbruch der Dunkelheit ging es dann los (es war übrigens der 28.4.). ...

Am Morgen trafen wir dann bei der Ortschaft Halbe auf die Russen. Wer dabeigewesen ist, wird diesen Namen nie wieder vergessen. In dichten Haufen stürmten Tausende deutscher Soldaten auf die russischen Stellungen zu, aus denen uns ein irrsinniges Maschinengewehrfeuer entgegenschlug. Reihenweise wurden die Angreifer zu Boden gerissen, die Erde war mit Toten und Verwundeten geradezu übersät. Einige deutsche Panzer, die den Angriff unterstützten, rollten rücksichtslos über die Leiber der Toten und Verwundeten hinweg. Doch auf die Dauer konnten die Russen diesem Ansturm nicht widerstehen und räumten die Stellungen. Kein Anlaß zum Jubeln: einige Kilometer weiter, kurz hinter Halbe, machten die Russen den Riegel wieder zu.

Mit dem Mut der Verzweiflung rannten wir wieder gegen die russischen Stellungen an. Links und rechts sanken die Männer getroffen in sich zusammen, die anderen liefen weiter. So 70–80 m vor den russischen Stellungen blieben wir stehen und schossen, was die Karabiner hergaben. Die Russen luden in aller Eile ihre Maschinengewehre auf Fahrzeuge und türmten! Doch dann griffen russische Panzer ein, und wir mußten wieder zurück. So ging es hin und her. Wieviel tausend Menschenleben der Kampf in und um Halbe gekostet hat, weiß ich nicht. Es gibt darüber keine Statistik. Man hat die Toten wohl nie gezählt oder zu identifizieren versucht, sondern einfach in Massengräbern beerdigt.

Nach hartem Ringen fand sich dann noch ein Loch im russischen Ring, durch das wir hindurch konnten. Aber alles war erst der grausige Auftakt zum dramatischen Untergang der 9. Armee. So ging es nun drei Tage weiter. Zigtausende deutscher Soldaten hatten sich auf den Weg nach Westen gemacht, um nicht jetzt noch, wo das Kriegsende bevorstand, in russische Gefangenschaft zu geraten. Doch der Weg nach Westen führte zwischen Halbe und Beelitz durch 50 km vom Russen besetztes Gebiet, und die Russen waren offensichtlich grimmig entschlossen, die 9. Armee total zu vernichten. Sie beobachteten durch Aufklärungsflieger ständig den Weg der deutschen Kampfgruppen, die sich mehr oder weniger zufällig aus den Resten ehemaliger Verbände und aus Versprengten (wie mich) gebildet hatten, und bauten immer wieder gut getarnte Verteidigungslinien auf. Von dort aus beschossen sie die ankommenden deutschen Truppen und wichen dann, wenn der Druck zu stark wurde, in die Wälder aus, um einige Kilometer weiter wieder eine Riegelstellung aufzubauen. Ich glaube, wir haben in diesen drei Tagen 7 oder 8 solcher russischen Verteidigungslinien durchstoßen. Das, was sich am Morgen des 29. 4. bei Halbe zugetragen hatte, wiederholte sich im Prinzip alle paar Stunden, nur mit dem Unterschied, daß die deutschen Kampfgruppen von Stunde zu Stunde kleiner wurden. Zwischen den einzelnen Sperriegeln der Russen forderten dann Schlachtflieger und Artillerie ihren Blutzoll. Zu essen gab es nichts, und wer nachts einschlief, mußte damit rechnen, beim Erwachen in die Mündung einer russischen Maschinenpistole zu blicken. Und mittendrin in Erdlöchern, Kellern und primitiven Bunkern die Zivilbevölkerung! Es war ein unvorstellbares Elend. Ich habe in diesen Tagen, deren Einzelheiten ich nicht aufzählen will (ich rege mich immer noch innerlich auf dabei), den Krieg hassen gelernt. Krieg und Gewalt sind für mich keine Mittel, um Konflikte zu lösen. ...

Am 1. Mai, etwa gegen 17.00 Uhr, erreichten wir dann in Beelitz die Front der 12. Armee und hatten damit den Ausbruch geschafft. Kurz vor Beelitz wurde ich noch verwundet ... Bei einem Tieffliegerangriff bekam ich Splitter an der rechten Hand und am Hals ab, wurde mitten in einem schweren Fliegerangriff von einem unbekannten Landser verbunden und konnte dann weitermarschieren. ... Hinter Beelitz, in den Wäldern an der Autobahn, sammelten sich die ausgebrochenen Soldaten, mit deutscher Gründlichkeit gleich sortiert nach Waffengattungen. Wir hofften auf Verpflegung – es gab nichts. Stattdessen gab es auch jetzt noch Tote und Verwundete durch Flieger und Artilleriefeuer. Wir hofften auf Schlaf – auch daraus wurde nichts. Wir bekamen Bescheid, daß Beelitz in der Nacht geräumt würde, weil die Truppen der 12. Armee sich gegen die russische Übermacht nicht mehr halten konnten. ... An die nächsten Tage habe ich wenig Erinnerungen. Irgendwann sprach es sich herum, daß Hitler tot sei. Mich berührte es nicht. Es war höchstens die Bestätigung dafür, daß der Krieg nun tatsächlich zu Ende ging.

Am Abend des 5. Mai erreichten wir die Elbe bei Fischbeck, gegenüber von Tangermünde, und übernachteten am Flußufer. Am jenseitigen Ufer standen die Amerikaner. Am nächsten Morgen bildeten sich lange Schlangen vor der Brücke, die gesprengt und nur notdürftig wieder hergerichtet war. Gegen 8.00 Uhr war unser Haufen dran. Mit großer innerer Spannung betraten wir die Brücke: was kam jetzt wohl auf uns zu? Man hörte ein merkwürdiges Klatschen, für das ich erst keine Erklärung hatte, bis ich dann sah: Die vor uns gehenden Soldaten warfen vor lauter Begeisterung, dem Krieg jetzt entronnen zu sein, ihre Stahlhelme in die Elbe! Auch mein Stahlhelm hat in der Elbe sein nasses Grab gefunden. ...

Hans Hansen, »... allezeit meine Pflicht zu tun«, Erinnerungen an meine Luftwaffenhelferzeit 1944/45, 1982, Ms. in der Gedenkstätte/Museum Seelower Höhen.

4.
Soldatengräber im Oderbruch: Stand 1992

	Einzelgräber	Tote im Massengrab
Altfriedland	–	5
Alt Malisch	3	7
Alt Tucheband	5	15
Alt Zeschdorf	32	25
Diedersdorf	–	ca. 60
Döbberin	25	20
Dolgelin	1	31
Friedersdorf	2	30
Golzow	14	80
Gorgast	–	150
Groß Neuendorf	–	91
Gusow	94	21
Jahnsfelde	–	16
Kiehnwerder	2	2
Küstrin-Kietz	7	ca. 200
Lebus	31	ca. 190
Letschin	–	188
Libbenichen	–	52
Lietzen	528	?
Neuhardenberg	2	45
Neubarnim	–	42
Neu Mahlisch	3	7
Niederjesar	340	?
Ortwig	1	12
Petershagen	138	–
Platkow	22	42
Podelzig	12	58
Reitwein	1	60
Sachsendorf	91	20?
Seelow	639	12
Sophienthal	6	6
Schönfließ	14	–
Treplin	–	10
Wulkow/Booßen	–	880

5.
Chronik der Ereignisse

12. Januar 1945:
Beginn der Weichsel-Oder-Operation.

13. Januar bis 25. April 1945:
Ostpreußen Operation.

23. Januar 1945:
Einschließung der »Festung Posen«.

28./29. Januar 1945:
Britischer Bombenangriff auf Berlin.

30./31. Januar 1945:
Voraustruppen der 1. Belorussischen Front errichten einen Brückenkopf auf dem Westufer der Oder bei Kienitz.

1. Februar 1945:
Deutsche Gegenangriffe auf den Brückenkopf bei Kienitz. Berlin wird zum Verteidigungsbereich erklärt.

2. Februar 1945:
Die Heeresgruppe Weichsel bekommt den Befehl, entlang der Oder eine Verteidigungslinie aufzubauen.

3. Februar 1945:
Großangriff der 8. US-Luftflotte auf Berlin.

4.–11. Februar 1945:
Krimkonferenz.

4. Februar 1945:
Befehl der Heeresgruppe Weichsel zum Ausbau einer Stellung entlang der Oder und zur Evakuierung der Zivilbevölkerung in einem 15 km breiten Streifen.

8.–24. Februar 1945:
Niederschlesische Operation.

10. Februar bis 4. April 1945:
Ostpommern Operation.

13./14. Februar 1945:
Zerstörung Dresdens durch mehr als 3 000 anglo-amerikanische Bomber.

15. Februar 1945:
Breslau wird eingeschlossen.

22. Februar 1945:
9 000 alliierte Flugzeuge greifen Verkehrswege in Deutschland an.

23. Februar 1945:
Fall von Posen.

28. Februar 1945:
Beginn der anglo-amerikanischen Offensive an der Westfront.

1. März 1945:
Die Westalliierten erreichen bei Düsseldorf den Rhein.

7. März 1945:
Einnahme von Köln und Rheinübergang bei Remagen.

10. März 1945:
Einberufung des Jahrgangs 1929.

15.–31. März 1945:
Oberschlesische Operation.

22. März 1945:
Einschließung Küstrins.

26. März 1945:
General Hans Krebs wird Chef des Generalstabes des Heeres.

29. März 1945
Fall von Küstrin.

31. März 1945:
Einkreisung der Heeresgruppe B im Ruhrgebiet.

3. April 1945:
Westalliierte Truppen nehmen Münster und Karlsruhe ein.

6. April 1945:
Einnahme von Eisenach und Würzburg durch die Westalliierten.

9. April 1945:
Fall von Königsberg.

12. April 1945:
Tod des amerikanischen Präsidenden F. D. Roosevelt.

14. April 1945:
Beginn des Vorausangriffs an der Oderfront.

16. April 1945:
Beginn der Berliner Operation.

18. April 1945:
Fall von Seelow. Amerikanische Truppen nehmen Magdeburg, das Ende des Ruhrkessels.

19. April 1945:
Aufspaltung der 9. Armee in drei Teile. Amerikanische Truppen nehmen Leipzig ein.

20. April 1945:
Beginn des Kampfes um Berlin.

25. April 1945:
Einschließung Berlins. Truppen der Roten Armee erreichen die Elbe und treffen bei Torgau auf amerikanische Vorhuten.

30. April 1945:
Letzte Lagebesprechung im Bunker der Reichkanzlei, Selbstmord Hitlers.

1. Mai 1945:
Aufnahme der Reste der 9. Armee durch die Truppen der 12. Armee bei Beelitz.

2. Mai 1945:
Kapitulation der Berliner Garnison. Britische Truppen nehmen Lübeck.

3. Mai 1945:
Britische Truppen rücken in Hamburg ein.

8. Mai 1945:
Kapitulation der Vertreter der Deutschen Wehrmacht in Berlin-Karlshorst.

6. Kurzbiographien

Bersarin, Nikolai Erastowitsch, Generaloberst, (1904–1945)

Seit 1918 Soldat, bei Kriegsende Befehlshaber der 5. Stoßarmee. Wurde 1945 zum ersten Stadtkommandanten von Berlin und Chef der sowjetischen Garnison in der Stadt ernannt.

Busse, Theodor, General der Infanterie, (1897–1986)

Teilnahme als junger Offizier am Ersten Weltkrieg. Nach 1941 erster Generalstabsoffizier und Generalstabschef der von Feldmarschall Manstein geführten 11. Armee. Seit 21. Januar 1945 Führung der 9. Armee.

Guderian, Heinz, Generaloberst, (1888–1954)

G. gilt als der Schöpfer der deutschen Panzerwaffe. Seit 1. 11. 1938 General der Panzertruppen und seit 20. 11. 1938 Chef der Schnellen Truppen. Im Dezember 1941 von Hitler in die Führerreserve versetzt. Seit Juli 1944 Chef des Generalstabes des Heeres, am 28. 3. 1945 abgesetzt.

Heinrici, Gotthard, Generaloberst, (1886–1971)

Vom 20. 3. 1945–2. 4. 1945 Oberbefehlshaber der Heeresgruppe Weichsel, wo er den unfähigen H. Himmler abgelöst hatte. H., der als Fachmann für Verteidigungsoperationen galt, überwarf sich Ende April mit GFM Keitel, der H. ablöste.

Himmler, Heinrich, Reichsführer SS, (1900–1945)

Seit Januar 1929 Reichsführer SS, neben zahlreichen anderen Ämtern in Partei und Staat des Dritten Reiches war H. seit 1943 Reichsinnenminister und seit dem 21. 7. 1944 Befehlshaber des Ersatzheeres und Chef der Heeresrüstung. Im Januar 1945 zum Oberbefehlshaber der neu geschaffenen Heeresgruppe Weichsel ernannt, mußte er am 20. 3. 1945 die Aufgabe an Generaloberst Heinrici abtreten.

Jeckeln, Richard, SS-Obergruppenführer u. General der Polizei, (1895–1946)

Seit 1920 im Polizeidienst, Angehöriger der Allgemeinen SS. Ab Juni 1941 Höherer Polizeiführer in Lettland. Übernahm im Dezember 1944 das V. SS-Gebirgskorps.

Kleinheisterkamp, Matthias, SS-Obergruppenführer und General der Waffen-SS, (1893–1945)

Vor Ausbruch des Zweiten Weltkrieges Angehöriger der SS VT. Kommandeur der SS-Div. »Totenkopf« und »Das Reich«, 1.5.1944 Kom. Gen. des VII. SS-Pz.K., ab 22.6.1944 des XI. SS-AK, gefallen beim Ausbruchsversuch aus dem Halbe-Kessel.

Konew, Iwan Stepanowitsch, Marschall der UdSSR, (1897–1973)

Seit dem Ersten Weltkrieg Soldat. 1941–1945 Befehlshaber verschiedener Fronten. Von Mai 1944–Juni 1945 befehligte er die 1. Ukrainische Front, mit der K. an der Berliner Operation beteiligt war.

Rokossowski, Konstantin Konstantinowitsch, Marschall der UdSSR, (1896–1968)

Seit 1914 Soldat, im Juni 1941 Generalmajor. Bei Kriegsende Oberbefehlshaber der 2. Belorussischen Front, die zwischen Ostseeküste und Schwedt am 20. April 1945 zur Berliner Operation antrat.

Shukow, Georgi Konstantinowitsch, Marschall der UdSSR, (1896–1974)

Soldat seit 1915. Im Februar 1941 stellvertr. Volkskommissar für die Landesverteidigung und Chef des Generalstabes. Vom 16. 11. 1944 bis zum Juni 1945 Oberbefehlshaber der 1. Belorussischen Front.

Tschuikow, Wassili Iwanowitsch, Marschall der UdSSR, (1900–1982)

Oberbefehlshaber der 8. Gardearmee, die in der Hauptstoßrichtung der Berliner Operation angriff.

Weidling, Hellmuth, General der Artillerie, (1891–1955)

Befehlshaber des LVI. Pz.-Korps und letzter Kampfkommandant von Berlin.

Wenck, Walther, General der Panzertruppen, (1900–1982)

Bei Kriegsbeginn Ia der 1. Panzerdivision, am 10.4.1945 zum Oberbefehlshaber der an der Elbe neuaufgestellten 12. Armee ernannt. Er sollte mit ihr, entgegen den ursprünglichen Überlegungen, das inzwischen durch die Rote Armee eingeschlossene Berlin entsetzen.

7.
Abkürzungsverzeichnis

Abt.	Abteilung
A./St.A.	Armee/Stoßarmee
A.K./AK	Armeekorps
AOK/A.O.K.	Armeeoberkommando
Art.	Artillerie
Aufkl.	Aufklärungs-
Ausb.	Ausbildung
ausschl.	ausschließlich
besp.	bespannte
Btl.	Bataillon
Bttr.	Batterie
Bf./Befh.	Befehlshaber
Brig.	Brigade
Bs.	Büchse
Div.	Division
Ers.u.Ausb.	Ersatz und Ausbildung
Fest.	Festungs-
F.H.	Feldhaubitze
FJäg.	Fallschirmjäger
FJk.	Fahnenjunker
Fkl	Fernlenk
Flak	Flakart./Fliegerabwehrkanonen
Fsch., FS.	Fallschirm
Füs.	Füsilier
»GD«	»Großdeutschland«
Gd.	Garde
Geb.	Gebirgs-
Gen.Mj.	Generalmajor
Gen.Stab./Gen.St.	Generalstab

GeschoßWf.	Geschoßwerfer
Geschw.	Geschwader
Gr.	Gruppe
GWf.	Granatwerfer
Gren.	Grenadier
H./H	Heer
HKL/H.K.L.	Hauptkampflinie
H.G./HG	Heeresgruppe
HJ	Hitlerjugend
Hptm.	Hauptmann
i. G.	im Generalstab
I./Inf.	Infanterie
I.D./ID	Infanterie-Division
Jäg.	Jäger
Jg./Jgd.	Jagd
K.	Korps
Kav.	Kavallerie
Kdr.	Kommandeur
Kdt.	Kommandant
K. G./KG	Kommandierender General
KGr.	Kampfgruppe
Kp.	Kompanie
KfZ/KFZ	Kraftfahrzeug
(l)	lehr-
le./l	leicht
Ltnt./Lnt.	Leutnant
Maj.	Major
Mar.	Marine
mech.	mechanisiert
MG/M.G.	Maschinengewehr
mot.	motorisiert
MP/MPi	Maschinenpistole
Nachr.	Nachrichten
NS	Nationalsozialistisch

O.B.	Oberbefehlshaber
OGrf.	Obergruppenführer
Olnt.	Oberstleutnant
Oberstlnt.	Oberstleutnant
OKH	Oberkommando des Heeres
OKW	Oberkommando der Wehrmacht
Pak	Panzerabwehrkanone
Pi.	Pionier
Pol.	Polizei
Poln.	polnisch
Pz.	Panzer
RAD	Reichsarbeitsdienst
Res.	Reserve
Rgt.	Regiment
ROB	Reserve-Offiziers-Bewerber
RSO	Raupenschlepper Ost
S.	Schützen
selbst.	selbständig
schw.	schwer
SfL.	Selbstfahrlafette
Sich.D.	Sicherungs-Division
SS	Schutzstaffel
Sturmbannf.	Sturmbannführer
StuG.	Sturmgeschütz
verst.	verstärkt
Vfg.	Verfügung
VSt./Volksst.	Volkssturm
W./Wf./wf.	Werfer
z. b. V.	zur besonderen Verwendung

8.
Quellenhinweise und ausgewählte Literatur

Benutzt wurden Quellen aus dem Bundesarchiv – Militärarchiv Freiburg, dem Bundesarchiv – Militärisches Zwischenarchiv Potsdam sowie der Sammlung der Gedenkstätte/Museum Seelower Höhen.

Berlin und Brandenburg, hrsg. von Dr. G. Heinrich, Stuttgart 1985

Besucherheft Gedenkstätte/Museum Seelower Höhen, Berlin 1992

Boehm, E., Geschichte der 25. Division, Stuttgart 1983

Busse, Th., Die letzte Schlacht der 9. Armee, in: Wehrwiss. Rundschau 4 (1955), S. 145ff.

Deutschland im zweiten Weltkrieg, 6. Bd., Berlin 1984

Erickson, J., Stalin's War with Germany, vol. 2, The Road to Berlin, London 1983

Förster, G.,/Lakowski, R., 1945. Das Jahr der endgültigen Niederlage der faschistischen Wehrmacht, 2. Aufl., Berlin 1985

Fontane, Th., Wanderungen durch die Mark Brandenburg. Das Oderland, 2. Aufl., Berlin u. Weimar 1980

Gellermann, G., Die Armee Wenck. Hitlers letzte Hoffnung. Aufstellung, Einsatz und Ende der 12. deutschen Armee im Frühjahr 1945, Koblenz 1984

Geschichte des zweiten Weltkrieges in zwölf Bänden, 10. Bd., Berlin 1982

Gosztony, P., Der Kampf um Berlin 1945, Düsseldorf 1970

Historischer Handatlas von Brandenburg und Berlin. Die Mark Brandenburg 1319–1575, Berlin/New York 1975

Kohlase, F., Mit dem Füsilier-Bataillon 303 in Küstrin, Seelower Hefte 1, Berlin 1993

Konew, I. S., Das Jahr fünfundvierzig, 4. Aufl., Berlin 1982

Kreis Lebus. Ein leidgeprüftes Land. Der brandenburgische Kreis Lebus in den Wirren der Jahre 1945–1952, 3. Aufl., 1990

Kuby, E., Die Russen in Berlin 1945, München 1965

Lakowski, R., Das Ende der Naziherrschaft in Brandenburg. Mit einer Dokumentation, in: Brandenburg in der NS-Zeit. Studien und Dokumente, hrsg. v. D. Eichholtz und A. Püschel, Berlin 1993

Le Tissier, T., Der Kampf um Berlin 1945. Von den Seelower Höhen zur Reichskanzlei, Frankfurt/Main, Berlin 1991

Murawski, E., Die Eroberung Pommerns durch die Rote Armee, Boppard 1969

Rokossowski, K. K., Soldatenpflicht, Berlin 1971

Ryan, C., Der letzte Kampf, München 1966

Scheel, K., Die Befreiung Berlins 1945, 2. überarb. Aufl., Berlin 1985

Spaeter, H., Geschichte des Panzerkorps Großdeutschland, Duisburg-Ruhrort 1958

Stich, K., Der Durchbruch der Verteidigung der faschistischen deutschen Truppen an der Oder durch die sowjetischen Streitkräfte in der Berliner Operation im Frühjahr 1945, Diss. A, Dresden 1989, Militärakademie

Schtemenko, S. M., Im Generalstab, Bd. 1, Berlin 1975

Shukow, G. K., Erinnerungen und Gedanken, Bd. 2, Berlin 1969

Tieke, W., Das Ende zwischen Oder und Elbe. Der Kampf um Berlin 1945, 2. Aufl., Stuttgart 1992

Tschuikow, W. I. Gardisten auf dem Wege nach Berlin, Berlin 1976

Vehse, E., Illustrierte Geschichte des preußischen Hofes, des Adels und der Diplomatie vom großen Kurfürsten bis zum Tode Kaiser Wilhelm I., 1. Bd. Stuttgart 1901

Vorobew, F. D., u. a., Posledni shturm, Berlinskaja Operazia 1945, Moskau 1975

Personenverzeichnis

Verzeichnis der Ortsbezeichnungen

(Die geographischen Bezeichnungen werden in den Grenzen des Jahres 1939 benutzt)

Legende

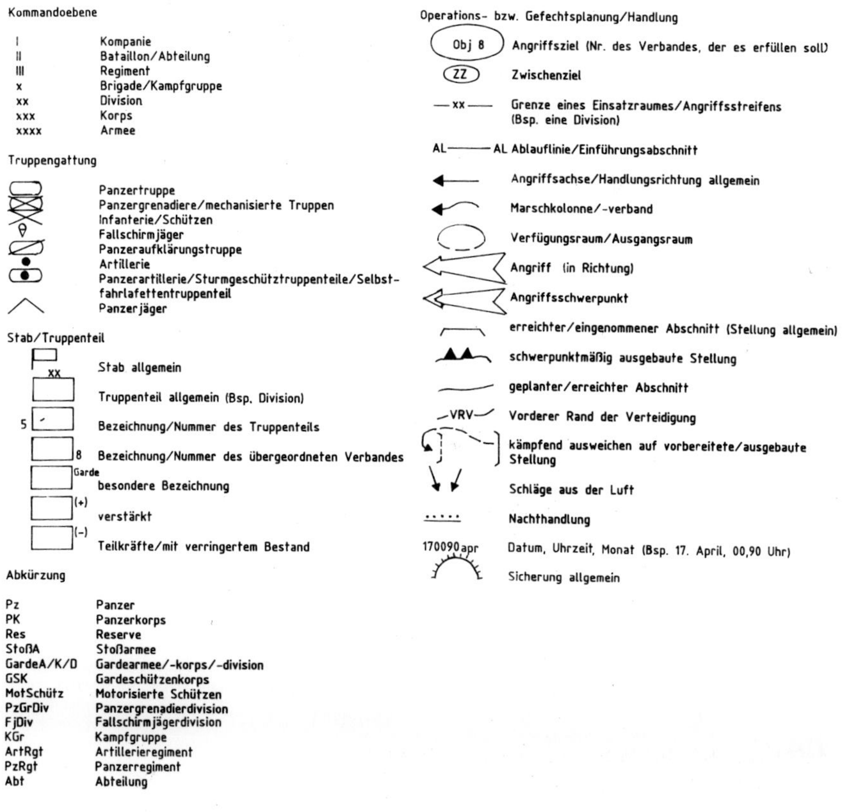
Kommandoebene
I Kompanie
II Bataillon/Abteilung
III Regiment
x Brigade/Kampfgruppe
xx Division
xxx Korps
xxxx Armee
Truppengattung
Panzertruppe
Panzergrenadiere/mechanisierte Truppen
Infanterie/Schützen
Fallschirmjäger
Panzeraufklärungstruppe
Artillerie
Panzerartillerie/Sturmgeschütztruppenteile/Selbstfahrlafettentruppenteil
Panzerjäger
Stab/Truppenteil
xx
Stab allgemein
Truppenteil allgemein (Bsp. Division)
5
Bezeichnung/Nummer des Truppenteils
8
Bezeichnung/Nummer des übergeordneten Verbandes
Garde
besondere Bezeichnung
(+)
verstärkt
(-)
Teilkräfte/mit verringertem Bestand
Abkürzung
Pz Panzer
PK Panzerkorps
Res Reserve
StoßA Stoßarmee
GardeA/K/D Gardearmee/-korps/-division
GSK Gardeschützenkorps
MotSchütz Motorisierte Schützen
PzGrDiv Panzergrenadierdivision
FjDiv Fallschirmjägerdivision
KGr Kampfgruppe
ArtRgt Artillerieregiment
PzRgt Panzerregiment
Abt Abteilung
Operations- bzw. Gefechtsplanung/Handlung
Obj 8
Angriffsziel (Nr. des Verbandes, der es erfüllen soll)
ZZ
Zwischenziel
xx
Grenze eines Einsatzraumes/Angriffsstreifens (Bsp. eine Division)
AL AL Ablauflinie/Einführungsabschnitt
Angriffsachse/Handlungsrichtung allgemein
Marschkolonne/-verband
Verfügungsraum/Ausgangsraum
Angriff (in Richtung)
Angriffsschwerpunkt
erreichter/eingenommener Abschnitt (Stellung allgemein)
schwerpunktmäßig ausgebaute Stellung
geplanter/erreichter Abschnitt
VRV
Vorderer Rand der Verteidigung
kämpfend ausweichen auf vorbereitete/ausgebaute Stellung
Schläge aus der Luft
Nachthandlung
170090apr
Datum, Uhrzeit, Monat (Bsp. 17. April, 00,90 Uhr)
Sicherung allgemein

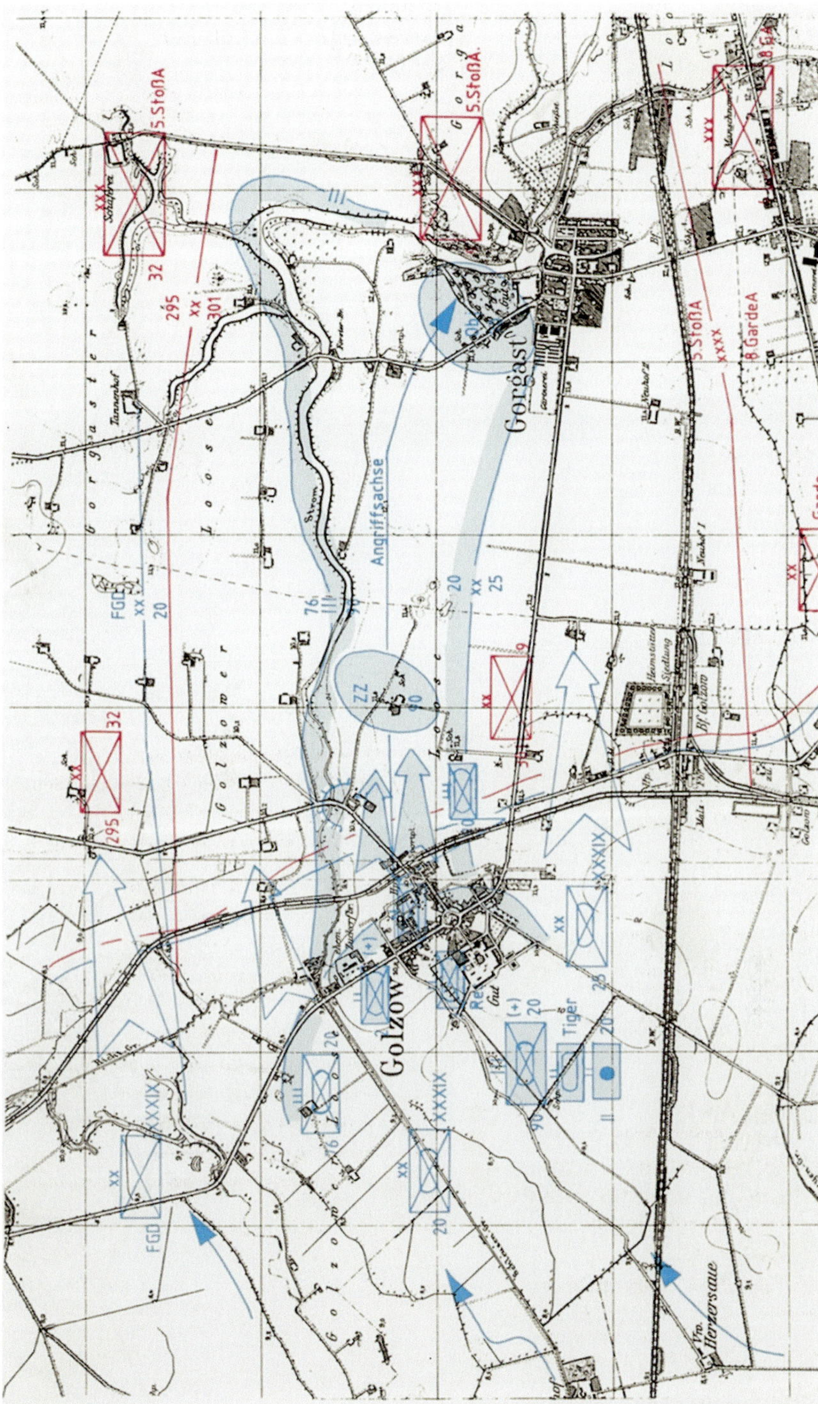

Entsatzangriff des Panzergrenadierregiments 90 am 27. März 1945 bei Golzow (s. auch S. 125 f.)

Die Einschließung Küstrins (s. auch S. 122)

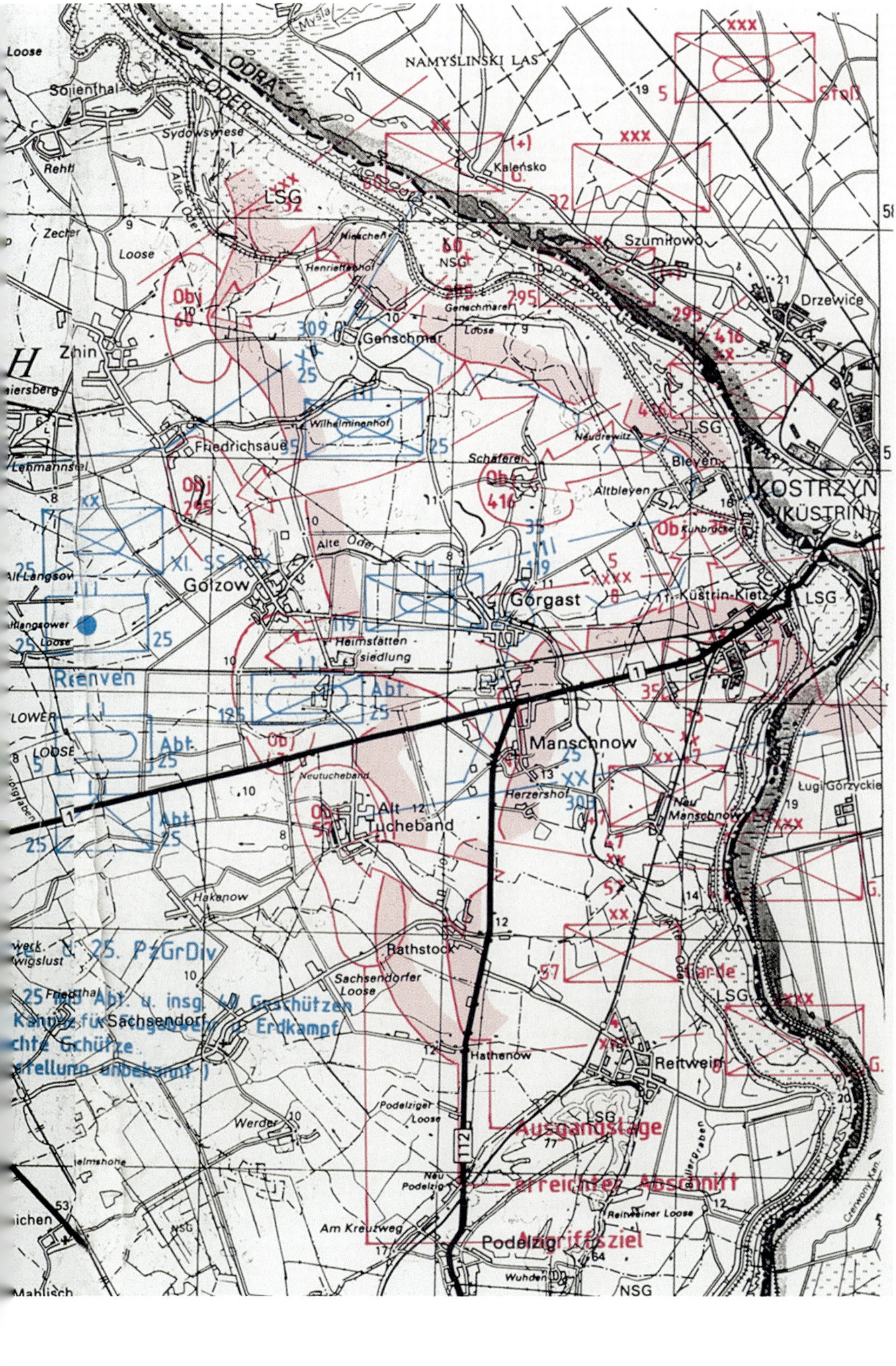

Loose
Sophienthal
Sydowswiese
ODRA
ODER
Alte Oder
NAMYSLINSKI LAS
Kaleńsko
LSG
Loose
Henriettenhof
NSG
Obj 60
309
Genschmar
Genschmarer Loose
Szumiłowo
Drzewice
295
416
Friedrichsaue
Wilhelminenhof
Schäferei
Obj 416
Bleyen
Altbleyen
KOSTRZYN
(KÜSTRIN)
Obj 295
XI. SS-PzK
Golzow
Alte Oder
Gorgast
Küstrin-Kietz
Heimstätten siedlung
Abt. 25
Manschnow
Herzershof
Neu Manschnow
Neutucheband
Alt Tucheband
Obj 57
Ługi Górzyckie
Hakenow
25. PzGrDiv
Rathstock
Sachsendorfer Loose
Sachsendorf
Hathenow
Reitwein
Podelziger Loose
Werder
Ausgangslage
Neu Podelzig
erreichter Abschnitt
Reitweiner Loose
Am Kreuzweg
Podelzig
Angriffsziel
Wuhden
NSG
112

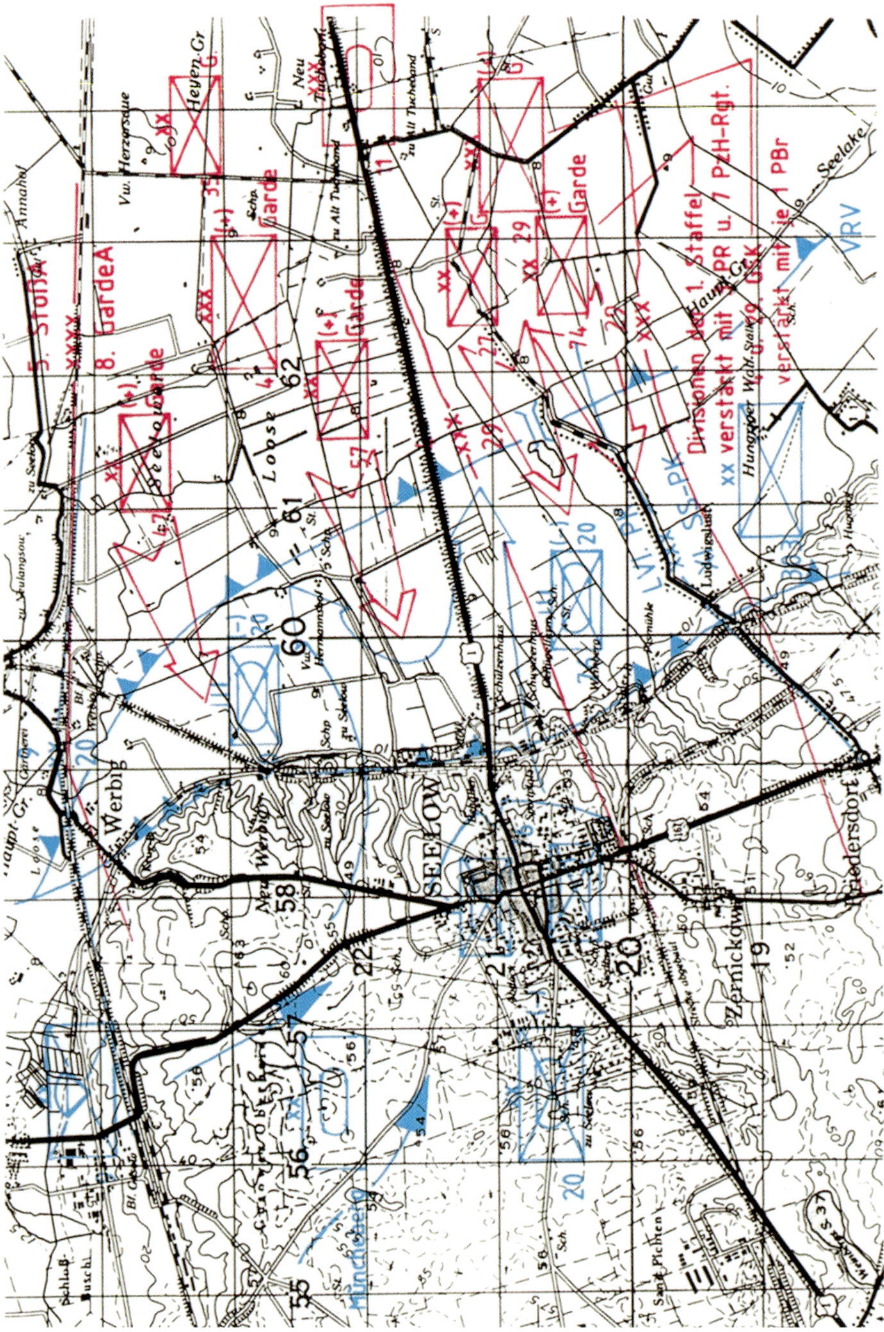

Die Lage der 20. Panzergrenadierdivision am 16. April 1945 (s. auch S. 145f.)

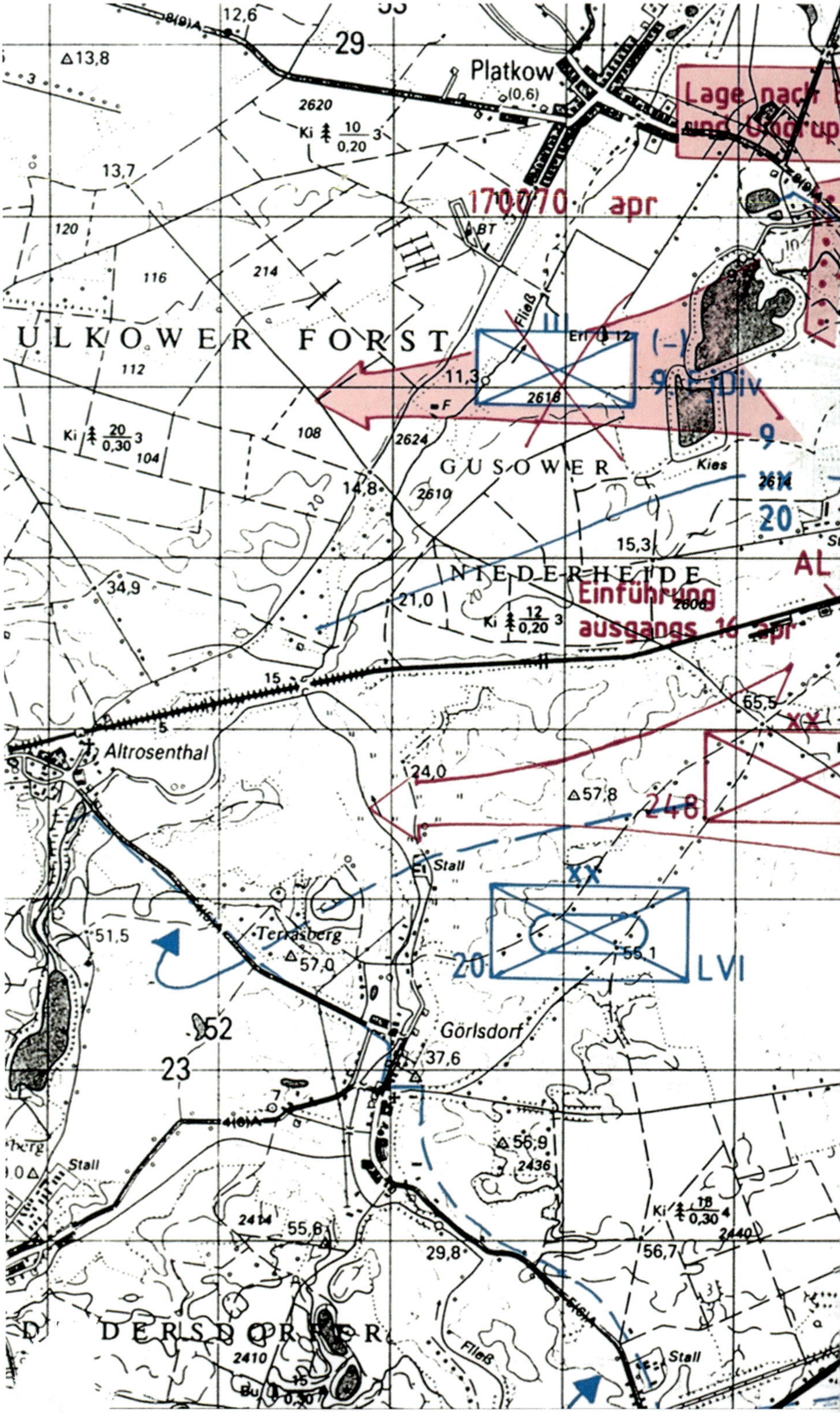

Platkow
Lage nach
170070 apr
ULKOWER FORST
GUSOWER
NIEDERHEIDE
(–)
9. FJDiv
9
XX
20
AL
Einführung
ausgangs 16. apr
Altrosenthal
XX
248
XX
20
LVI
Terrasberg
Görlsdorf
Stall
Fließ
Kies
DERSDORFER